同理心
设计思维

小学生创新思维培养

刘伟 朱燕丛 吕雅茹 主编

北京师范大学出版集团
BEIJING NORMAL UNIVERSITY PUBLISHING GROUP
北京师范大学出版社

图书在版编目（CIP）数据

同理心设计思维：小学生创新思维培养 / 刘伟，朱燕丛，吕雅茹主编. —北京：北京师范大学出版社，2023.7
ISBN 978-7-303-26984-6

Ⅰ. ①同… Ⅱ. ①刘… ②朱… ③吕… Ⅲ. ①小学生—创造性思维—能力培养 Ⅳ. ①G620

中国版本图书馆CIP数据核字（2021）第092507号

图 书 意 见 反 馈　　gaozhifk@bnupg.com　010-58805079
营 销 中 心 电 话　　010-58802755　010-58800035
北师大出版社教师教育分社微信公众号　京师教师教育

TONGLIXIN SHEJI SIWEI: XIAOXUESHENG CHUANGXIN SIWEI PEIYANG

出版发行：北京师范大学出版社 www.bnupg.com
北京市西城区新街口外大街12-3号
邮政编码：100088

印　　刷：	北京同文印刷有限责任公司
经　　销：	全国新华书店
开　　本：	787 mm × 1092 mm　1/16
印　　张：	16
字　　数：	278千字
版　　次：	2023年7月第1版
印　　次：	2023年7月第1次印刷
定　　价：	118.00元

策划编辑：何　琳　　　　　责任编辑：王思琪
美术编辑：陈　涛　焦　丽　　装帧设计：陈　涛　焦　丽
责任校对：陈　民　　　　　　责任印制：马　洁　赵　龙

版权所有　侵权必究

反盗版、侵权举报电话：010-58800697
北京读者服务部电话：010-58808104
外埠邮购电话：010-58808083
本书如有印装质量问题，请与印制管理部联系调换。
印制管理部电话：010-58804922

FOREWORD
前 言

2022年10月，党的二十大报告中明确提出"教育、科技、人才是全面建设社会主义现代化国家的基础性、战略性支撑"，凸显教育对科技创新、人才培养的重要价值。报告还阐述了"必须坚持科技是第一生产力、人才是第一资源、创新是第一动力"，强调了创新是引领发展和建设现代化经济体系的核心支撑。因此，面对新的战略任务，教育理应面向未来，布局当下，让学生成为适应未来的优秀人才。创新人才的培养是一个长期、长效的过程，越来越多的学校和家长开始聚焦于基础教育阶段对学生创新能力的培养。为响应创新教育的号召，许多学校和教育机构都积极踏上了创新人才培养的探索之路，在教学设计和教学过程中体现出对学生独立思考精神、创造性问题解决能力的重视。

2015年，北京师范大学心理学部成立了国内首个应用心理专业硕士用户体验方向（以下简称BNUX），旨在培养创新型复合型人才。此方向将设计思维（Design Thinking）作为创新教育的培养途径，鼓励学生开展各类创客活动，为学生搭建一个广阔的国际化平台。通过近年来不断地实践，BNUX对跨学科创新型人才的培养方案已在短时间内取得了系统化、科学化和阶段性的成果，逐步成为创新思维培养和创新型复合型人才输出的基地。同时，北京师范大学心理学部已搭建起贯穿从中小学横跨本研的创新教育体系，将设计思维的经典流程与方法论赋予新的使命，在中小学各年级深度开展了创客创新课程的研发和实践，受到了广大师生的喜爱。

《同理心设计思维——小学生创新思维培养》是北京师范大学心理学部应用心理专业硕士用户体验方向编写的创新型人才培养系列丛书之一。该书面向创客教育从业人员、各小学创新课程教师及其他设计思维教育领域相关人员，将理论与实践相结合，基于设计思维的经典流程与方法论的研究，呈现了面向中国情境下课程体系设计与迭代成果，并涵盖了近年的课程实践展示，帮助对设计思维教育感兴趣的教师梳理思路，更好地培养学生的创新思维。

　　本书第一章铺垫背景，主要围绕面向小学阶段学生开设的"同理心设计思维"课程展开论述，讲述小学创新教育培养的现状与机遇，设计创变创新教育体系以及在课程中有着重要意义的同理心概述。第二章介绍设计思维概念，详述了设计思维的国内外起源与发展，各类设计思维经典模型及其变型，加深读者对设计思维的内涵、发展及其理论的理解。并在此章最后一节介绍设计思维在教育中的应用，阐述设计思维拓展到教育领域的意义和重要性。第三章内容进阶，讲述同理心设计思维课程的课程研发及设计流程，课程研发小组采用用户体验全流程方法进行符合中国情境下学生发展特点的同理心设计思维课程开发与研究。第四章总结理论，讲述课程研究成果，对课程流程、主题和方法教具进行介绍，展示完善的课程体系。第五章实践展示，主要展示了课程理论的授课期间，小学低、中、高年级开展的"同理心设计思维"课程教学内容，突显了不同年龄阶段对应不同的课程主题、教学工具及教学方法，真正做到依据学生心理生理发展特点进行授课。第六章快速工作坊，帮助读者尽快上手完成一次设计思维课程，将学到的内容转化为实践成果。第七章评估展望，展望创新思维课程体系对人才培养的未来。

　　本书的顺利出版首先感谢北京师范大学心理学部的领导、老师们，以及用户体验方向教师团队，在老师们的支持和鼓励下这本书终于完成。其次，感谢课程长期合作伙伴北京师范大学实验小学的支持。感谢为小学设计思维课程奋斗过的同学们，从2017年开始，共有三届同学参与过这一课题，在不断的探索与实践中为课程建设打下了坚实的基础，他们分别是（以下排名按姓氏首字母排序）白小晶、陈婧凝、樊卓昕、贾梧、李秋、李禹诺、刘瑶、刘子瑜、盛珏艺、唐盛、王敏婧、王小涵、张静姝和赵菁，同时感谢张孝楠负责本书的插图设计。感谢北京师范大学第二附属中学的张北一老师对书籍内容的指导。感谢一直支持我的家人们、朋友们，正因为有你们，我才对未来无所畏惧，充满希望。最后，愿每位读者朋友都学有所获，教有所成。

　　本书的编写内容如有不当之处，欢迎批评指正，后续版本将进行调整与完善。

CONTENTS
目　录

01 背景：创新与创变
　　第一节　小学创新教育 / 002
　　第二节　设计创变 / 011
　　第三节　同理心概述 / 017

02 基础：设计思维概述
　　第一节　概念、起源与发展 / 032
　　第二节　模型及其变型 / 037
　　第三节　教育领域中的应用 / 047

03 进阶：课程是如何打造的？
　　第一节　课程设计流程 / 056
　　第二节　教学注意事项 / 063

04 理论：授课前应掌握什么？
　　第一节　课程流程 / 074
　　第二节　课程主题 / 080
　　第三节　教学方法 / 085
　　第四节　教学工具 / 111

05 实践：我们是如何授课的？
　　第一节　低年级——未来生活 / 120
　　第二节　中年级——未来校园 / 158
　　第三节　高年级——未来城市 / 189

06 试一试：如何开展快速工作坊？
　　主题名：未来书包 / 229

07 未来：评估展望

参考文献 / 244

背景：创新与创变 01

基础：设计思维概述 02

进阶：课程是如何打造的？ 03

理论：授课前应掌握什么？ 04

实践：我们是如何授课的？ 05

试一试：如何开展快速工作坊？ 06

未来：评估展望 07

第一节 小学创新教育

创新是指要打破常规，改变原有的思维方式，以新的方法和方式来完成工作。创新要求人们不拘束于传统思想和思维方式，要善于思考、敢于突破、破除陈旧。我国要建设创新型国家就需要创新型人才，而培养创新型人才在于创新教育。因此，实施创新教育已成为学校教育发展的必然选择。小学生是祖国未来的接班人，在小学实施创新教育已成为国家发展创新教育、培养创新型人才的必经之路。

一、创新教育与素质教育

1. 创新教育：意识＋思维＋能力

在全面实施素质教育的过程中，为迎接知识经济时代的挑战，创新教育着重研究与解决在基础教育领域如何培养小学生的创新意识、创新思维和创新能力的问题。学生在与创新活动的紧密联系中，能激发创新意识、创造灵感，培养创新思维，并在创新活动的实践中实现创新目标。因此，创新教育要从培养创新精神着手，以提高创新能力为主要核心，以创新人才为目标，从而培养学生整体素质的全面发展。

人们对创新的好奇、认识和了解，促进了人们对创新活动的探索。古往今来无数知名的学者都是由于创新意识的出现激发出创造的欲望，并在不断的失败中总结经验、克服困难，将创新的构想转化为一件件伟大的发明。创新意识决定了每个人一生的不同价值取向。有的人甘愿平凡，一辈子碌碌无为，不敢去创新，很少有自己独特的创新想法。有的人就是不甘于平凡，喜欢打破传统观念，勇于想象，勇敢创新。有着以创新为荣的观念和意识，才能实现创新目标。合格的创新型人才，一定是有创新意识的人，如果没有创新欲望，则失去创新的动力。

成为创新型人才，仅有意识是远远不够的，许多学生都会在生活中发现一些亟待解决的问题，也希望成为发明家，但真正能将想法变为现实的人总是少之又少，一种严谨的创新思维能够帮助人们在思考过程中运用新颖独创的方法去解决问题，这种思维方式突破常规，从而产生独特而深刻的思维成果。设计思维就是这样一种创新思维方式，有着完整的创新流程，让人们沿着科学的指引将意识转化为实际产出。

创新能力就是创造新事物、新观念的能力。创新能力能有效地进行创新活动，是影响创新活动结果的重要因素。对于学生而言，小学阶段是思维能力培养的重要阶段，经过逐步的知识学习和经验积累，学生基本能够通过各种表面现象而看到事物的本质。在这一时期对学生进行创新教育最有利于全面提升他们的个人素养。

2. 素质教育的深化和发展需要创新教育

长久以来我国的创新教育一直进行两方拉锯战。一方面，我们希望加快推进素质教育，培养德智体美劳全面发展、有独立钻研能力的学生。另一方面，"唯分数论"与"题海战术"也在不断阻碍着这一目标的实现，学生的考试成绩仍然是衡量学生学习水平的最大指标，学生往往是喜欢的没时间学，不喜欢的被强迫学。要在小学真正实现培养有创新能力的学生，学校必须多努力为学生创造条件。只有按照教育规律和学生发展的规律开展创新教育，才有可能培养出有一定创新能力的学生（见图1-1）。

图1-1 中国学生发展核心素养

素质教育的目标是根据社会对不同人才的需要以及受教育者的个体特征培养全面发展的人，而不是培养千篇一律的人。因此，素质教育要从个性出发，因材施教，培养既有创新思维又有创新能力的学生，实现学生自身的全面发展。实施创新教育正是要求教育者对学生各方面素质的发展给予关怀和重视。因此，全面贯彻创新教育，并将创新教育贯穿于各学科的教学领域十分迫切。但在实际发展过程中，我国的创新教育发展也不断迎来机遇和挑战。

二、小学创新教育现状

在竞争日益激烈的当今社会，培养出高素质的创新人才直接关系到国家的发展和民族的振兴。然而实际情况又如何呢？

我国素质教育的推进，从根本上推动了我国创新教育事业的发展和进步。目前，我国主要的创新教育形式有以下三种：①创新教育与学科实践相融合，通过挖掘教材中的创新因素来激发学生的创新动机；②开设专门的创新教育训练课（如"课后三点半"）来培养学生的创新思维和个性；③组织学生开展或参与各类创造、发明的比赛或活动来提高学生的创新素质。这些不同的课程和活动形式是我国对创新教育进行的探索，在不断发展的过程中已取得了一定成果，并为我国进一步深化创新教育提供了宝贵的经验。同时，政策和学校的重视也显著影响了校外的相关创新教育课程。随着教育部门对中小学生创新培养与考核的重视，越来越多的院校、企业开设了素质教育的培养课程。校内外百花齐放，欣欣向荣。

但是，我们也应看到一些客观存在的问题，如小学生对创新缺乏系统认识、创新能力不强、成就需要低、自主意识有待提升等。而出现种种情况的原因，也与我国创新教育发展时间较短，学校、家长、教师等多种利益相关者间协调配合的不紧密有一定关联。在创新教育中存在的现状矛盾大致可归结为以下几点。

1. 学校教育：素质教育vs应试教育

在国内外都提倡素质教育、培育学生核心素养的今天，学校对素质教育和创新教育的重视程度逐渐增强，"减负"效果愈发明显，多种课外实践活动的展开使学生有了更多的机会和时间接触并培养自己感兴趣的知识和技能。但与此同时，由于中高考以学生的分数作为判断学生是否升学的标准，中小学为了提高升学率，获取更好的生源，也无法松懈应试教育。

把学生对知识的接受能力作为教学评价的标准，学习分数成了学校关注的焦点，即使在强调学生素质培养的北京各小学，学生学习成绩的压力也在逐年增大。原本用于拓展课外知识的经典读物，一旦放进了试卷，就会变为精华版广为学习，失去了原有的含义。当教学变为"老师教什么，学生就学什么"的时候，老师为了防止学生失分，就会迫使学生力求唯一的、最标准的答案。将孤立的知识点反复地强化，也让"对"与"错"的观念深深地影响了学生，从而导致了学生看到问题时，首先想到的就是标准答案，而对看似没有标准答案的创新产生了退却和不确定。应试教育严重地阻碍了学生创造思维的培养，忽视了学生的动手能力和动脑能力，也客观上阻碍了学生自主创新能力的发展。

在追求高升学率的传统教育模式下，我国学生的学习生活环境比较单一，尤其是在一些高考大省，他们从小就面临着更为繁重的学习任务和较大的升学压力，在校时间普遍较长且与外界较为隔绝，每天只在特定的范围内进行学习生活，若不是智能手机的普及，很多学生一头扎在学校和家两点一线的生活中，可能无法接触到社会，接触到外界的人和事物。对他们而言，学习知识是最重要的任务，每天的学习时间甚至可能超过了家长们朝九晚五的工作时间。在这种情况下，素质教育和德智体美劳的培养只能是夹缝求生。如此单一和乏味的学校教育生活，严重地抑制了学生思维能力的开发和创造性的想象，扼杀了学生的创造灵感和创新欲望。此外，部分教材内容过于注重知识点，但与现实生活相脱节，不涉及学科与

图1-2 应试教育与素质教育

学科之间的相互交叉、相互渗透等,这种种不利现象,都造成了学生不能及时地跟上社会时代脚步的发展。创新来自实践,脱离了社会实践,就缺少了培养学生创新精神、创新思维的土壤,远离大量社会生活实践的学生无法做到综合运用最新的科技知识,无法将新知识融会贯通去分析、解决问题。

2. 教师教学:学生为中心vs教师为中心

传统的以教师为中心的教学模式特点是由教师通过讲授、板书及教学媒体的辅助,把教学内容传递给学生。这种教学模式以传授知识作为教师的主要教学职责,教师为知识输出端,负责传递书本上的内容,学生为输入端,负责接收教师传达的信息。加上中国传统尊师重教的影响,这种模式很大程度上带来了教育过程中师生关系的不对称,课堂缺乏互动,教师的权威无法撼动,学生难以在遇到问题时立刻举手提问。处在小学阶段的学生在课堂中还愿意表现出更多的互动和反馈,但随着年龄的增长,初高中生甚至大学生已经很少愿意在课堂上主动回答问题了,学生逐渐习惯了讲授式的教学。以北师大心理学部应学心理学专业用户体验方向研究生教学为例,刚开学时一旦课堂中临时出现了交流环节和小组汇报,学生们常常表现出生疏和慌乱,甚至觉得难以适应。尤其在与国外院校师生交流过程中,学生们主动提问、积极表达的意识较弱,表现得十分内敛,经过了半年到一年密集的讨论、汇报训练才逐步改善。任何习惯的养成并非一蹴而就的,而是在从小的学习中养成的,"沉默的教育"对学生潜能的压抑,阻碍了学生创新思维的发展。随着素质教育的提出,以教师为中心的教学模式逐步发生了转变,学校鼓励师生课堂中进行更多互动、小组讨论,但受限于大量的教学任务,这样的课堂时间也较为有限。

因此,在教学过程中,教师应该引导学生,而不是对其严厉地管制,压制学生的个性发展,应该使学生占有一种主体地位,拥有足够的学习空间。在教学中,学生根据老师的引导,在学习过程中发现问题,从而能够学会独立思考,创造思维才能自由发挥。教师也应在教学活动中把教与学有机地结合在一起,把学科创新与活动创新、校外创新与校内创新、集体创新与个体创新系统地结合在一起,灵活运用教学方式和教学方法,把培养学生创新精神和创造性思维放到教学的重要地位。

此外,从教师对创新教育的重视程度上来看,有的教师在长期的教学中已经形成了自己独有的教学方法,有足够的教学经验,课堂上能够做到得心应手,但是进行创新教育的动力不足;有些年轻教师虽然有创新教育的想法，但在教学过程中实施创新教育的经验不足，缺少开发学生自主创新思维、创新能力的方法。在师资紧缺的偏远地区，更是难以开展创新教育。因此在创新教育的教学活动中，要充分考虑教师与学生两大教学主体的积极性。教师作为教育主导者要充分利用每个学生的优势、特点来调动学生学习的积极性、主动性、创造性，公平公正地对待每一个学生，使每个学生都有平等学习的机会，从而达到课堂学习生活生动有趣、充满活力的效果。教师在教学过程中通过与学生之间的互动，使每位学生都能达到敢于发言、敢于动脑、敢于动手操作的活跃状态，从而激发学生积极参与创新活动的兴趣。

3. 教师管理：民主式vs权威式

教师作为班级的管理者和组织者，应采用适宜的班级管理方式，在班级管理中，理应充分发挥学生的作用。但小学教师考虑到学生年龄偏小，担心学生无法承担责任以及放权可能造成的安全问题，因此不敢让学生实行自我管理，而是采用权威式的班级管理方法，学生们完成老师布置的任务即可。这种方式学生们只需听话，教师们也很省心，但也在一定程度上抑制了学生创新能力的发展。此外，老师所负责的班型大小也会直接影响学生参与自主学习与实践活动的效果。班型过大使老师无法集中精力和时间去关注每一位学生，不能针对每位学生的特长去发挥他们的优势，进行因材施教，从而不能有效开展创新教育。

在创新教学活动中，教师与学生之间要平等、友爱，教师要努力营造出一种和谐、愉快的教学环境，让学生在教学过程中充满愉悦感，身心得到全面的放松，他们才愿意参与到教师的教学课堂中来。学生只有在课堂上积极主动地回答老师提出的问题，才能激发创新思维。所以，要在教学过程中，教师尊重每一位学生的个性、专长和特点，以一种平等、友爱、和谐、宽容的心态去对待每一位学生，充分挖掘他们的潜质，发挥他们的优势，从而提升教学质量。

最后，小学教师作为学生的启蒙老师，要不断地激励学生发展创新意识与创新精神，要培养学生对创新能力的认识与自信，让学生在生活实践中遇到问题时，不断地摸索并用创新的方法去解决它。教师还可安排一些有利于学生创新思维能力开发的活动，开拓学生的视野。比如，组织一些小发明、小创造、小设计等活动，让学生在实践活动中找到创造性灵感，不断产生好奇心，从而提高学生实践能力和创新能力。

三、设计思维课程对创新教育的意义

由上文可以发现,我国小学创新教育还存在一些问题,既然培养学生的创新能力已成为国家、社会关注的重大问题,在开展创新教育的过程中,社会氛围的影响尤为重要、深刻、久远。因此,在全社会营造创新教育良好的环境,积极地开拓具有创新精神的空间,对推动我国教育事业的健康发展意义重大。社会应营造创新文化氛围、加大创新教育支持力度,打造创新平台,不断改善硬件环境和软件环境,为培养国家创新型人才做好充分的铺垫。此外,创新教育也需要学校、教师和家庭共同携手,探讨相应的对策和措施。

俗话说,父母是孩子最好的老师。家庭是孩子接受教育的第一场所,家庭的教育方式和教育方法都直接影响到孩子创新思维能力的发展,创造有利于孩子身心健康的家庭环境氛围是进行创新教育最基本的要素。因此,父母要从创新教育入手,开展一种有利于孩子身心全面发展的家庭创新教育。首先,父母要树立正确的创新观念与言行,以身作则,为孩子树立好的榜样,并为他们努力创造有创新氛围的家庭环境,使孩子的身心能够得到全面的发展;其次,父母要掌握正确的教育方式,既不压制也不溺爱,积极引导孩子去探索、探究,勤思考,多动手、多体验;最后,父母要主动引导孩子创新,给孩子足够的空间和轻松的氛围,并创造培养创新兴趣的环境,让孩子感觉到生活的乐趣,与父母产生心灵上的共鸣和友好沟通。

教师是教育的主导。如何才能有效地加强教师队伍建设,提高教师素质水平,是我国教育改革和推进创新教育所面临的一个重大问题。结合同理心设计思维课程实践经验,教师在创新教育过程中首先要加强创新理念,因材施教,打破传统教学观念的束缚;其次,教师要优化自身教学方法,把新的教学方法融入教学实践过程中,让学生感觉到学习的乐趣,从而使学生愿意积极主动地进行创新思考;最后,教师应加强自身素质和文化修养,根据学校的需要和自身发展的需求进行个性化的学习和自我提高,并时刻反思自己的教学行为和教学理念,主动地对自己的教学活动进行观察、分析和研究、思考,在反思自己的教学行为中获取经验,促进自身教学专业的发展。

学校应创新教育观念,推进教育改革,强化创新意识,建设高素质的师资队伍,深化课程改革,改进教学模式。据此,本课程在创新教育和素质教育的基础上,与小学合作,逐步完善。

面向小学生的同理心设计思维课程依托北师大的专业课程开发团队,

发挥校本课程灵活的课程设计优势，结合设计思维的创新设计方法论和教学用具，强调全面提升学生的核心素养，注重对创新思维、同理心的培养，立足学科融合的课程性质，采用项目制、团队合作的学习方式，从动手实践、发散创新的创客教育的角度出发，侧重于培养学生的科学精神、健全人格和实践创新素养，辅助培养学生的社会责任素养，促进学生核心素养的发展，培养能够适应社会变革的终身学习者。在核心素养的基础上，不同学科以本科特点为主线优化自己的育人目标。

  核心素养体系的提出也为小学的课堂教学提出了挑战，除了要在小学课堂中探讨如何培育核心价值，终身学习理念的不断发展也为小学课堂教学提出了新的要求。2019终身学习与未来人才国际会议中中外教育学者指出，终身学习是指为了追求幸福人生，建设美好世界，促进人类社会可持续发展，在人生不同的阶段长期富有热情、科学有效地获取知识，主动学习，顺应变化的过程。会议同时提出了家校合作、多样化的合作学习的发展方向。这与小学课程改革中强调学科之间横向联系，开发综合课程，以及课程整合理念相对应，同时这也与创新思维培养课程的核心理念相符合（见图1-3）。而这，就要引出下一节的内容——设计创变。

丰富主题

责任担当：社会责任 国家认同
人文底蕴：人文积淀 人文情怀

"未来课堂"主题
从疫情以及国家抗疫手段对小学生的学习产生的影响入手，认同我国的积极抗疫方式，并由此引导儿童对未来的教学方式进行畅想。

"垃圾分类"主题
聚焦社会热点，从保护环境、人类角度进行主题引入，立足于他人的视角，强调以人为本的设计观念，培养儿童的人文情怀。

同理心培养

健康生活：健全人格 自我管理 热爱生命

换位思考
帮助儿童更好地从他人的角度认识和思考问题，有利于团队合作能力的培养。

积极心理品质
有效帮助儿童认识和理解自己、热爱生活、积极面对日后的挑战。

设计思维

学会学习：乐善好学 勤于反思 信息意识
科学精神：理性思维 批判质疑 勇于探究

项目制学习&团队合作
不同于普通课堂的学习模式，在与小组成员不断迭代中不断进行反思，锻炼学习能力。

深入思考，锻炼思维能力
设计思维流程，让儿童在不断的发散和聚合中锻炼思维能力，培养勇于探究的科学精神。

原型制作

实践创新：劳动意识 问题解决 技术应用

儿童编程&真实搭建，发展创造力
贯穿全程的动手能力培养，课程强调儿童的原型制作能力，课程使用乐高WeDo系列套件，结合各种综合材料进行原型搭建，结合Scratch儿童编程，在实践中培养儿童创造力。

图1-3 核心素养与课程设计

第二节　设计创变

学生综合素养的提出要求作为教育的主要阵地的高校课堂，通过与时俱进的教学改革来培养学生具备这些素养和技能。高校作为人才培养的重要基地，理应承担着培养适应新时代发展生力军的重要角色。北京师范大学心理学部应用心理专业硕士用户体验方向（BNUX）作为国内第一个应用心理专业硕士用户体验方向，将心理、设计、科技、商业等跨学科知识高度整合，搭建了国内首个以学生为中心的用户体验硕士课程体系，经过近年的发展，对跨学科创新型人才的培养方案已在短时间内取得了系统化、科学化和阶段性的成果。同时结合小学、中学及本科课程，搭建了一套多元、动态的"设计创变"创新教育体系。"创变"包含"创新""创业""创客"三位一体的创新人才培养方案，以及由思考到行动、由量变到质变的多元互融、变化流通的知识"创价"，让协同创新创造价值。

一、跨学科人才培养

北京师范大学心理学部经过研究生阶段课程的多年实践，形成了跨学科人才培养课程体系（见图1-4）。在专业发展建设过程中，以设计思维（详见第二章）作为创新教育的培养途径，鼓励学生开展多种形式的创客活动，为学生搭建一个广阔的国际化平台。高校教学模式经历的每一次课堂改革，都是为了满足不同的时代需求而进行的教学模式探索与升级。每一种课堂类型都在不同社会阶段发挥了自身优势。模型的主体部分为跨学科课程（第一课堂）＋实训课（第二课堂）＋在线开放课程（第三课堂）＋项目制培养与创新实践（第四课堂）。将多种类型课堂的优势进行整合，初步形成了"跨学科创新人才培养模型"。

第一课堂更注重教师传授，重点是知识学习，即教师以班级为单位，以教室作为教学场所，根据教学大纲，通过设计不同教学环节来传递教学信息，让学生接收教学内容的过程。第一课堂是目前高校教学活动的主要

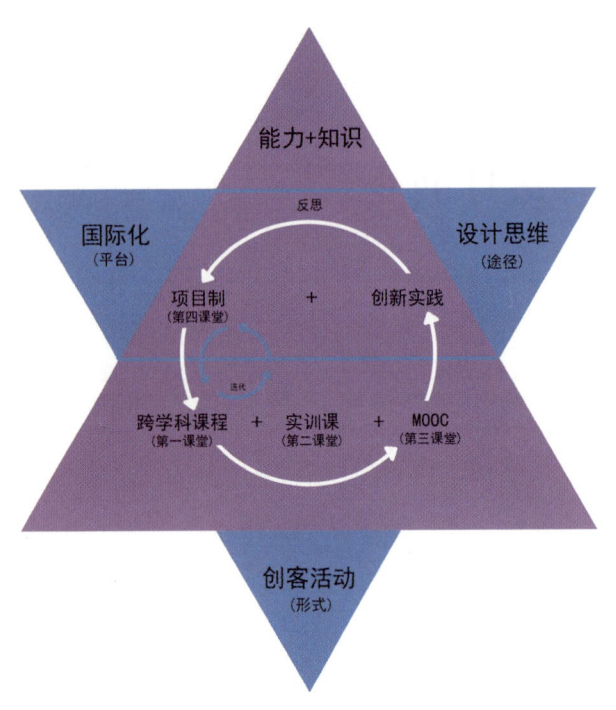

图1-4 跨学科创新人才培养模型

方式。第一课堂是教育的主阵地,主要源于它的稳定性:集中的时间与地点,固定的教师与课程,学生可以在教师指导下集中精力习得现成的知识和技能。对于跨学科人才培养而言,授课内容与师资队伍也应是跨学科多元化的,如心理学理论课程与设计学课程、编程课相融合。而第一课堂的缺点也显而易见:学生的自主性、创新性发挥不够,即便当前第一课堂提倡师生互动以提升学生能力,但其发挥空间的有限性使得学生自主的学习与实践能力匮乏,依然需要另辟阵营拓展学生的综合素质。

第二课堂突出了教学地点和教学内容的变化,更加强调学生利用课余时间,参与不同的课外活动。"课外活动与实践"是第二课堂的关键词。第二课堂不再拘泥于以教室作为教学场所开展知识传递,而是主要以学生兴趣为导向,鼓励学生主动参与到活动当中,获得相应知识或技能的提升。第二课堂在提倡素质教育的背景环境下得到了广泛认可,也成为高校补充第一课堂的主要方式。然而,实际操作中,第二课堂往往面临两个问题:一是由于内容缺乏系统规划造成课堂缺乏明确的目标性,造成为活动而活动,为实习而实习,为实践而实践,与第一课堂的教学内容完全脱节,无法成为相辅相成的有益补充;二是由于缺乏专业教师指导和社会支持体系造成资源的有限性,不仅是时间、空间等资源,更主要的是学生较难接触到高端的、贴合自身实际水平又反映社会当前急需或者未来发展趋势的实践场所。这两点成为第二课堂的掣肘。

第三课堂实现了"互联网+教育"的结合，是基于网络和移动智能技术发展起来的大规模在线开放课程（MOOC）。MOOC具有可以大规模教学和不受时空限制的学习优势，它可以实现全球师资及教育资源共享和即时互动，使得学生与社会近距离接触并产生思想火花的碰撞，从而为第二课堂提供宝贵资源。因此许多国家的顶尖大学也争先恐后投身其中，平台数量、课程数量、用户数量突飞猛进。为提升MOOC质量，全球顶尖名校开始对此进行升级，尝试一种小规模限制性的在线课程（SPOC）。在SPOC中，教师指导学生分组研讨，随时为他们提供个别化指导，共同解决学习遇到的难题。

第四课堂是刘嘉等学者在2018年依据北京师范大学心理学部应用心理专业硕士方向的发展所提出的概念，是指在国家急需的背景下，发挥高校科研优势，整合社会资源，创新学习平台，通过项目制教学方式，以前瞻性探索和创新解决社会实际问题的成果导向，以精准提升学生适应未来终身职业发展的必备素质和关键能力为目标的一种跨学科协同式教学模式。第四课堂旨在培养学生学科和职业选择的能力，使学生掌握适应未来社会发展所需要的关键知识、技能与态度，使之在人生的任何阶段都能主动、智慧、持久地适应社会，实现自我发展与终身发展。教学方式采用项目制，通过每一个真实的企业项目，在人才培养方案的高度、学生融入社会的深度、资源整合的广度、实战训练的力度上比传统课堂更加有效，使学生从文化基础、自主发展、社会参与等方面得到良好培养和锻炼。学习方式超越了传统课堂中"教与学中获得知识、参观学习作为实践"的方式，创设与国际接轨的双创平台空间，社会与高校导师及学生深度参与，一起合作。评价方式不再以考试成绩作为主要手段，更多是以学习收获、问题解决结果、创新创业成果为导向。

跨学科人才培养是一种"研-产-学"相结合、职业规划与创新创业相结合的培养形式，它既打破了原有传统课堂更关注理论的教学模式，又不同于单纯的实践教学模式。它经过近几年不断实践迭代，已产生初步成效。实践是检验真理的唯一标准，培养过程也需要对学生进行过程性与结果性的评估，而参加创新创意类比赛是检验成果的重要途径。因此，学生在学习的过程中，也会积极通过参与比赛的形式进行课程学习成果的检验，如参加能够体现创意理念与前沿科技的中美青年创客大赛。

中美青年创客大赛是中美人文交流高层磋商机制的配套活动之一，由时任国务院副总理刘延东与时任美国国务卿克里于2014年发起，中国区选拔赛由中华人民共和国教育部主办，中国（教育部）留学服务中心、清华大学、北京歌华文化发展集团、谷歌信息技术（中国）有限公司和中国大学科技园联盟承办，截至2019年已成功举办六届。大赛鼓励喜爱创新创造的大学生、老师、青年以个人或团队形式踊跃报名，强调作品创新性与作品呈现。比赛要求参赛者提交的解决方案须具有想象力和创新性；大赛组委会对提交产品进行创新性检索，并将检索结果提交评审委员会作为评分参考。作品原型要求基于开源软件或开源硬件平台完成，参赛者需要在现场完成设计并制作出可演示的产品原型。

2017年至今，BNUX的学生连续三年组队参加中美青年创客大赛，学生团队的选题从社会热点出发，依据课程所学的全流程研究方法，发掘用户的痛点和需求，将心理、设计、科技和商业相结合。参加比赛的团队成员本科并非都是设计和计算机背景，很多人的本科来自其他专业，但经由一年系统化培养，无论何种本科专业背景都能够参与从用户研究、产品构思到研发迭代的全过程，在不同环节发挥每人的特长和优势。最终，BNUX的学生在比赛中凭借优势从来自北京大学、清华大学、北京邮电大学等高校的数十支队伍中脱颖而出，实现北京赛区2017—2019年的三连冠。参与创客活动，既是检验也是学习。

二、"设计创变"创新教育体系

创新人才培养的课程体系不只适用于高等教育领域，创新人才培养理应是连续的、贯通的，在学生从小到大成长与发展的过程中，存在许多个体能力培养的关键期，同理心、创造力、团队协作能力等都在随着年龄与知识的积累而发展，学生核心素养的培养也变得愈发重要。如果用于研究生人才培养的方法论能够针对中小学学生做出适应性调整，使其符合孩子自身认知发展的规律，从小就对孩子进行培养，培养一种发现问题—分析问题—解决问题的思考方式，那他又会有怎样的成长轨迹？孩子的思维方式与能力又该有着怎样的改变与影响？如果更多的孩子都能在小的时候培养这样一种系统化的思维方式，那我们国家和社会又将迎来怎样的发展？

经过不断实践与改良，我们将创新人才培养与中国学生发展特点相结合，将面向高等教育的课程体系拓展进入其他年龄段，逐步搭建起贯穿从中小学横跨本研的多元、动态的"设计创变"创新教育体系（见图1-5），对创新人才培养赋予新的使命。

该体系由小学、中学、本研逐层递进，课程涵盖面向小学阶段学生的

"同理心设计思维"课程，面向高中阶段的"创新思维与交互科技"课程、面向本科生的"用户体验设计思维"课程以及面向研究生的"用户体验概论"课程。课程成果与学生测评、创新创业大赛相结合，推进成果的实际转化，并紧密结合国际交流，积极开展跨国教育合作，最终培养出具有创新意识与创客精神的应用型、创新型、综合型创新人才。面向小学的课程以思维孵化为主，核心在于引导学生发现问题，注重创意启发，学生在课程中学会与同伴一起进行合作挑战。并在这个过程中进行"积极教育"，培养学生积极品质。面向中学的课程，会在小学的基础上提高标准，并将"交互科技"与"人工智能教育"融合在课程中，让学生学会通过科学严谨的方法去"观察生活"，帮助学生在学习过程中进行创新设计，培养和拓展认知能力与工程实践的能力。面向本科生和研究生的课程要做到一体化，基于企业真实课题，强调更完善、更具用户体验与商业价值的产出，能够真正实现"用户同感"。学生据此进行创新设计与原型开发，并在企业指导过程中完成对产出的商业转化与后期的创新测评。

在课程体系搭建的同时，我们在北京师范大学实验小学、北京师范大学第二附属中学等各院校各年级深度开展了"设计创变"创客创新课程的实践，受到了广大师生的喜爱，并作为一种新的理念和路径为学生的核心素养培养提供了新路向。与各学校合作的课程简介如下。

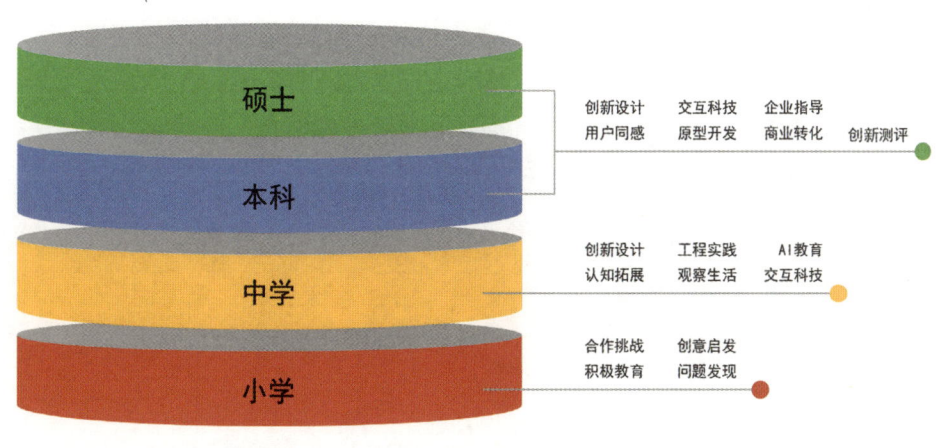

图1-5 "设计创变"创新教育体系

小学"同理心设计思维"课程

BNUX与北京师范大学附属小学合作的课程项目,由BNUX进行同理心设计思维课程的研发,将设计思维的流程与方法转换为小学生可以理解的课程内容,进行同理心设计思维的训练与授课。课程介绍详见本书内容。

高中"创新思维与交互科技"课程

BNUX与北京师范大学第二附属中学合作的课程项目,课程定位为北京师范大学第二附属中学科学技术课程的一部分。将设计创变理念与原有课程相结合,通过项目制、团队合作以及"做中学"的教学方法,引导学生从生活中发现问题、解决问题,并将设计概念进行呈现,做出具有交互功能的智能硬件原型。

本科"用户体验设计思维"课程

基于北京师范大学本科生公选课平台,面向北京师范大学本科生开展春季学期课程,通过15周的公选课,向学生传授设计创变的思考方法,帮助其学会观察生活、发现和解决身边的相关问题。课程系统传授如何设计工具开展创新实践,主要分为设计思维入门和设计思维进阶2个模块,探索应用型、创新型、综合型的创新创业人才培养新模式。

针对不同年龄阶段人群的课程会有不同的侧重点,面向小学阶段的创新思维课程聚焦于对学生思维方式的培养,课程引入"设计思维"经典模型,并在此基础上依据中国情境下学生身心发展水平进行系统化课程体系设定及配套教学工具包设计。

在斯坦福大学经典的"设计思维"五阶段(详见第二章)中,"同理心"作为设计思维的核心阶段,是探索问题的本质,也是理解人物特点及其需求的过程。小学阶段作为学生同理心发展的关键时期,教师在教学过程中应更为注重对学生同理心的培养。

第三节　同理心概述

同理心的培养是设计创变课程中的重要一环，是学生理解课程主题的起点。尤其是对小学生而言，他们的认知发展水平还较有限，进行课程学习的过程也是培养他们换位思考、站在主人公的角度思考问题的过程，因此小学的课程被命名为"同理心设计思维"。只有实现了人物的理解与同理，才能有能力准确洞察出主人公行为或需求背后的原因与动机，在后期问题聚焦、产品设计与制作的过程中围绕主人公的特质进行发散与聚合。同理心的发展对学生而言无论是完成本门课程还是健康成长都有十分重要的作用。作为课程教师，应当对同理心有充分的了解，因此本节将介绍同理心的相关概念、发展阶段及影响因素。

一、同理心的概念及界定

同理心（Empathy）也叫"共情"，原是美学理论家用以形容理解他人主观经验的能力，之后逐渐受到哲学、社会学、心理学等学科的广泛关注，指代对他人精神状态的敏感和理解。不同时期和流派的心理学家们对同理心有着不同的理解，美国心理学家爱德华·铁钦纳（Edward B.Titchener，1910）认为同理心通过一种想象的感觉，能用心灵感受自己处于他人境遇的体验。这是一种让人以既富有想象力又有效的方式去理解他人的所处情境和所持观点的能力。美国心理学霍根（Hogan，1969）认为同理心是"为自己构建另一个人的心理状态的行为"。而人本主义心理学的代表人物卡尔·罗杰斯（Carl Ransom Rogers，1957）则赋予了同理心在临床心理学上更多的现实意义，他认为同理心是个体如同体验自身精神世界一样体验他人精神世界的能力，更强调换位思考，并将"同理心"与"无条件的积极关注""一致性"一起列为人本心理学治疗的三大原则。

在研究不断发展的过程中，心理学家将同理心与亲社会行为，即人们表现出来的一些有益的行为相联系起来，大量研究表明同理心对于亲社会行为的产生与发展至关重要。而具有反社会人格的人被认为缺乏同理心并对他人情绪不敏感。因此，随着心理学家对同理心的深入研究，越来越多的学者对同理心的维度有了更多的理解和界定。

格兰兹坦（G. A. Gladstein）1983年提出的"两成分"理论受到了更多的研究者的支持。他认为同理心包括情绪同理心和认知同理心。情绪同理心（Emotional Empathy）指的是对他人情绪的一种替代性分享，强调的是一种情绪情感反应。他人的情绪会激发自身产生这种情绪或感觉的相关脑区的活动，令自身对他人的情绪"感同身受"。认知同理心（Cognitive Empathy）强调更好地理解他人情感的认知能力，在人类进化过程中，复杂的社会环境要求人们具有认知同理心，即能够对他人的想法和意图进行理解，并由此推测其未来的行为。这一能力无疑增强了人们的社会功能。情绪同理心与认知同理心相互独立又紧密联系，情绪同理心可以压制暴力行为，产生利他行为，认知同理心则可以帮助我们选择最合适的办法去帮助别人。

而这也能在一定程度上帮助大家理解分辨同理心和同情（Sympathy）的区别，在实际生活中，许多儿童甚至大人都无法很好地分辨同理心和同情的区别，认为同情别人就是同理心的展现，但事实并非如此。同理心要求人们有接受不同观点的能力，能够感同身受，对于人或事进行描述而不是评论，最后要能感知其他人心中的情感并据此进行沟通（见图1-6）。同理心可以促进人际情感联系，同情则让人们相互疏远。

短片中，小狐狸跌落井底并大声求救："我脱不了身，这里好黑，我快要崩溃了。"小熊和长颈鹿都看到了，小熊爬下井底对他说："嘿，我理解你的感受，你并不孤独。"长颈鹿在井上探下来脑袋，对小狐狸说："噢，你应该很不好受，是吧？呃……你要吃个三明治吗？"小熊和长颈鹿的反馈分别代表了同理心和同情，同理心要求小熊将自己内心深处与小狐狸相似的那部分掏出来和他分享。一个更明显的区分是，对于一个难以解决的复杂问题，同情更愿意去进行"粉饰"，好让这件事看起来不那么糟糕：

——"我被学校开除了。"

——"这真糟糕，至少……你上学时是优等生。"

但事实上，仅仅一句回应不太可能让事情好转，让事情变好的是两个人的情感联系。当一个人分享了一段艰难的经历，或许他宁愿你们的对话是这样的：

——"我被学校开除了。"

——"我真的不知道该说些什么好，但我很高兴你愿意告诉我。"

说罢给他一个大大的拥抱。

图1-6 同情与同理心的区别

发生在他人身上的遭遇，我们从"知道、关心"，到"感受、希望减轻"会投入不同程度的情感和认知，在"同理心设计思维"的课程中，同理心有着重要的占比，不理解对方，又怎么会给出符合主人公需要的解决方案呢？但每个人同理心的发展水平是不一样的，因此，教学中需要考虑到不同年龄段学生的同理心发展水平，通过不同的方式引导学生对故事主人公进行同理，不只是同情他可能的遭遇，更重要的是能够换位思考和理解对方。

二、儿童同理心的发展

同理心具有其发展特点，不同维度的同理心在不同的发展阶段可能有不同的表现。具体表现为：情绪同理心生而有之，而随着个体的发展不断减弱；认知同理心后天发展成熟，随着个体的发展不断成熟，即同理心的整体发展趋势可能呈倒U型的发展曲线。早期学者认为，幼儿过于以自我为中心，在其他方面没有认知能力体验同理心。然而，大量研究表明，非常年幼的孩子也能够表现出各种相当复杂的同理行为。如下例所示。

在医院的育婴室里，经常会发生一个很神奇的现象。午后的阳光洒在窗户上，小宝宝们正躺在温暖的小床上午休，岁月静好。突然，一阵哭声打破了眼前的平静，一个宝宝突然哭了起来，紧接着不知为何，其他宝宝听到后都开始跟着哭了起来，越演越烈，宝宝们彼此间就像是在竞争一样，哭的宝宝越来越多，声音也越来越大，场面一度十分尴尬。一时间哭闹声、安抚声乱作一团。

仔细回忆一下，你的身边是否发生过这样的事情呢？很多人认为新生儿不具备体验同理心的能力，但事实上早在出生后的18～72小时，新生儿就会对其他婴儿的哭声表现出痛苦的反应，这种现象被称为反应性哭泣，并且痛苦程度显著高于各类其他的噪声，如白噪音、合成的哭声、非人类的哭声以及他们自己的哭声。这表明婴儿对另一个婴儿的哭声的痛苦反应不仅仅是因为厌恶噪声，而是能够体现出生物对他人消极情绪的兴趣及反应倾向，这也被认为是同理心发展的早期前兆。

　　人类在婴儿期就能够对他人的消极情绪体验做出反应，并在2岁前逐步显示出关心他人的能力。扎恩·瓦克斯勒和他的同事（Zahn Waxler et al., 1992）对14～36个月儿童的同理心相关行为的发展进行了广泛研究。研究发现，亲社会行为等许多行为在生命的第二年经历了显著的发展。事实上，几乎所有的蹒跚学步的幼儿都会在2岁之前做一些帮助行为，如言语安慰和建议、分享和分散受伤者的注意力。到了生命的第三年，幼儿已经能够有各种各样的同理心相关行为，包括言语、面部关注，以及对他人的痛苦感兴趣，并继续进行各种帮助的行为。

　　随着年龄的增长，儿童的思维发展程度在不断提升，到了四五岁，他们通常能够从另一个角度看待错误信念任务（False Belief Task），这是一个常用的心理发展理论指标。

　　研究人员给米娅小朋友讲了一个故事，故事内容是这样的：某天，小明同学拿了一块糖放在了自己卧室的抽屉里，等他离开卧室后，他的妈妈进来把糖从抽屉里拿了出来，放在了书架上，等小明同学回来后，你觉得他会去哪里寻找这块糖呢？

　　对于这类问题，3岁的米娅和5岁的米娅可能会有着完全不同的答案。这就是典型的错误信念任务，在这个任务中，主试向儿童描述一个故事情境（通常故事中主人公的信念与事实不相符），然后主试向儿童提问，看儿童是否能推断出主人公的真实信念。如果儿童有思想理论，她应该用原来的位置（卧室的抽屉）而不是真实的位置（卧室的书架）来回应，从而表明她有能力从有限的角度来看待这个问题。

　　有能力完成这项任务与站在别人的角度去思考问题是紧密相关的。米娅回答的内容依托于感受或理解小明同学此时的经验，而不是自己的经验。回答正确的儿童能够更有效地思考帮助策略，因为他们能更准确地观察情况并进行同理。在个体从婴儿到成年过程中，同理心在不断地发展成熟，那么有些个体是否比其他个体更有同理心呢？

　　答案是肯定的，由于同理心经常和亲社会行为联系在一起，1991年，儿童心理学家南希·艾森伯格等人（Nancy Eisenber et al., 1991）对亲社会反应的稳定性和一致性进行了纵向研究。在该研究中采用多种衡量亲社会行为、同理心的方法。通过观察被试在学前班、实验室的表现，以及自我、朋友和家人的报告来测量被试在4~20岁的不同时间点的同理心反应。研究结果表明，同理心在个体成长过程中不断发展，并激励自身的帮助行为进入成年期。有发展就有影响发展的因素，在个体的成长过程中，同理心的发展并非完全统一，不同的条件都会对个体的亲社会行为有着重要影响，那么哪些途径可以更好地通过后天学习而提升同理心呢？

三、影响同理心发展的因素

从前面的讨论中可以明显看出，同理心的能力通常发展得很早很快。但是什么因素促成了这一发展呢？

1. 先天与社会因素

在儿童心理发展的过程中，遗传和环境是两个绕不开的词。行为主义的创始人约翰·华生（John Broadus Watson）曾提到："给我一打健全的婴儿，把他们带到我独特的世界中，我可以保证，在其中随机选出一个，训练成为我所选定的任何类型的人物——医生、律师、艺术家、巨商，或者乞丐、窃贼……"这句话看似是环境影响论的名言，但也不得不假定"健全的婴儿"这一与遗传相关的前提，之后的一系列研究也表明，并非一切因素都能被后天教学所影响，同理心的培养也不例外。

扎恩·瓦克斯勒（Zahn Waxler, 1992）在对双胞胎的纵向研究中发现遗传和环境成分都参与了同理心的发展，不同类型的同理心倾向很可能与遗传差异有关。大脑中的几个区域也与同理心的发展及相关行为有关。人脑中位于额叶和顶叶的运动前和周围区域的镜像神经元系统（Mirror Neuron System）对同理心发展十分重要，它们为连接我们自己和他人的经验提供了神经基础。为了引发对他人的同理心，镜像神经元需要与大脑的许多区域进行通信，为了体验他人情绪，而不至于被痛苦所淹没，参与情绪调节的神经机制也会被激活。正如脑部病变所引发的精神类疾病无法通过心理咨询根除一样，这部分神经元受损，也很难通过后天的学习进行补救。

先天气质也会影响同理心水平。罗斯巴特和他的同事（Rothbart et al., 1996）发现，在婴儿期出现恐惧心理的孩子，到了上学年龄时，父母更多地反馈孩子出现同理心行为。同样，被父母认为容易害羞的孩子，他的同理心和负罪感也比其他孩子更高。但在一个不熟悉的环境里，这样的孩子却也很少同理陌生人以及帮助他人。

无论是遗传、神经元系统还是气质类型，这些因素都是先天出现在孩子身上的，并非后天习得，很难被干预。但人是社会动物，出生起就会存在与他人的交互与新环境的适应，还有其他的因素是后天对人产生影响的，适当运用这些因素，融入课程设计中，能够帮助我们培养孩子的同理心。

正如上文提到的，环境经验也有助于同理心的发展。在小学语文课堂上我们会发现，教师为了帮助学生理解文章或故事内容，经常会让学生采用角色扮演的方式，每人分配一个角色，由教师作为旁白，学生作为故事中的主人公，将文章中的对话表演出来，念白的同时模仿该角色的表情和行为。

不是教师自己扮演，而是让学生参与的一个重要原因在于，模仿，特别是模仿面部表情，是一个接触和学习他人经验的重要机制。当我们与他人交往时，往往会不自觉地模仿动作举止，包括面部表情。而同理心发展水平较高的个体被发现比发展水平较低的个体进行了更多的面部模仿。模仿在同理心的发展中是必不可少的。

模仿与某些情绪相关的面部表情可以使婴儿内化对方的情绪体验。正如具身认知理论（Embodied Cognition）里提到的一个经典的例子：让被试像空姐练习微笑一样将铅笔咬在牙齿上，尝试理解一些表达愉快或不愉快的句子，与不愉快的句子相比他们理解愉快句子的速度更快。具身认知理论认为生理体验与心理状态之间有着强烈的联系，身体的变化会影响我们的认知。当婴儿微笑回应伙伴的微笑时，他可能会感到快乐，因为他在微笑。同样，模仿他人的行为有助于同理心的发展，帮助个体更好地理解他人的处境。

由于父母或监护人对婴幼儿有显著的社交影响，因此家庭成员对孩子的养育将影响同理心的早期发展。在婴儿期面对面玩耍时，母亲和婴儿之间相互影响得越多，青春期时孩子在母子交谈时表达出的同理心就越强。这也表明，婴幼儿时期父母或监护人应多陪伴孩子，进行游戏化互动对孩子的影响十分重要。

总之，孩子在某种程度上可以通过模拟他人的情感表达和行为来内化他人的感受和经验。父母和孩子的互动可能为孩子提供三个重要的经验：第一，可以让孩子感觉到父母也可以感受到他们的感受（如"妈妈理解我的感受，真是太好啦"）；第二，这也会使孩子了解到他们的情感行为会影响到一个人（如"我不能再哭了，爸爸妈妈会难过的"）；第三，它还会增强孩子的效能感，让孩子相信自己是可以帮助他人的，并对帮助他人的想法采取行动（如"上次很难过，妈妈给了我棒棒糖我就好啦，这个小朋友好像不开心，我把兜里的糖送给他应该就好了吧"）。

孩子对父母的依恋也是影响同理心发展的重要指标。这一概念最早由英国精神病学家约翰·鲍尔比（John Bowlby, 1969）提出，用来解释婴儿与其养护者之间的情感联系。后来也延伸到成人间的亲密关系。简单来说，当我们对某人产生依恋时，会产生接近他的愿望，离开他会产生分离焦虑。1969年，玛丽·艾斯沃斯等人（Mary Ainsworth et al., 1969）设计了陌生情境实验（Strange Situation）用来判断儿童的依恋类型。有别于成人的四种依恋类型，儿童的依恋类型共有三种：安全型依恋、回避型依恋和反抗型依恋。在这三种依恋类型中，回避型与反抗型都属于不安全型依恋。儿童对母亲的依恋类型既具有明显的稳定性，但同时，在家庭环境经历较大变化，母亲与儿童的交往发生较大转变时，也可能发生变化。其中，安全型依恋促进了儿童的同理心的发展，有安全感的学龄前儿童比没有安全感的儿童更有同理心。依恋安全的启动也增强了同理心反应，抑制了个人痛苦。而不安全的依恋风格预示着对陌生人的同理心会减少。

综上所述，影响儿童同理心发展的因素既有先天的遗传影响，也有后天社会环境的改变。后天可改变的环境中，又有许多是在父母或监护人参与中完成的，父母是孩子最好的老师，积极的互动、稳定又安全的亲密关系对于孩子的同理心抑或是许多能力和品质的培养都具有重要的意义。

2. 情境因素

现实生活中的同理心总是发生在一定的具体情境中，受到情境因素的影响。而这也是课程教学中最可实践的部分，在实际授课过程中，教师会人为设定一些基于真实生活而采用的故事情境，具体的情境对同理心又有着怎样的影响作用？

有研究人员认为，情境就是在一个特定的时空场景中所展现出来的、能够影响个体对目标人物或刺激理解的一切事物或信息。比如，小明和张三结伴走在路上，突然天上飞过一只喜鹊，小明可能并不在意，甚至没有仔细去分辨这是什么鸟，而张三由于稍后想去买彩票，看见喜鹊大喜，认为这是喜兆，寓意着彩票能中奖……你看，一只喜鹊飞过本身并无含义，但在此时张三却有了不同的理解。这其实是说，现实生活中的许多刺激都可以有多种不同的理解或解释，因为许多刺激本身没有固定的意义，却可以在特定的情境中获得恰当的意义。

许多社会认知加工中都有明显的情境效应，而且是在各种水平上都有所体现，从基本的感知觉到复杂的社会交往。在社会认知加工的过程中，个体要聚焦于相关的社会线索，忽略掉无关的细节，将相关的情境信息与社会线索整合在一起，理解那些不完整或模糊的信息，最终产生对目标刺激的意义理解、如面部表情的识别。模仿的前提是识别出正确的表情，真实生活中的面部表情往往发生在信息丰富的具体情境之中，我们除了聚焦于他人面孔的表情以外，还要综合包括物理场景、声音、他人的肢体动作甚至语言等相关的情境信息，最终准确地识别他人的面部表情。

就同理心而言，为了达成对他人的情绪情感的准确理解，个体需要充分利用当前具体的情境线索。因为在真实生活中，社会信息的意义高度依赖于情境，而且在真实的情境中，有些信息不会直白地表现出来，这时往往就需要个体通过整合情境线索来进行内隐的推断。许多自闭症患者的社会认知水平不高，同理心能力有损伤，在很大程度上就源于他们缺乏正常人那样的情境敏感性，无法将情境信息有效地提取并整合到对当前目标刺激的理解中来。

在对学生同理心的培养过程中，需要提供足够的情境信息，并引导学生去分辨与理解，常用的三种基本情境信息如下。

第一，事件发生的时间、地点等信息。当陈述一段事件时，人们容易对特别的时间或地点产生特殊的印象，并影响到后期判断，比如提到2月14日，脑内就不自觉浮现出"情人节""玫瑰""恋人"和"表白"等特殊意向，而提到11月11日，原先的经验会提示大家想到"单身"，但近几年电商的蓬勃发展让人更容易联想到的是"购物""剁手"和"花呗"等。当然，对不同文化背景、年龄、性别甚至性格的人而言，相同的日子也会引发完全不同的联想。我们要做的就是根据中国情境下特有的隐喻联想进行课程设计，将这些希望表达的内容藏于课题背景中，通过或直观、或隐喻的方式呈现给学生。

第二，事件中所涉及的个体，既可能是影响事件的人，也可能是受事件影响的人。这方面的信息尤为重要。个体的生理特征、心理和情绪状态、姓名等信息都会用于这方面的表征。因此，在"同理心设计思维"课程的教学中，教师所要教授的培养同理心的方法，就是根据故事背景分析人物性格特点，从而绘制出人物画像（Persona），该方法见第四章。

第三，事件中所涉及的个体之间的关系、事件的因果性、个体的意图等也属于情境信息。就像前面提到的小明和张三的故事，同样的时间地点，发生同样的事件，即使是两个同样的张三，一个想买彩票，一个不想买彩票，他们所理解的内容也可能完全不同。

这一观点在本书第四章的第二节"课程主题"中同样会提到，一个合格的主题设定，要考虑到故事背景的完整性，从而更好地帮助学生在给定的内容中，梳理出有效的信息，更好地理解主人公，培养同理心。

值得注意的是，"主人公"的社会身份和以"主人公"为首的群体特点，会影响到学生对他的同理。比如，小学生很容易同理班里的好朋友、同学，比较容易同理自己的家人，但不太容易同理医生、市长这类离生活很远的人。当"他人"带有明显的群体外（Outgroup）或群体内（Ingroup）特征时，个体的同理反应可能是不同的。每一个人类个体在社会中总是会归属于某些群体，或者说对某些群体产生认同感，重视自身群体的利益以及自己与群体成员的关系。对于我们而言，我们很容易将自己与同龄人划为一个群体，小学生由于生长和阅历的限制，对于相同年龄（小学阶段）或职业（学生）的群体更容易产生共鸣，即使这个"主人公"是一只拟人化的小动物。这是因为小学生将拟人化的动物放在了和自己相同的群体之中，动物的所思所想是符合小朋友们的认知规律的。但对于其他年龄、职业等被归类为不属于自己群体的人则通常更难产生同理心，甚至会出现幸灾乐祸的情况。因此，在实际选择过程中，应注意主人公的设计要能够引起学生的共鸣，否则反而会产生负面后果。

当我们将圈层范围扩大时，我们会发现"种族"也是一种常见的群体区分的标准。人们对于和自己同种族个体的同理心反应，显著强于对异种族个体的同理心反应，这也是"群体内同理心偏差的假设"（the Ingroup Empathy Hypothesis）的由来，该假设认为归属于同一群体的成员之间可能发生更多、更强的同理心反应。另一项研究证实了这一假设。在该项研究中，研究者要求被试观看一些描述人类、灵长类动物、鸟类等受到伤害的视频。被试同理心的反应为：人类＞灵长类动物＞鸟类，即与个体的相似性更高，归属同一群体时，被试反映出更强的同理心水平。

情境中包含的事件的因果关系也会对同理心产生影响。一些情境中的因果关系会比较明显，以疼痛同理为例，一般来说看见他人疼痛都会引起个体的同理反应。在没有明显提示线索的情形下，个体也可以凭借自身的知识和经验提取情境中的因果关系。当然，小学生的知识经验是无法和成人进行比较的，个体的知识经验不同就可能会有不同的因果关系解释，这种差异也会使得个体的同理心反应存在差异。这也要求教师在设计课程主题时，尽管要准备丰富的情境和预先整理好"答案"以便进行判断，但并非所有不在"标准答案"范围内的学生答案都是错的，一是有可能教师在备课时遗漏细节，二是不同人对同一事件的理解不一致，成人之间尚且如此，就更不要说儿童与成人间的理解了。因此，在"同理心设计思维"课程中，问题的答案并非数学考试中的应用题，有着一一对应的标准答案，而更像是政治考试中的论述题，有正确答案的范围，却没有必须保持完全一致的"标准"，核心表述正确了，均可酌情给分。

最后，情境的公开性或私密性对同理心反应同样存在影响。这点很容易理解，一个人在学校和在家做同一件事可能会有着完全不同的行为反应。例如，当有人受伤害时，多个人同时目睹和单独一人目睹，目击者的同理心反应可能就是不一样的。公开情境意味着公共场合，公共场合下社会规范更加明显，因此也促使儿童做出更多的自我表现的行为，如富有爱心、公平、一视同仁等。当群体外他人所需要的帮助不是特别强烈时，儿童会有更多的权衡，因此情境公开与否就会影响到儿童的同理心反应和随后的助人意图。当群体外成员强烈需要帮助时，即使是不公开的情境下儿童仍然对群体外成员有更多的同理心反应和助人意图，可能是因为他人强烈需要帮助的情境激发了儿童的怜悯和同情，使得儿童不再考虑群体认同和情境公开性的问题。因此，我们要做的是在潜移默化中对学生的同理心进行培养，学生去"同理"主人公的目的，不是因为这是一门课程要拿到老师给的"优秀"成绩，而是因为理解别人能够帮助我们成为更好的自己。鼓励学生将所学内容在非课堂情境中实践，继而影响他们的日常生活，这种能够理解他人的能力，无须用公开和私密做区分。

四、设计思维中的同理心

前文介绍了同理心的概念、发展与影响因素，同理心这一概念不仅对心理学界和教育学界产生影响，其他领域也将它引入，使其发挥出更广泛的影响力。前文中提到了后面将详述的"同理心设计思维"课程，其实，设计学界很早便提出来了"设计思维"这一概念，它作为一种思维方式，也作为一种方法论，被广泛应用。斯坦福大学最早的设计思维模型包含五阶段，其中第一个阶段即为"同理心"。在斯坦福大学教授莱瑞·莱佛（Larry Leifer）看来，设计思维始于一个往往被遗忘或忽视的点——对用户及其需求的真正理解。这种思维方式的核心优势在于它为设计者们提供了探索和发现用户洞察的空间，通过观察和访谈最大程度上构建同理心，揭示用户的真正需求，然后便可以针对这些问题提出创新的、可行的想法，在循环往复的迭代中设计原型并进行测试。

设计思维最早并非用于教育，而是用于商业，企业家希望员工在设计一款产品时，能够遵循一定的方法论，从而使公司自身更有逻辑和创造力，设计出卖得更好的产品。因此，国内外很多对设计思维的研究都针对商业领域。而近些年来，在管理学研究和咨询文献中，同理心也受到了广泛的关注。设计理论家和实践者将同理心描述为设计思维的一个关键影响因素。同理心洞察力源于与他人的具体互动，过去几十年的工作中也见证了对提升员工个性和情感能力需求的日益增长。因此，同理心的社会技能对公司、管理层和咨询文献来说也变得更加重要。

那么在设计思维的商业领域，同理心又是如何应用的呢？斯坦福大学的伊娃·科彭（Eva Koppen）等人对设计思维中的同理心进行调研，发现企业设计思维中的同理心分为外部同理和内部同理，外部同理是指企业员工对用户或消费者进行同理，而内部同理是指企业中团队成员内部对彼此的同理。

1. 外部同理——用户需要什么？

外部同理的目标是找出用户需要什么，团队成员洞察有助于产品的进一步开发。设计思维过程可以被看作从设计领域利用同理心方法的尝试。在过去，产品是由技术演变过来的，而对产品开发的现代理解是分析用户的隐性需求，在此之前设计流程中并无对用户隐性需求的思考。

设计思维使用者的工作有明确的用户导向，它的最高目标是构思和设计有用的东西，而这个东西是否真的有用需要与用户合作去证明。对于日常工作中的同理心实践，包含以下三个指导方针：第一，要在自然情境下对用户进行观察。仅仅通过做市场调研来了解和分析目标群体的一些情况显然已经不够了，要在他们的生活情境中对话。第二，要与用户进行访谈和互动。工作人员需要有一定的沟通能力并能接触到用户的真实世界，这已经成了现代创造性工作中不可或缺的一部分。第三，通过追踪用户的体验，将自己置于用户的位置更有利于同理用户，如模拟老年人和体弱者的处境去佩戴眼镜，这也是前文模仿和角色扮演的意义，通过积极和有意识地关注对方来实现了解他人的目的。

无论如何，在企业中使用设计思维的员工应该采取理性的同理方法，通过访谈和观察来洞察用户行为的隐藏模式。当然，能够亲身感受到自己进入另一个人的处境，当然比使用一些认知技巧要情绪化得多。在企业中使用同理心能够为员工增加日常工作的意义，员工的工作不再是为了匿名或未定义的灰色群体进行设计，而是为了帮助更有情感和需求的人，从他们的反馈中洞察出隐藏在话语表象后的真正需求。

这里所说的外部同理换算到教育领域中，给小学生授课的部分，就是前文提到的对"主人公"的同理，对于小学生而言，没有太多"用户"的概念，我们授课的目的也并非真的为了做出来一件商品，因此多用"主人公"或"人物"来代替"用户"。但这不意味着所提到的观察、访谈就不存在,这些方法是设计思维的常见方法,在教学中,教师也会通过这种方式帮助学生获取信息,只不过方法的使用方式会有些适应性调整,详见第四章。

2. 内部同理——团队合作需要什么?

在一个现代的企业世界中,设计驱动的技术、跨文化和多学科的团队合作以及"以用户为中心"一词正变得越来越重要。这种专注于跨学科团队合作的心态间接地要求了设计思维者要有足够的同理心。一旦和与自己有着完全不同观点和背景的员工进行合作,就意味着他们必须学会调整自己的观点,以便共同解决产生的问题。

对于跨学科团队而言,某些增强团队精神的技巧可以作为间接优化团队内部的同理心的方法,如工作坊开始之前的暖场游戏与破冰活动等。这些活动或许在外人看来很奇怪,但可能是他们形成团队凝聚力的原因。此外,延迟判断、初学者心态等方式也可以达到此类的目的。近些年,"狼性文化"强调了企业内部员工间的竞争关系,担心他人与自己存在竞争,产生孤立和分离的倾向,从而阻碍团队协作。内部同理的概念可能为此提供一个解决方案。因为同理心在合作中起着如此关键的作用,责任将在团队层面上分配。项目的成功不是由一个人,而是由团队负责。

综上所述,为了能够找出用户想要有哪些情感体验,员工需要了解其情感和思想。同理心可以缩小企业员工与用户之间的距离。与此同时,也能使员工内部增强认同感和团队协作,更好地进行产出。

对于小学生"同理心设计思维"课程的教学而言,每次课程都是以团队协作的形式进行的,小组同学尽管不是跨学科背景,但也是不同的个体,有着自己擅长和陌生的知识,彼此的差异带来了更多灵感的碰撞,也带来更多的摩擦与不可调和。因此,正如上文所说,小组的破冰活动对于课程尤为重要,在第一节课就会进行游戏化分组以及团队破冰,可以帮助他们了解彼此,形成团队凝聚力。

当然,同理心在设计思维中发挥的作用不仅仅是其过程本身,更是通过设计学习思考。IDEO公司首席执行官蒂姆·布朗(Tim Brown,2011)认为:"设计思维方法的使用者最重要的技能是从多个视角去理解世界——同事、客户、用户、顾客。"可见,同理心的培养在设计思维方法中扮演着至关重要的作用。从心理学的视角出发,设计思维方法不仅能够提高同理心水平,提升解决问题的能力,更在团队协作和创新发展上为使用者带来思维成长。

  因此，结合北京师范大学心理学部的专业特色，我们在实践中对设计思维的方法论加以改良，研发了具有本专业特色的"同理心设计思维"课程，将研发成果应用于实践，针对课程本身特点逐步搭建适用于创新人才培养课程的一体化测评体系。该课程通过创新设计方法、智能化教学工具等创新教学手段，系统化培养学生创造思维能力，帮助学生们建立同理心、锻炼实践操作能力、掌握计算机图形设计工具，通过合作创新设计，提高团队协作能力和语言表达能力，让学生可以将自己的创意和方案付诸实践，将设计创变内化到学生日常生活中。

  设计创变创新教育体系中所涵盖的丰富多元的课程设置、动态流通的培养模式，帮助学生从生活情境中发现问题，转化为活动主题，通过主题探索、设计表达、原型制作三阶段，培养学生综合素质的跨学科实践能力，进而培养创新型复合型人才。

背景：创新与创变　01

基础：设计思维概述　02

进阶：课程是如何打造的？　03

理论：授课前应掌握什么？　04

实践：我们是如何授课的？　05

试一试：如何开展快速工作坊？　06

未来：评估展望　07

第一节 概念、起源与发展

在创新人才培养的课程教学中，设计思维无疑是其中备受热议的概念。"设计思维"这个名词自诞生以来，有来自诸多领域的诸多前人都对其含义进行了阐述。每个人立足的行业与视角不同，对设计思维的定义也不尽相同。而这一路走来，随着研究与应用的深入，设计思维也随着时代的发展而不断被赋予新的内涵。

设计思维经历了从传统设计方法论中逐渐演变、分离的漫长过程。它早在20世纪40年代便已出现，哈罗德·范·多仁（Harold van Doren）在1940年出版了《工业设计——产品设计和开发使用指南》一书，书中提到了设计的理论方法与基础实践。这是设计思维的一个小小起点，而站在历史长河的节点上，我们可以看到很多设计相关的活动都可以被当作设计思维活动的早期探索。学者对于设计思维的认知和理解经过了反复迭代的过程。

一、国内外的发展

"设计思维"一词是在20世纪60年代后的两个主要领域中首次被提及：在科学研究领域，哈伯特·西蒙（Herbert A. Simon，1969）出版的《人工制造出的科学》第一次提出"设计应该是一种思考的方式"；在设计工程领域，罗伯特·麦金（Robert McKim）于1973年在出版的《体验可视化思维》中也提及此观点。到了1980年，布莱恩·劳森（Bryan Lawson）的《设计师是如何思考的》一书中将这种思考方式命名为"设计思维"（Design Thinking）。20世纪八九十年代，美国著名的设计师、设计教育家罗尔夫·法斯特（Rolf A. Faste）接手并发扬了麦金在斯坦福大学的工作，他将设计思维当作一种创新的方法理论推广给学生，并要求他们在课堂上进行应用。经过斯坦福大学的研究推动，设计思维向一种创造性的行动方法迈进了一步。随着越来越多研究者的参与，设计思维逐步在教育领域中有了普遍性。这是一个巨大的发现与变革，从此以后，设计思维的受众拓展到了大众，并发展成了一种有影响力、高效、可广泛采用的创新方式。

1991年，大卫·凯利（David Kelley）创立IDEO公司——现今全球最大设计咨询机构之一，以设计思维作为其核心思想，将设计思维贯彻落实到了IDEO工作当中，成功实现商业化。同时大卫·凯利还创立了斯坦福大学的哈素·普拉特纳设计学院，并担任斯坦福大学机械工程系教授。2019年10月，编者在斯坦福大学与斯坦福大学的机械工程系咨询教授，同时也是IDEO全球设计与创新顾问巴里·卡茨（Barry Katz）进行了多场座谈。在他眼里，身为500强的IDEO公司正如他们的标语"IDEO, idea to the world"，是一个集设计、调查为一体的公司。"IDEO是为了深入了解人们的需求，去满足这些需求。我们不需要强调说谁是设计师，我们是一个完整的设计团队。"对他们而言，设计思维并非仅仅是一种方法论，而是两种思维的结合：其一，"就算不是设计师，也可以像设计师一样思考"；其二，"设计思维能够并应该在许多领域被运用，因为所有问题都能够被当成设计问题来处理"。因此，巴里鼓励任何身份的人通过运用设计师使用的工具，来达到自己的目标。而这也是我们所强调的，设计思维不是设计师的专属，它属于每一个人。同时，系统的技术工具的引入使得设计思维又向前迈进一步。很多学者和研究人员基于西蒙·派珀特"做中学"建造主义观，鼓励在设计思维的过程中使用诸如Arduino等技术工具进行创造性思考与制作，并结合故事、动画、游戏、艺术等，重构设计思维的产出。

在教育领域，研究人员倡导设计思维以培养学生创新能力发展为目的。在世界范围内设计思维正逐渐成为一种教与学的有效策略框架，在教育教学领域得以较为广泛地应用。具体而言，美国开启了"设计思维融入课堂教学"项目，澳大利亚则启动了一项名为"基于设计思维框架的变革性跨学科教学法"的项目，而日本也通过"未来学校的设计思维"项目对设计思维的教与学应用开展深入探索。除此之外，美国斯坦福大学、德国波茨坦大学、日本东京大学、法国巴黎高科大学等国际著名高校纷纷成立了设计思维学院。此外，设计思维也越来越多地被应用于K12课程教学中，为学生提供一套切实可用的思维方法，并日益展现出其强大的生命力。

设计思维在我国的发展并没有西方那样漫长的历史。随着"用户体验"这一词语的传入，艺术建筑与工业工程等学科开始逐步将"以人为中心的设计"引入自己的研究范畴，而这种思维方式在当时其他学科领域中则相对少有研究。

不难发现，当设计思维弥漫在美国硅谷的空气中时，它对于多数中国的企业和高校来讲还是一个陌生的概念。直到2003年底，IDEO公司在上海开设分公司为企业提供咨询服务，由此成为早期正式将设计思维引入中国的"传教士"。IDEO将设计思维定义为"用设计者的感知和方法去满足在技术和商业策略方面都可行的、能转换为顾客价值和市场机会的人类需求的规则"，将其看作一种实现创新的新方式和新途径。在它的倡导下，中国出现了最早一批践行设计思维理念的企业：西门子及SAP公司的中国总部开始在企业内部实践设计思维；腾讯则是较早关注到设计思维方法论的互联网公司。但是，从国内大环境来看，除了极个别的互联网、科技类公司之外，绝大多数企业尤其是民营企业对设计思维的认知程度并不高。

设计思维在国内真正意义的快速发展，得益于教育领域对设计思维的认可与青睐。进入21世纪，设计思维研究应用开始在国内研究生教育中显现，在高校的推动下，如今设计思维在设计、工程、管理等领域有了一定的发展。但是整体而言，国内目前在设计思维领域的研究还是存在一些鱼龙混杂、良莠不齐的现象。例如，部分幼儿培训机构打着设计思维的旗号漫天要价，实则充其量是基础早教课程；各类设计思维教程横空出世，但是学术水平参差不齐……在这种背景下，无论是对设计思维本身的发展，还是对广大设计领域的从业者而言，都需要一套规范的方法体系来梳理和规范行业标准，而这正是我们一直以来的目标和所践行的准则。

二、设计思维与教育

设计思维影响着人们的学习与思考过程，经历了不同专业设计领域的发展，越来越多从事认知以及教育方面的学者开始关注设计思维对于教育的意义。施普林格（Springer）出版社2015年出版的《教育设计思维》一书认为，即便因为个体差异化的存在很难确定"设计思维"出现的确切年龄，但我们可以确定的是幼儿也可以创作故事并通过塑造他们的生活空间以满足他们对内心的乐趣和幻想的需求。具体来说，幼儿可以用积木或乐高建造房屋，将虚构的工具赋予新的意义来满足幻想，并将自己的生活空间随时转变为冒险故事的背景。当幼儿通过改变周围的物体来创造意义时，设计思维就会在这些活动中被唤起。

如今，设计思维更为普遍的是作为一种解决问题的方法，是能够应用于众多领域的基于过程而非内容的思维模式。一方面，作为一种边做边学的方法论，相比传统教育从抽象层面学习看不见、摸不着的知识，设计思维教育让学生在参与真实的项目与课题过程中进行学习，能使学生取得较好的学习效果。在这一过程中，学生从原本的被迫接收，到主动创造，设计思维的课程让他们的心态得到了改变。另一方面，小组合作的学习形式也增强了学生的合作力与创造力。

教育领域中的关于设计思维的学习通常是从方法开始，其目标是改变现有经验与方式，培养出以行动为导向的解决问题的思维方式，这种思维转变的方式能够帮助学生发展同理心、培养洞察力、提高学生的操作能力等。设计思维的核心在于培养创新思维与批判思维，通过广泛的交流与合作，达到提升高阶认知能力的目的。2019年，卡罗尔（Carroll）等人也对设计思维应用于K12课堂进行了深入的探索研究，其结果表明，设计思维可以为学生提供一套切实可用的思维方法，能有效培养学生的想象力及创造力自信。

设计思维的课程形式多样，课堂上使用的教具也有着较高的可视化程度，帮助学生以设计思维的逻辑理解流程：同理目标人群，从全新的角度定义问题并积极产生想法，将这些想法落地，制作出原型之后进行测试，并根据目标人群的反馈结果进行迭代。以上步骤构成了完整的设计思维流程，学生一旦熟练掌握这种思维模式，可以不再依靠以上步骤逐步完成，而是享受并充分利用设计过程中的灵活性与流动性来完成思考。由此我们可以看出，设计思维是一种反思性的实践与思维过程，学生经常能够在不断的测试与迭代中创新出新的设计概念。

设计思维作为一种能力，在教育领域中的应用也能够为学生、教师拓宽视野，带来新的探究方式。通过学习设计思维，学生能够在一个甚至多个领域（如数学、科技等）中进行深入的理解与跨学科的发展。研究者总结出了设计过程在学习中的环节及其方法："它是科学方法在学习中的创造性体现，这种方法通过假设对于任何一种问题都没有唯一的解决途径的方式，鼓励使用者进行创新。对于设计师而言，作为一种认识方式，他们可能通过模型、图表、观察、草图等方式来分析问题，以帮助他们完成数据分析，设计师精通多种思维工具（图像、文字、数字）与通信方法，掌握这些方法并将它们重新组合，为自己提供服务。"

在学生层面，近5~10年间，全球不少中小学校针对适龄儿童开展了设计思维的培训与教育，虽然国内教育领域在此方面的案例并不多见，但已有不少国外实验数据表明，设计思维课程可以有效提升儿童的创造力，促进儿童21世纪核心素养的发展。在教师层面，这类课程一方面要求教师们不断对课程进行迭代设计，以更好地促进学生理解和使用设计思维；另一方面还要向学生提供基于计算机的智能教具，以便学生在学习设计方法的同时动手完成产品原型制作。因此，设计思维课程的设计和授课无疑对教师教育也提出了新要求。

最近十几年的研究和实验也在不断证明设计思维的前景，实验表明，K12中的设计过程能够有助于提升学生的元认知、社会学习和数学等特点学科领域的能力，以及计算机编程的能力。因此，设计思维在教育中的应用能够真实帮助学生提升核心素养，进而培养创新型人才。

第二节　模型及其变型

设计思维是一种思维方式，也是一种方法论，其思维过程或实践过程可以用图形化的模型来概括总结，从而以更加标准化的原则来指导实践。随着设计思维的发展，不同的模型不断地出现和演化，并逐渐应用于不同的领域中。许多人都曾试图将设计思维的核心原则模型化，但有三个模型是经久不衰且应用最广的，它们分别是IDEO公司的3I模型、斯坦福大学的5步骤模型和英国设计协会的双钻石模型。设计思维的基础模型对于适应"同理心设计思维"课程的延伸模型有着重要的指导意义，因此，本节将对重要的设计思维模型及其变型进行简单介绍。

一、IDEO公司的3I模型

于1991年创立的IDEO公司作为设计思维的早期倡导者和践行者之一，在2001年开发了一套设计思维3I创新模型，即灵感（Inspiration）、构思（Ideation）和实施（Implementation）（见图2-1）。

灵感往往激发人们找寻解决方案的问题或机遇。在此阶段，设计团队界定设计问题或设计机会，完善设计任务简报并以此为设计团队提供任务框架，观察目标群体在日常生活环境中的行为习惯。构思是产生、发展和测试创意的过程。设计团队提炼观察所得，发掘现象背后的原因，并以此为基础发现改变的机会或直接找到新的解决方案，用视觉化的手段表达自己的创意，以帮助团队成员和用户理解复杂的概念和想法。实施则是将想法从项目阶段推向人们生活的路径，即挑选出最好的解决方案并将其付诸行动。设计团队通过制作原型，对新的想法和解决方案进行测试、迭代和完善，最后为创新成果设计一套沟通策略，便于在机构内外部解释、推行新的解决方案。根据该模型，灵感期、构思期和实施期三个阶段两两交织在一起，设计思维的流程应视为一个由彼此重叠的空间构成的体系，由思维的发散性和聚敛性的波动贯穿其中，而不是一串秩序井然的步骤，其实际运用时具有一定的复杂性。但是三个阶段的划分，相较于后来的设计思维模型，还是略显简单和单薄。

IDEO公司在多年的探索中提出了设计思维模型的不断迭代。其中包括把设计思维模型细分为五个阶段：发现（Discover）、解释（Interpret）、构思（Ideate）、实验（Experiment）和进化（Evolve）。后又把这五个阶段拓展为六个阶段：同理（Empathize）、定义（Define）、构思（Ideate）、原型（Prototype）、测试（Test）和执行（Implement）。随后，IDEO又把这六个阶段浓缩为三个大阶段：理解（Understand）、探索（Explore）和具象化（Materialize）。

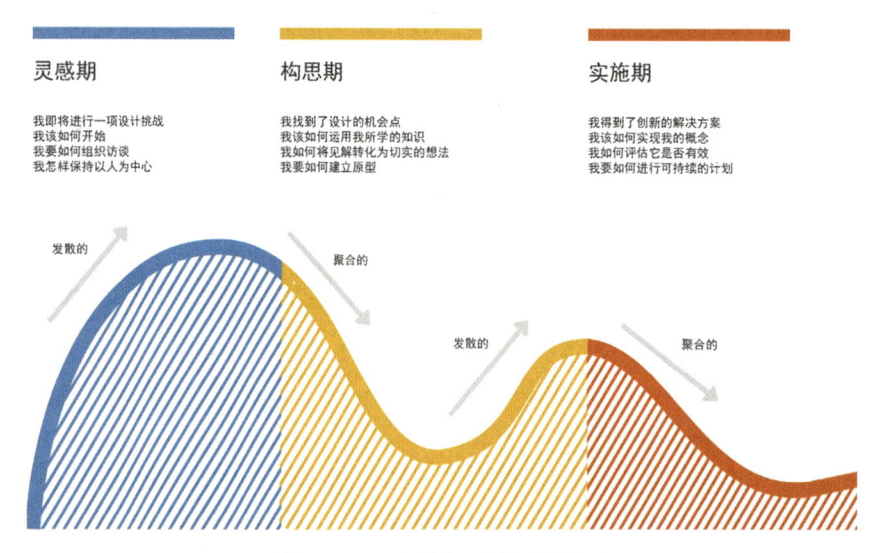

图2-1 IDEO公司的3I设计思维模型

1．思爱普设计思维模型

思爱普（SAP）公司同样也是在多年的探索中不断迭代设计思维模型的内涵。他们也曾发展出与IDEO设计思维模型相似的三元素模型。三个元素分别是看（Look）、想（Think）和做（Do）（见图2-2）。这简单的三个动词，包含了与IDEO三阶段相似的含义。在"看"的阶段，意味着设计团队需要探索和同理，整合得到的信息，才过渡到"想"的阶段。接下来，设计师们需要发散思维，产生不同的解决方案。最后，需要把想法具象化，去尝试"做"出原型并试验。这里比较特别的一点，便是思爱普公司在做的阶段后，又画了一个箭头指向看的阶段，意味着这一个设计全

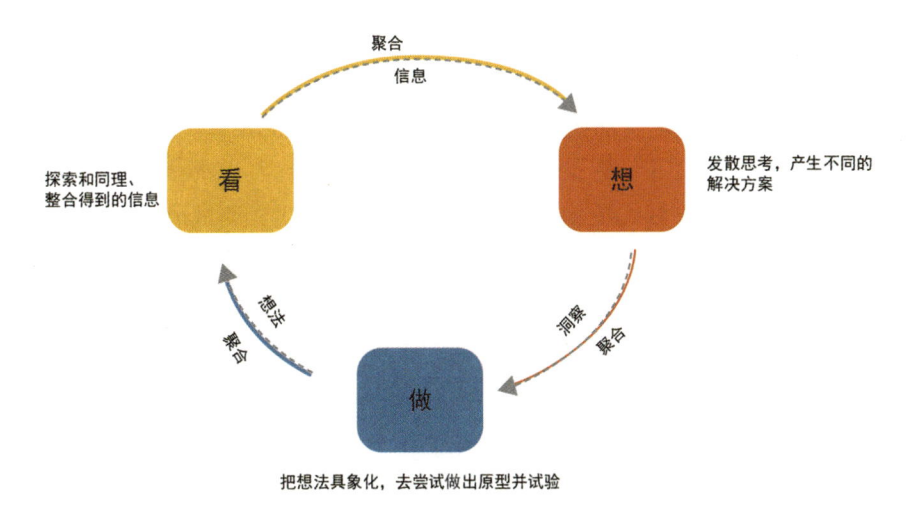

图2-2 思爱普设计思维模型

流程是循环往复不断迭代的。在得到创新的想法后,还需要再经历"看、想、做"的过程将其迭代,不断完善。

2. IBM设计思维模型

作为全球闻名的创新咨询公司,IBM也提出了相似的三元素设计思维模型,包含了观察(Observe)、反思(Reflect)和制作(Make)(见图2-3)。这三个元素的内涵与IDEO和SAP的设计思维模型有异曲同工之处。其中IBM这个模型的独特之处是将三个元素画成了一个平躺着的数字"8",表示观察和制作阶段是一个循环往复的过程,而这两个阶段的过渡关键点,就是反思。反思可以让观察得到的信息转化为可操作的洞察,也可以让创造出来的原型或产品重新找到新的机会点。

图2-3 IBM设计思维模型

二、斯坦福大学的五步骤模型

在第一章"同理心概述"中提到了斯坦福大学的设计思维五步骤模型。斯坦福大学的设计思维模型分为五大步骤：同理心（Empathy）、定义（Define）、构想（Ideate）、原型（Prototype）和测试（Test）（见图2-4）。

同理心：同理心是设计的核心，设计师需要运用同理心，去了解用户的想法、感受和体验，从而探索用户的真实需求。

定义：在建立同理心之后，需要对收集到的需求做出分析，定义要解决的设计问题。

构想：针对定义的问题，设计师开始构想方案，以帮助用户解决这些问题。此阶段最常使用的方法就是头脑风暴。

原型：将构想的想法动手制作出来，可以是实体模型，也可以是非实体的模型。制作出原型可以让人们更加直观地看到和感受到这一解决方案。

测试：原型制作好后，就可以拿给用户进行测试，在测试过程中收集用户的意见，然后对设计迭代和优化。

与IDEO的3I模型相比，斯坦福大学的设计思维模型将步骤划分得更为精细。看上去，该模型的五个步骤是线性的，但实际上，五个步骤在实践中经常出现循环往复。这么做是因为要不断修正解决方案，真正实现"以人为中心"的设计。这一模型推出后，大量的学生和商界人士到斯坦福进行设计思维的培训和学习，使设计思维得到了推广和应用。

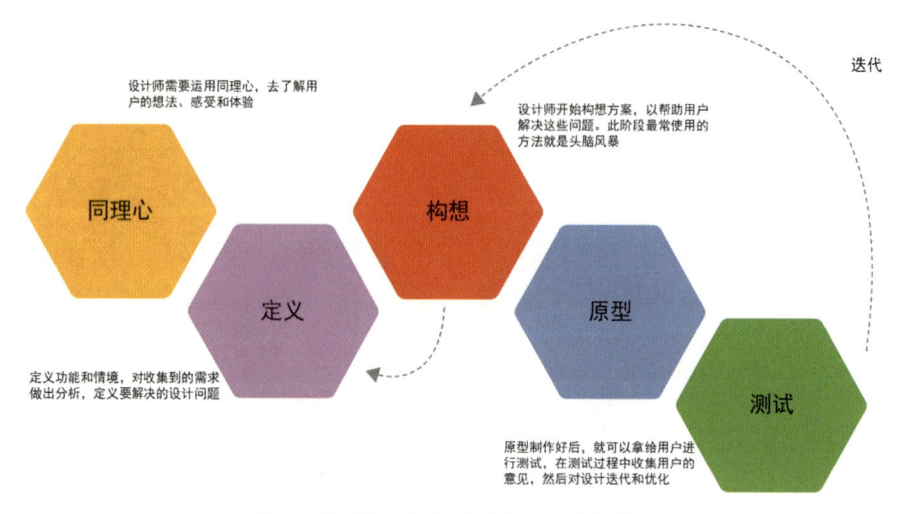

图2-4 斯坦福大学的5步骤设计思维模型

1. 谷歌公司设计思维模型

谷歌（Google）公司这一设计思维模型称为设计冲刺（见图2-5）。它意味着只要五天就可以完整地走完设计思维全流程，基本体验设计思维的魅力。这一概念很符合企业快节奏的工作方式，对于教给学生而言就不那么容易了。本书第六章提供了可以快速教给学生的冲刺工作坊，方便读者体验设计思维敏捷开发的魅力。第一天，设计团队要进行理解（Understand），包括理解目标用户、用户需求、情境、竞争产品与服务，最后制定设计研究战略。第二天，设计师就应该开始发散（Diverge），需要去构想不同的解决方案，进行头脑风暴。第三天，设计团队应该在一起决定（Decide）最终的解决方案，并用故事版的方式展示出来，以便团队中的每个人都达成共识。第四天，设计方案应该具象化，成为可用的原型（Prototype）后向用户展示。最后一天，设计团队需要进行验证（Validate），也就是说，需要在真实情境中向真实用户展示迭代后的原型，最后发现原型中隐藏的问题，并进行改进。

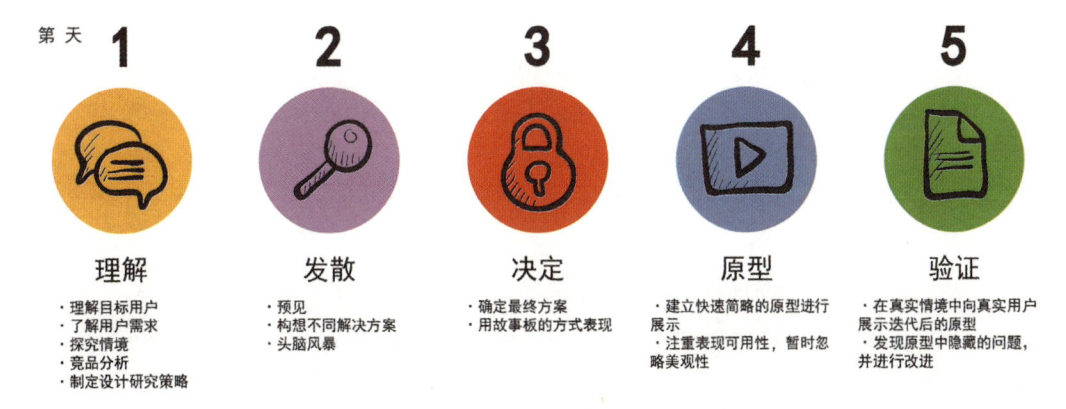

图2-5 谷歌公司设计思维模型

2. 通用电气设计思维模型

通用电气（GE）提出的设计思维模型，把五元素扩展为六个（见图2-6）。其中把同理心（Empathize）元素拆分为理解（Understand）和观察（Observe），使同理心这个词更加具体和清晰。一般来说，在同理阶段需要完成对情境、用户需求与痛点等的理解。为了彻底地理解用户表现出来的行为和态度，我们通常会先通过调查了解用户所在的文化背景、

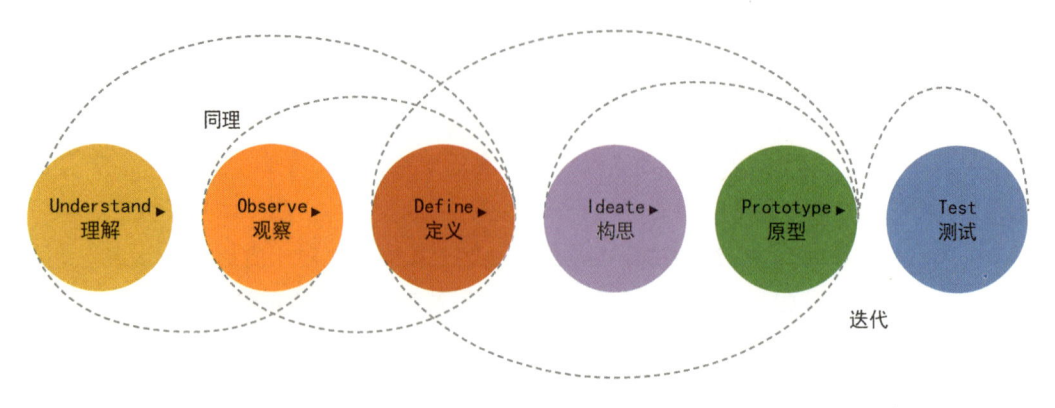

图2-6 通用电气设计思维模型

社会身份等客观条件，以便做进一步的推断，这便是通用电气提出来的理解。随后，设计团队会在真实情境中对真实用户的真实体验进行观察，结合理论知识对现实情境发生的行为进行同理，找出用户自己都未意识到的需求和痛点。

三、英国设计协会的双钻模型

英国设计协会（UK Design Council）于1944年由丘吉尔战时政府成立，以支持英国经济的复苏。协会不断发展，其宗旨也紧跟时代，不断满足当下的社会和经济需求。2005年，协会提出一套设计思维流程，分为发现问题（Discover）、定义问题（Define）、发展方案（Develop）和交付方案（Deliver），即双钻（Double Diamond）模型（见图2-7）。

发现问题：在项目开始阶段，设计师要从全新的角度对现状进行深入研究，发现新的问题并获得洞察。根据模型，此阶段是一个不断发散的过程。

定义问题：在定义阶段，设计师对发现阶段确定的问题做出分析，对比重要性和可行性，将目光聚焦在最关键的问题上。

发展方案：设计师在上一阶段的基础上，对解决方案展开构思、制作、测试和迭代，在反复试验中改进和完善想法，也是一个发散的过程。

交付方案：在最后的交付阶段，最终的方案得以确定，项目成果（产品或服务等）得以生产和发布。同第二阶段一样是聚合的过程。

在不断发展的过程中，双钻模型新添了不少的元素（见图2-8）。首先是在双钻设计流程的最初添加了一个触点，经由触发（Trigger）事件后，才开始名为"设计战略"的第一个钻石流程。在发散阶段，这个过

发现问题	定义问题	发展方案	交付方案
发现新的问题并获得洞察	将目光聚焦在最关键的问题上	对解决方案展开构思	确定最终方案

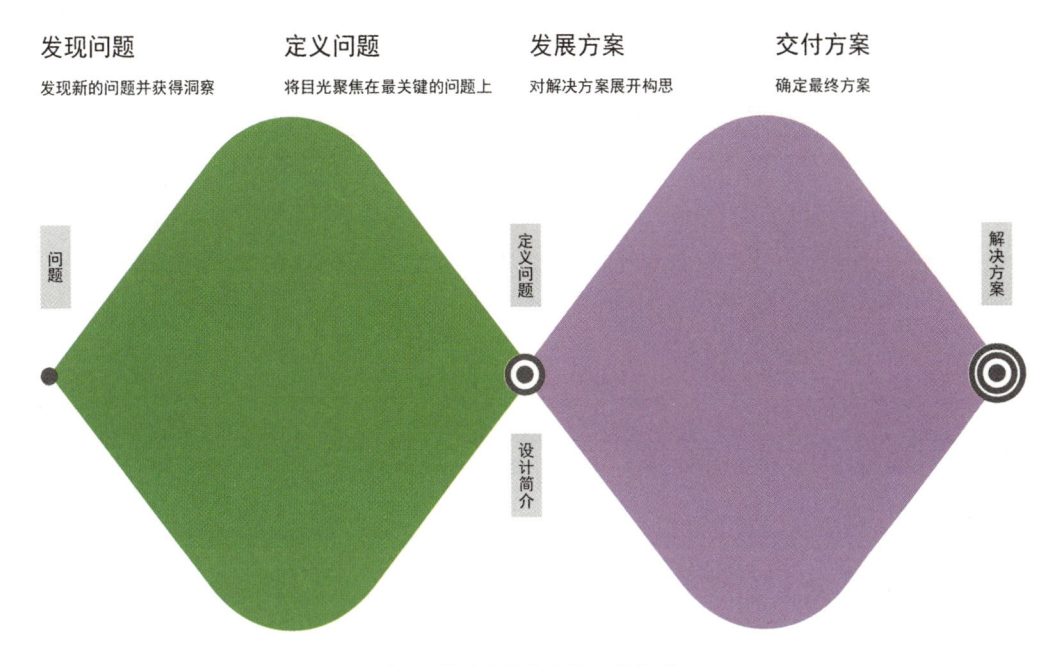

图2-7 英国设计协会的双钻模型

程为理解（Understand），内涵与原双钻模型的发现相似，只不过更强调对用户行为、人机交互等表象背后的原因的理解；而聚合阶段依然被命名为定义（Define），在这个阶段，设计团队要找到通往优化用户体验的途径，如用户目标、用户需求等。在第二个"执行方案"的钻石阶段里，由探索（Explore）和创造（Create）两个阶段组成。在探索阶段之前，有一个展望与计划（Vision & Plan）的触点，实现了两个钻石阶段的过渡。探索和创造阶段之间构建了一个圆环，分别有学习（Learn）、建造（Build）和测量（Measure）三个元素。这三个元素在探索和创造之间不断循环，意味着方案的不断迭代和创新，最后产出了最终的解决方案（Solution）。

　　这一设计思维模型，虽然和最初的双钻模型非常相似，但又有它自己的独特之处。其中最为独特的是在钻石模型中再加进小循环，表达了钻石阶段里循环往复不断试错的过程。其次是在每个大阶段中都有触发和过渡到下一个大阶段的触点，这是其他模型所没有涉及的。

　　双钻模型强调发散思维和聚合思维的交替，这与IDEO的3I模型有异曲同工之处。该模型的两次交替一次针对问题，另一次针对方案，也就是围绕正确的问题设计合适的解决方案。这一模型一经提出，便广受好评，尤其是在商业界被大力推广，由此发展出了每家企业自己的双钻模型。

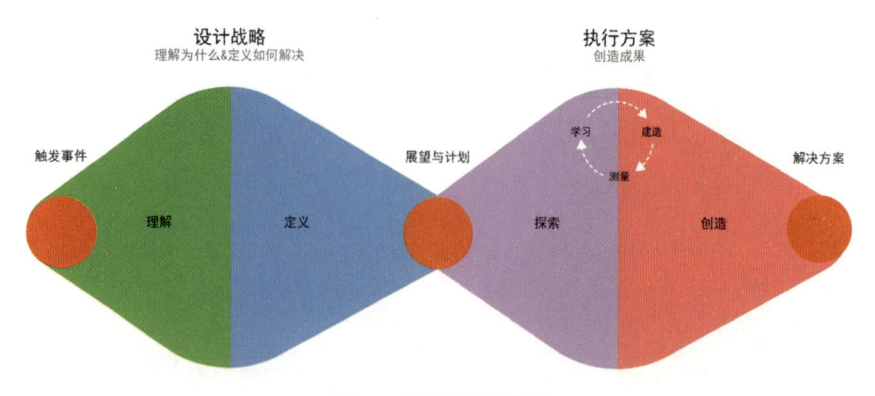

图2-8 更新版双钻模型

1. 思特沃克设计思维模型

《从1到100，设计思维提升产品体验》中，详细解释了思特沃克（ThoughtWorks）提出的这一设计思维模型（见图2-9）。很明显，这个模型是由双钻模型演变而来，但同时它又有自己的内涵。在思特沃克提出的模型中，第一个阶段是探索，代表着设计团队需要通过用户访谈等方法发现问题，探索用户需求；第二个阶段是定义，我们可以通过用户画像、体验地图等设计方法找出用户目标，明确利益相关者关系与社区资源；第三个阶段是设计，设计师通常是通过头脑风暴的方式构想出创意的、有效的方案，然后利用不同的材料制作出原型来展示产品形态；最后一个阶段称之为交付，在这个阶段，往往涉及多个团队一起协作来制定开发框架与交付计划，最后使方案真正落地。

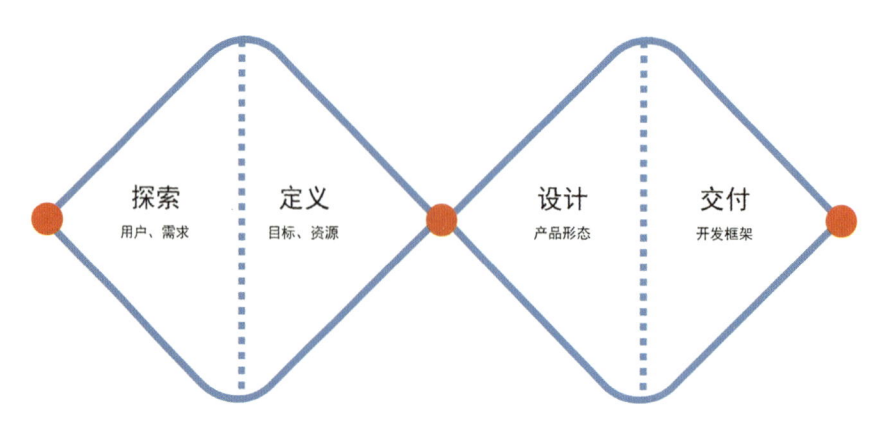

图2-9 思特沃克设计思维模型

2. 思爱普设计思维模型

思爱普公司的设计思维模型,在《通过以人为中心的体验创新与设计,构建智慧企业》讲稿中得以展示。如图2-10所示,思爱普公司的设计思维模型同样也是四个阶段,而且四个阶段的名字与最初的双钻模型非常相似。其中,探索(Explore)与发现问题相对应;发现(Discover)在这里意味着发现用户需求,发现用户目标等,与定义问题相对应;设计(Design)则对应着构思方案;而交付(Deliver)则保持一致。但在这个模型中,较为创新的一点是,它不遵循着双钻模型中典型的先发散后聚合的"钻石"过程,而是把每个阶段独立出来,并表示每个阶段都可以经历发散—聚合的过程再过渡到下一个过程。同时,每个过程又都是可以循环往复的,设计师可以在任何一个阶段往回检查,再重复执行。

总之,三个经典模型及其延伸模型的形态各不相同,划分阶段有多有少。其中IDEO和英国设计协会的设计思维模型都融入了思维广度的波动,也就是说除了通常创造强调的发散性之外,设计思维也注重思维的聚敛性,而聚敛的依据正是对用户的研究。斯坦福大学的模型关注步骤之间的往复,即设计的迭代,而迭代凭借的也正是用户的需求和反馈。三类模型的核心都体现了"以人为中心"的思想,都强调了围绕真实用户的真实问题展开设计。这三个模型各有其独特的价值,也各自启发了无数后来者依据创建新的设计思维模型。

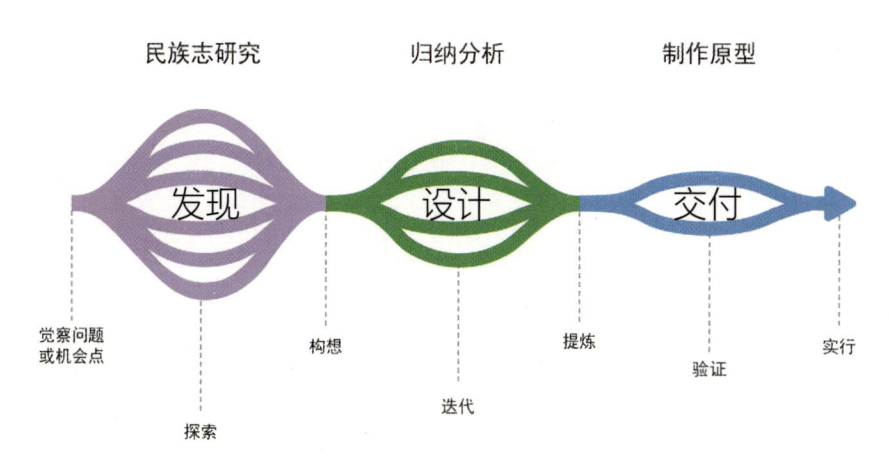

图2-10 思爱普设计思维模型

通过对各个设计思维模型的对比分析可以发现（见表2-1），虽然各种模型元素有些许差异，抽象概括后会发现，都可以分为发现问题、分析问题、解决问题这三个经典步骤。事实上，设计思维模型根据公司特点及要求会有不同的变型，而对设计思维进行教学则更需要依据实际情况进行调整，那么设计思维在教育领域没有改进吗？如果有，那相关模型又会是什么呢？这个问题我们将在下节解答。

表2-1 设计思维模型对比

企业	思特沃克（ThoughtWorks）	思爱普（SAP）	英国设计协会	谷歌（Google）	通用电气（GE）	国际商业机器（IBM）
借鉴的经典模型	双钻模型	双钻模型、IDEO模型	双钻模型	斯坦福大学模型	斯坦福大学模型	IDEO模型
模型元素	探索—定义—设计—交付	探索—发现—设计—交付/看—想—做	触发—理解—定义—展望与计划—探索—创造—解决方案	理解—发散—决定—原型—验证	理解—观察—定义—创意—原型—测试	观察—反思—制作
创新点	更接近服务设计，考虑资源与交付后的事项	每个环节都要经历发散—聚合的完整过程，强调流程的循环往复	细化到每一个节点，创新地提出了每个阶段的"触发点"，提出了循环中的循环	五天完成一个设计项目	将同感拆分成两个阶段，更加细化理解用户的过程	把整个流程变成了倒八字形

第三节　教育领域中的应用

由前文我们可以了解到，每个行业都有各自的设计思维模型，这些模型并非单独创造的，而是根据领域自身的特点，在设计思维核心模型之上创新与发展的，在教育领域尤其如此。众多院校和机构都开设了相关课程，其中不乏佼佼者创建了自己的设计思维模型，并以模型为指导对学生开展教学。以下列举了斯坦福大学、波茨坦大学、努埃瓦学校和DEEPdt网站，它们有的是大学、有的是小学、有的是教育网站，但是不论形式有何不同，它们都在尝试将设计思维的理论传递给更多的人。

一、斯坦福大学ME310创新课程

斯坦福大学率先将设计思维应用于K12领域，并在位于美国加利福尼亚州希尔斯堡的努埃瓦学校学校开展了他们的第一个项目。起初这个项目只是作为科学教室探索未来的可能性，因此斯坦福大学将这里的一间教室命名为创新实验室，建成I-Lab。这里是设计思维应用于K12领域的开始。

斯坦福设计研究中心根据设计思维理念推出了面向大学生的ME310创新课程，这门课程更加注重工程和设计的结合，强调基于问题的学习、沉浸和模拟。课程流程在原有斯坦福五阶段的基础上进行丰富，拓展为理解、调研、提出观点、发散思维、制作原型、测试和迭代七步（见图2-11）。

这种基于问题的学习包括了对问题的理解、解决问题的执行和反思。这意味着学生需要学会在团队协作的氛围里共同分析真实的课题，制定研究计划，并动手解决问题。学生要充分理解和专注于问题的情境和问题本身，并制定出决策，完成研究目标。学生需要在做中学，把整个设计过程具象化，尽可能把设计和工程结合，把阶段成果都原型化。

这是一门斯坦福大学的全球联合新产品设计创新课程，在斯坦福大学是最有影响的课程之一，开设至今已有四十多年的历史。在拉瑞·莱佛（Larry Leifer）教授和他的设计研究科研团队的带领下，该课程以设计思维为课程核心，帮助学生掌握将想法变成产品的方法路径，并通过实践将

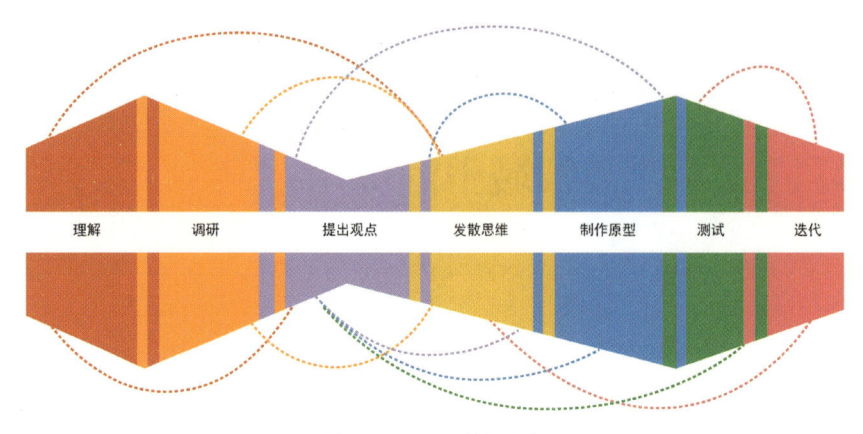

图2-11 ME310课程流程

方法和理念落地。该课程的宗旨是教授学生设计创新和国际合作的方法和过程。课程学习以小组为单位，每个小组由业界知名高科技企业赞助，在为期近一年的课程中完成项目课题。课程集设计研究、设计实践、工程设计和加工制造为一体。三个学期的课程过程中，学生联合全球各地设计师、工程师、创新者一同参与到挑战和解决复杂的真实世界问题中来，并通过实践认知将一套新产品研发的创新方法化为己有。

由于有合作的关系，北京师范大学心理学部用户体验方向的同学在2017年也参加了ME310课程，开展了为期9个月的项目学习。项目的开展以本地学习、远程指导和交流互访的形式进行，每天至少有1小时的团队教学。项目的主题为"未来教室"，同学们基于课题制订了研究计划。中美两国的同学们都一同积极分析"中国特色的教室"，对问题进行深入的探究。同时，团队的同学都深入到课堂中进行体验和学习，把方案的测试和迭代都在真实情境中沉浸式地完成。最后，同学们把自己的方案具象化，产出了一个真实的教室，并把设计作品课堂交互机器人Teamo放入教室中，使用户能在模拟情境中得到身临其境的体验。

二、波茨坦大学课程模型

坐落在德国的波茨坦大学（HPI）设计思维学校是欧洲教授设计思维课程的院校，在这里，学生能够收获扎实的创新方法知识与实际应用的创新知识技能。在注重知识技能培训的同时，特殊的工作环境，复杂的创新过程以及高素质的导师团队，也为HPI设计思维学校与当地公司以及社会机构建立合作提供了最好的条件，为其跨学科的学生团队创造了更多真实、有意义的项目课题，开发出了许多用户满意的产品和服务。

波茨坦大学的设计思维理念体现了团队协作的重要性。该设计模型有三个核心元素：跨学科团队（Multi-disciplinary teams）、迭代流程（Iterative process）和多变空间（Variable space）（见图2-12）。相对于三个经典模型，展现出了更宏观的视角，把团队、空间等元素都囊括进了模型内。

跨学科团队要求设计团队里有不同背景的学生的参与，包括工程学、设计学、心理学、经济学等，让整个设计研究过程都能保证不同思想的充分碰撞和交换，保证最终方案的质量。而迭代流程则是要求整个团队在整个设计思维流程中，一旦发现问题便能随时返回到任意一个研究阶段，重新进行研究和设计的迭代。而多变空间则是要求在研究和创意发挥时，整个空间都可以为研究团队所用，团队中的每位学生都可以就地取材，随时把场地变成自己所需要的样子，来进行需求和方案的探索和验证。

波茨坦大学的设计思维模型强调了"注重空间和场景的重要性，因为人是在场景里活动的，而且是一种立体式的联结关系，切勿将设计思维理解成一种线性思维的方法"。这里所提到的空间，既包括有形的物理空间，也包括人与人看不见的关系、感情空间等。举例来说，一位大师或匠人能力再强，如果创作时的空间很糟糕，也一定会影响他最后的作品，影响今天我们说的"用户体验"。这一先进的设计思维模型也体现了与经典不同的声音，体现了学术界对设计思维内涵的深度的探索。

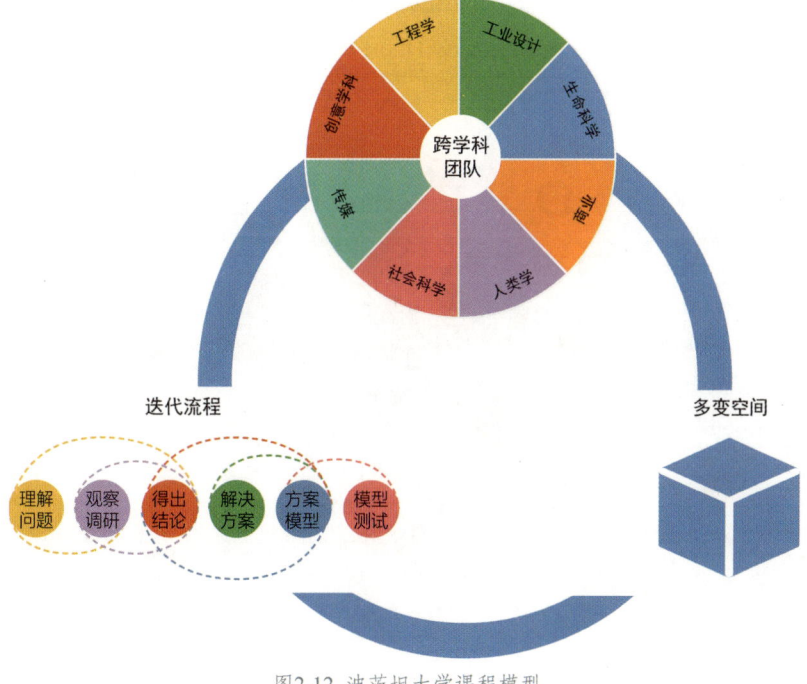

图2-12 波茨坦大学课程模型

三、努埃瓦学校设计思维课程

设计思维教育不仅仅属于成年人，越来越多的K12阶段的学生也开始学习设计思维。在K12设计思维教育领域，不可不提的便是美国的努埃瓦学校（The Nueva School）。作为美国加利福尼亚州的优质私立学校，其设计思维课程项目贯穿学前到高中的各个教育阶段，融合至各个年级的课程体系当中。该校推出的设计思维模型，围绕"下一步做什么（What Next）"的问题，展开六个环节：深入研究（Research/"deep dive"）、集中专注（Focus）、形成创意（Generate ideas）、做出决策（Make informed decisions）、原型周期（Prototyping cycle）和团队合作（Collaborate）（见图2-13）。

深入研究：此环节分为观察、调研、多听多问和进行同理及深入理解用户四种方法。学生在多看、多听、多问、多感受的过程中，深入理解用户并获得洞察。

集中关注：此环节强调归纳和定义。由于面临的设计问题通常非常复杂，学生需要专注于特定用户及其需求，定义一个合适的领域范围来开展设计。

形成创意：此环节主要采取头脑风暴的方式，鼓励学生捕捉他们即时的想法，集思广益，增加思维的流畅度。

做出决策：对于上一环节产出的各种创意，学生需要利用不同维度的分析手段和评价标准，来筛选出最好的设想方案。

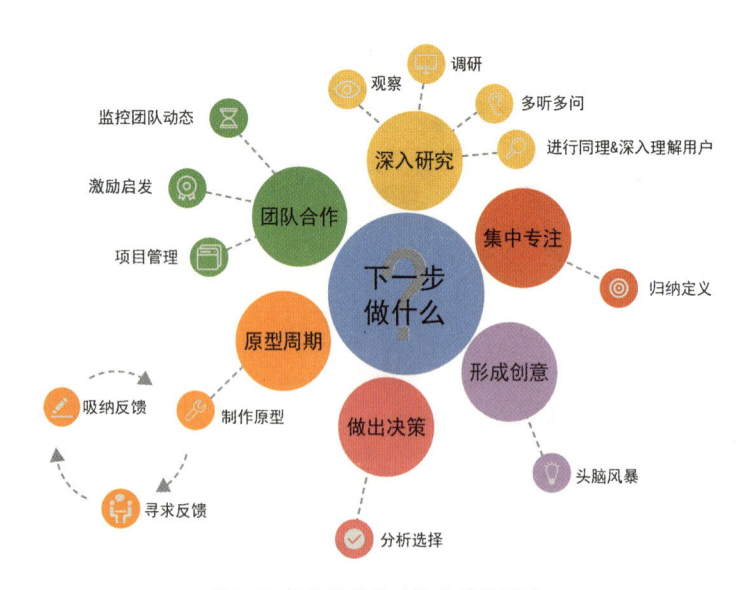

图2-13 努埃瓦学校的设计思维模型

原型周期：之所以称为周期，是因为这里的制作原型、寻求反馈和吸纳反馈三个步骤构成了循环，用户反馈不断地指导原型的迭代。

团队合作：这一环节包含监控团队动态、激励和启发、项目管理三点内容，强调优化学生团队的工作方式，以达到最佳的合作效果。

努埃瓦学校的设计思维模型与其他模型的最大不同在于它是非线性的。模型的六个环节没有明确的起点和终点，只有其中心的"下一步做什么"，鼓励学生通过提出这个问题来自行决定项目的推进，形成自己的一套针对特定项目的流程方法。

四、DEEPdt设计思维网站

与努埃瓦学校的模型有异曲同工之妙的，是同样注重非线性的DEEP设计思维模型。"DEEPdt"是教育家玛丽·坎特尔（Mary Cantell）建立的专注于设计思维的学习网站。网站持续记录坎特尔对设计思维的研究成果，旨在为学习者提供资源以及交流平台。她开发的"DEEP设计思维"教育模型，没有明确的适用年龄范围，为从学龄前到中老年的各个年龄段的学习者提供指导。DEEP是模型四个阶段的首字母缩写，即发现（Discover）、同理（Empathize）、试验（Experiment）和生产（Produce）（见图2-14）。

发现：学习者需要自主地去发现设计问题，并通过研究、提问和观察来理解他们的设计问题，从而做好与他们的用户开始互动的准备。

同理：这一步是该模型的核心，学习者需要充分地利用自己的同理心，了解情况和用户的需求，从而更好地理解和解决设计问题。

试验：在确定了用户需求之后，学习者进行头脑风暴并快速地制作原型。其中原型强调使用低成本的简易材料，这是因为原型制作注重速度而不是质量。

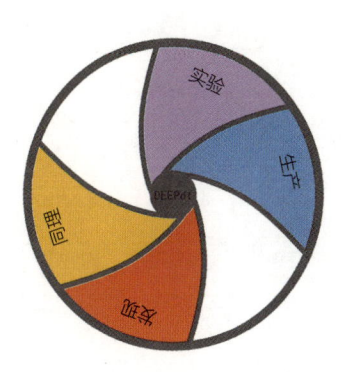

图2-14 DEEP设计思维模型

生产：原型制作完成后，学习者向用户进行展示并测试，收集用户的反馈，然后回到试验阶段，结合用户反馈迭代设计。

她在官网首页写道："设计思维是一种以人为中心的学习、创造和同理的方法。"DEEP设计思维模型的环形结构，鼓励学习者在过程中暂停、返回甚至重新开始整个流程。这么做的目的在于始终把用户的需求放在核心地位上，即使需要推翻某个解决方案，回到起点重新开始。这也是其着重培养的思维模式。

教育领域中的设计思维模型，由于其教育对象年龄和教学培养目标的不同，而各有侧重点（见图2-15）。努埃瓦学校和DEEP更强调设计流程的灵活性和鼓励学生的自主性。同时，设计思维教育模型也大多考虑课程设

设计思维经典模型及其变型

IDEO 公司的 3I 模型

IDEO (3I)	灵感	构思	实施
SAP	看	想	做
IBM	观察	反思	制作

斯坦福大学的五步骤模型

斯坦福大学	同理	定义	构想	原型	测试
Google	理解	发散	决定	原型	验证
通用电气	理解	观察	定义	创意	原型	测试

英国设计协会的双钻模型

英国设计协会	发现	定义	发展	交付
Thoughtworks	探索	定义	设计	交付
SAP2	探索	发现	设计	交付
英国设计协会	触发	理解	定义	展望与计划	探索	创造	解决方案

设计思维在教育领域的应用

斯坦福大学	基于问题的学习	沉浸	模拟
波茨坦大学	理解问题	观察调研	得出结论	解决方案	方案模型	模型测评
Nueva	深入研究	集中专注	形成创意	做出决策	原型周期	团队合作
DEEP	发现	同理	试验	生产

图2-15 模型及其变型对比

置问题，与所属院校或机构的设计思维课程体系相辅相成。努埃瓦学校的模型更为繁复，这是由其课程广度决定的——从学前到高中所有年龄段的学生都能从中受益；而DEEP由于自身并不提供课程，其模型就较为简化，以适用于所有对设计思维感兴趣的学习者的理解和实践。得益于这些模型与教育对象、目标和课程的紧密结合，以这些模型为指导，越来越多的设计思维课程在教育领域中得到了开发和实践。

　　设计思维在教育领域的运用与教学设计有着不可分割的紧密联系，虽然在本节中只以几个典型学校进行了介绍，我们依旧不难发现，设计思维作为一种通用的创新思维，对各级各类教育及其利益相关者都有着重要的价值，尤其对于学生而言，在亟须培养并提高学生应变能力的今天，设计思维作为一种用之不竭的思维技能，其对于教育领域的贡献及意义不言而喻。本章描述了设计思维的概念和发展、经典模型和变型以及在教育领域的应用。那么"同理心设计思维"课程又和上文所述内容有何区别？结合中国情境与教学实践的"同理心设计思维"课程模型迭代过程详见第三章"进阶：课程是如何打造的？"，迭代所得结果见第四章"理论：授课前应掌握什么？"。

背景：创新与创变　01

基础：设计思维概述　02

进阶：课程是如何打造的？　03

理论：授课前应掌握什么？　04

实践：我们是如何授课的？　05

试一试：如何开展快速工作坊？　06

未来：评估展望　07

第一节 课程设计流程

本节阐述了"同理心设计思维"课程研究流程，课程团队为设计出符合中国情境的课程体系，采用用户体验全流程方法进行课程开发与研究。其共分为以下七阶段：桌面调研、情境调研、课程设计、课程实施、分析转化、课程迭代、评估反思（见图3-1）。

在研究初期，研究者通过桌面调研、情境调研等方式了解小学各年级学生的心理发展水平，以及现有设计思维模型的应用、设计方法的教学及教具的发展现状，对课程架构形成整体的认识，进而分析课程目标、方法及教学重难点；针对小学各年级学生发展水平及课程要求，整理出符合课程要求的教学主题设定及教具的基本特征，并在此基础上进行初版课程设计。实施课程时，在课堂中观察师生互动、学生听课及使用教具时的行为特征、使用反馈等并对比进行总结，对设计思维课程团队的教师进行一对一访谈，深入了解教师授课的相关意见建议，随后对观察和访谈结果进行分析。最后，根据观察和访谈所得结果，对课程体系进行优化迭代。

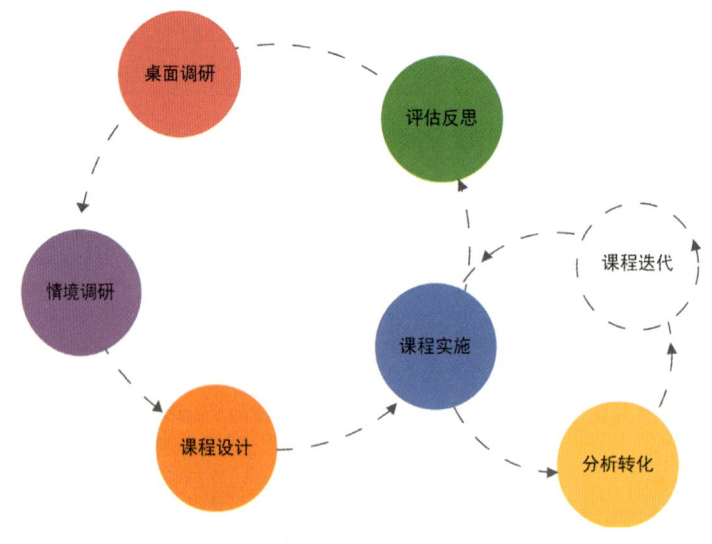

图3-1 课程设计流程

一、桌面调研

桌面调研是通过互联网、书籍等查阅他人发布的研究结果的数据、官方发布的白皮书、媒体数据等资料进行分析。"同理心设计思维"课程研究遵循以用户为中心的研究方法,通过桌面调研的形式对课程的授课人群——处在小学阶段的中国学生进行细致探讨。从儿童行为发展学的角度对小学各年级学生的生长发育、认知行为发展、情感意志发展等进行研究分析,为课程设计提供理论依据。同时,对课程前半部分"设计思维"的发展、模型及教育领域的现状进行调研,以斯坦福大学五阶段模型进行基础内容架构。包括同理心(Empthy)、定义(Define)、构想(Ideate)、原型(Prototype)、测试(Test)五个部分,形成一个闭环,为学习者提供创新创造、解决问题的路径和思路。而后,结合产出部分对方案外观及功能的搭建方式进行调研,选取适用于不同年龄段学生发展的教具进行辅助原型搭建。将课程内容结合儿童发展水平和趋势,进行内容和形式的设计和实施。

经过整理前期调研结果发现,小学各年级学生的学习过程是一个由低年级—中年级—高年级逐步递增的过程。不同学习阶段,小学生的认知发展特点不同:低年级学生活泼好动,注意的持久性较差,思维中具体形象的成分占优势。概括水平的发展处于概括事物的直观的、具体形象的外部特征或属性的直观形象水平阶段。他们所掌握的概念大部分是具体的、直接感知的。因此,面对低年级学生教学方法的选择和运用应注意直观形象性和活动游戏性。中年级学生随着年龄的增长和学校学习常规的训练,学习的自觉性、组织纪律性有所增强。与此同时,中年级学生的学习能力伴随着生理的发育和心理素质的完善逐步发展起来。中年级学生的概括水平的发展处于直观形象水平向抽象逻辑水平过渡的状态,直观形象的外部特征或属性逐渐减少,抽象的本质特征或属性的成分逐渐增加。因此,中年级学生学习方法的选择和运用应充分考虑机械识记法和意义识记法的交叉渗透性,直观形象法和抽象逻辑法的自然过渡性。高年级学生的有意注意能力、意义识记能力和抽象逻辑思维能力得到进一步发展。他们初步学会对事物本质特征或属性以及事物之间的内在联系和关系进行抽象概括,并逐步接近科学的概括,较为熟练地掌握了各科学习的方法、方式、技能和技巧,自觉能力进一步增强。因此,高年级教学方法应要注意发展思维的抽象逻辑性、运用的综合性和独立自主性。综上所述,课程应根据不同年龄阶段学生的特点进行后期课程的设置、教学方式的选择和运用。

二、情境调研

情境调研能够帮助课程研发团队了解目标学生在真实授课情境中的行为状态。前期通过桌面调研明确目标学生身心发展特点与课程设计的基本框架后，需要对课程设置内容和教学形式进行更具体的设计，因此课程研发团队以北京师范大学实验小学为试点，于2017年开始进行了情境调研，在小学以工作坊的形式进行课程试课，并对学生课堂学习、小组互动的行为进行观察和记录。为了将课程打造得更符合家长要求，保证学生家长和学生都能够接受和配合课程进度，研发团队对部分学生家长进行了走访和需求提炼，并在课程内容设计时参考家长需求。为了让学生能积极参与课堂，对课程内容感兴趣，研发团队还对学生进行了访谈，并记录了他们的兴趣爱好和期望的课堂内容。课程形式和内容需要教学专家来进行建议和评价，研发团队与小学教师开展了座谈会，讨论小学兴趣课堂的培养目标、内容架构和预期效果。

经过实际调研，研发团队对课程设计进行了更明确的规定。首先，将课堂形式确定为以3~5人为一组的团队合作形式，学生小组内互相帮助，分工协作，在研讨中进行自主协作学习，而在小组间形成竞争关系，激发学生学习动力，促进了学生课上积极性。其次，课程研发团队发现斯坦福大学五步骤模型的划分方式在实际教学中无法起到课程产出的作用，如同理心和构想阶段的课程体量不一致，无法完全进行划分，学生在一个学习阶段结束后并未获取及时反馈，因此在课程设置时将课程流程的划分阶段改为三个，分别是：探索研究阶段、方案设计阶段、原型制作阶段。最后，由于小学各阶段知识经验、智力和思维发展差异较大，课程内容在设计阶段进行了三个等级的划分，分别对应一二年级、三四年级和五六年级学生。年龄越低的学生更注重培养同理心的建立，让学生多为他人着想，完成由自我中心化到去自我中心化的转变；年龄较高的学生则将精力更多地用在原型制作和迭代上，锻炼学生协作和动手能力。

三、课程设计

结合前期桌面调研与情境调研的结果，课程研发团队对课程开展流程、选定课程主题、教授设计方法和方法教具设计四部分进行了课程体系的设置，并据此进行课程大纲、教案、教学工具包和课程记录表等授课材料的设计与制作。

通过研究发现，不能照搬设计思维模型。在研究初期，以为简单地通过使用该模型的流程与方法，结合学生的发展水平即可完成课程设计。但是在研究过程中发现，教学时间、教学环境和学校资源等都会影响到课程设计，单纯地照搬设计思维模型，无法直接应用于中国情境下小学生的课程，还需要对和课程相关内容进行综合分析和考虑，然后进行课程设计。因此，根据中国小学阶段学生身心发展及学习的阶段性特点，课程组对与各校企开发的设计思维模型进行重新分析，将"同理心设计思维"课程流程进行重新划分设计，将课程主流程划分为三阶段，分别为探索研究、产品设计和原型制作。第一阶段探索研究阶段，对学生继续用设计思维五阶段五个元素进行顺序式的设计和安排，为学生塑造符合学生认知特征的完整主题与相应故事环境，让学生理解故事中主人公的性格、行为和情绪变化，同理主人公后，学生需要找到主人公在故事中遇到的困境，并明确和定义问题。产品设计阶段，针对这些困境，课程采用设计思维多种方法帮助学生进行思维发散与聚合，畅想并筛选出有效且充满创意的解决方案。方案的呈现形式是多样的，包括乐高积木搭建、Wedo2.0、图形化编程等，完成原型搭建后，学生需要通过访谈等方法对原型进行测试和迭代，这是原型制作过程。

课程主要培养学生同理心能力、团队协作能力、创造力和语言表达能力，让学生在理解故事叙述的同时，设身处地地为主人公着想，通过小组配合，产生创造性的解决方案，并进行搭建和呈现。

四、课程实施

课程最先于北京师范大学实验小学五年级开展，每周一次课，每节课由1名主讲教师和3名助教完成。课程开始前，授课教师团队需要依据本学期课程的授课年级、人数以及课时量等情况，有针对性地进行课程大纲的设计与撰写，从整体上把握课程的培养方向和目标，并且分别设计每节课程的授课目标、授课重难点、授课内容和方法，之后在开课前进行教案、PPT以及相关教具的准备，多次模拟授课效果，确保授课顺利完成。

课程进行中，主讲教师把控全场，开展主要的教学工作，助教通过本节课的观察记录表对各小组成员的学习情况、师生互动情况、教具使用情况以及团队协作情况进行观察记录。在授课过程中，由于学生进展不同，为保证授课顺利进行，当个别小组进展较慢时教师适度进行点拨与指导。

课程结束后，课程组教师会进行本节课课后反思，助教分享观察结果，之后对课程原因进行分析讨论，将问题进行归纳总结，迭代当天的教案，形成指导性原则，以避免后期出现相同问题，之后进行下节课内容和任务研讨会议。会议中会商讨课上存在的问题与解决思路，并共同探讨下堂课的授课形式与主要内容。

学期结束，课程组成员记录了每堂课的学生表现和教学产出，并在学期末将学生的学习产出与进展制作为个人档案，方便学生回忆和复习。课程组也不停地针对学生课堂反馈进行课程内容和形式的更新和迭代。对课程进行打磨与调整后，课程组又陆续在二年级、四年级等开展了"同理心设计思维"课程，使课程内容贯穿小学低、中、高各个年级。

五、分析转化

在课程实施过程中，课程组主要观测几个重要指标。第一，学生对故事内容的理解程度。这决定了学生是否能够理解故事中的主人公和他们所处的困境。第二，教学工具的使用情况。在教学过程中，教学工具是用来辅助教师完成教学，帮助同学理解授课内容并整理和归纳成果的，学生在教学工具上的使用状况可能直接影响本节课的效果。第三，学生协作程度。在"同理心设计思维"课程中，学生在各阶段都需要小组协作，共同完成一项特定任务，并以小组为单位进行汇报分享，所以学生协作是很重要的一项指标。第四，学生成果。学生对课程内容的理解会反映在产出成果上，优秀的原型是能够切实解决故事中主人公的痛点的，这就需要学生在学习过程中参与、投入和付出精力。另外，课程组还会在课后记录课堂气氛、课堂纪律等问题，方便及时做出应对策略，调整后续课程授课方式。在一个学期内的课程，课程组会针对课中小问题进行记录和解决，对课程进行小迭代。在一学期课程结束后，课程组会在下学期课程开始前，对整个学期课程主题、课程大纲和教学内容进行全方位的提升和优化。

六、课程迭代

课程迭代对课程本身来说是必不可少的环节。每一学期的课程，课程组都会根据授课反馈和学生学习情况进行课程内容和形式的迭代。所迭代内容在本章第三节会做详细说明。

1. 课程流程迭代

"同理心设计思维"课程在前期测试阶段采用了斯坦福大学五步骤模型对流程进行划分，对学生而言，每个阶段既是一个产出节点，也是一个课程小结，帮助大家在一学期的时间中将全流程的课程拆解为几个小目标，并在每阶段的结尾让学生进行阶段总结及分享展示。在实际授课中，按照五步骤的划分方式产出不够清晰，在进行分享时学生较难理解。而以每次聚合所得结果为出发点，则会将各步骤前期发散结果进行整合，从而帮助各组学生在分享表达时有逻辑地进行汇报，细致阐述从发散到聚合的全过程。学生对于课程中的即时反馈也十分看重，对每个节点的控制更有利于学生进行阶段分享与总结。因此，在进行课程流程重组后，研发团队最终选择将课程流程按照实际产出划分为三个阶段，分别为：探索研究阶段、方案设计阶段、原型制作阶段。

2. 课程主题迭代

"同理心设计思维"课程流程较长，为保证各个环节都能够有足够的时间帮助学生学习理解并实践，课程组在实验小学授课的12课时中，每学期的课程只选择1~2个主题进行学习。根据多个学期授课情况来看，每学期选定的主题数量需根据学生年级进行相应调整。

小学低年级学生的抽象思维能力、注意力集中能力及稳定性远远不够，对于课程体系全流程的理解不够深入，为期三个月的长线程课程难以在学生脑海中构建出完整的关联闭环，往往是记得上一节课内容，忘了前几次课的内容，也忘了每节课或每个方法步骤间的关联程度，需要授课教师不断帮助学生进行复习回溯。因此在实际操作中，选择将一学期课程拆分为两个主题，第一个主题采用冲刺工作坊的形式进行，帮助学生快速理解设计思维全流程，在心中构建起对于问题解决的初步图式；经过前一轮学习的铺垫，第二个主题流程相近，学生能够很快通过对工具方法的熟练使用，从而更清晰地思考并解决新主题中发生的问题，巩固先前学习经验，将自身所学内容整理吸收。

每学期的课程都有1~2个主题，课程主题的构想需要根据之前课程学生对于教学主题的反馈进行设计和调整。课程组需要寻找既能提起学生兴趣，又符合当下社会需要的主题和内容来进行课程设置。教学工具的使用情况决定了学生是否能够理解本堂课的教学内容。教学工具的外观、形态和内容都需要根据课程内容、学生需求和兴趣来进行设计。课程组对于教学工具的课上使用情况和使用产出的结果都进行了记录和考量，并针对不同年级学生制做不同的配套教学工具。

七、评估反思

在对课程进行打磨的过程中，需要每周对授课内容进行课程评估反思，以确保课程的提升。

一是课程组从学生课堂行为、师生互动、学生教具使用等不同的维度对课程进行观察、记录和总结，来评估课程效果。每节课结束后，课程组依据观察记录表回顾本节课情况，依次对所记录内容进行反馈，判断学生是否达到预期效果，并及时迭代此次课程教案，适时调整授课策略和下节课安排，为后续课程提出改进新要求，以适应学生学习情况，达到课程预期。

二是课程结束后，在家长群中发放课程反馈问卷，根据打分内容，获取学生学习收获及反馈。教师看到学生家长在群里发的对于课程的正向反馈，在教授学生、传递课程内容的同时，也收获了满足和自我的成长。

三是通过对教学互动环节等关键环节中教师与学生的言语与非言语行为进行分析，根据量化反馈进行课程迭代。以某次面向四年级的课程为例，课程研发团队会记录该课程某一阶段中师生言语，进行观察、编码、制表和解码等数据分析，结合学生的行为反馈，分析教师与学生在课堂互动中的行为特点，得到教师在教学过程中教学引导的行为特征。

课程体系的设计是一个不断提出新需求，不断发现新问题，不断小步快速迭代的过程，课程组的成员们通过对课程教学的实施和记录测评，来不断地为课程注入新鲜血液，让课程内容和形式更加丰富，更加饱满，让学生更容易接受，让课堂更活泼而有序，让成果更有效而可见。

第二节　教学注意事项

"同理心设计思维"课程的开展，既需要相关理论基础、课程设计，也需要教师的教学设计、实施与评价。授课教师如何通过有效的教学培养学生问题解决的能力是至关重要的。课程研发团队在前期课程调研与实践过程中，对教学经验问题进行汇总整理，对课程中遇到的问题给出了一些具有实践性的解决方法，梳理出课前、课中（引入—主题探索—方案设计—原型制作—总结）和课后三大部分，形成教师指导手册。

课前——备课阶段

- 教师在学期开始前，应结合选用的课程主题，撰写课堂大纲，课程大纲应涵盖课程主题、课程目的、授课人群（年龄/年级）、授课时间及课时量、每课主题、内容、方法及对应教具等。
- 教师在正式开课前，应对下节课的教案进行详细撰写，作为涵盖教师原话的教学指南，将本节课教学目标通过教学内容进行体现。预先准备每堂课的教具和各类材料，注意彼此间格式的统一和一致性。
- 不同的主题会造成教具的相应调整，教师在教学前应注意将教具与本课所授内容相匹配，课前准备的演示文档应使用和改良后教具风格相似的模板，避免学生误解和认知资源的分散，也争取在教具设计时符合学生所对应阶段的审美需求。
- 实际授课中除了教师往往还有助教进行小组指导和辅助教学，针对课程内容，教学团队应预先对每一堂课进行熟悉和演练，每一个参与者应对当堂的内容有充分的了解和认识，尤其是助教间应达成统一的指导意见与行为规范，防止学生面对同一问题收到不同答案，造成误解。
- 课前，主讲教师应认真撰写本节课教案，规范指导语，并在上课时遵守指导语的表达，尤其是在施测时，不要让学生有社会评价感。在书写本节课的教案，对课程进行设计时，主讲教师应注意前后两节课的衔接，引导学生回忆上节课的内容，并思考两节课的相关关系，引导其个人思考后，再引出下阶段的内容。
- 在toolkit的应用过程中，实时注意更新和迭代，可依据学生年龄段不同进行不同的色带搭配和制作准则。
- 主讲教师应在教案中认真书写本节课需要准备的课程材料、打印资料，任务分工明确，助教各司其职（如进行课程录制，取物料，准备备用U盘，检查物料，确认携带），在课程开始前两小时应做认真的检查与核对。助教应熟悉本节课流程，避免意外因素无人授课的事件发生。

课中——授课流程阶段

引入：

- 教学团队应在已有的课程主题的基础上，进行迭代和更新，做到与时俱进，详细具体，匹配不同年纪学生的身心发展水平，做到合理过渡。
- 应将课程主题做详细具体，针对各年龄段的学生发展水平，将故事补充完整，让接手的主讲教师可以顺利过渡了解课程。
- 在例子的选择上，找到适合学生这个年龄阶段的例子，或者以学生本身为例子主角，不选取助教进组的方式，保持主讲教师在各组内的地位。
- 在课程开始，主讲教师应树立组长威信，强调小组合作的意义。将小组合作的情感含义传达给学生。且鼓励其他学生发言的形式，将每节课的任务规范化，争取可以分到4位学生身上，不出现任务分散或任务完成不了的情况。
- 团队应有1~2位主讲教师，随组每组配齐1名助教，课堂进行时间，如非主讲教师要求，助教应在固定区域机动，不随意加入课堂。在课程进行中，主讲教师应注意纪律，排除个别学生的不良行为对其他学生正常听课的干扰。

主题探索：

- 教学团队应端正态度，摆正位置，上课时间将学生当学生来看，不可以将学生"小朋友"化。

- 在学生不习惯小组合作这样的形式时，助教多多帮助，多询问组长的意见，引导他组织小组讨论。
- 主题探索阶段，需要掌握的内容较多，主讲教师可以利用每节课某个时间段的相同环节如让学生回忆之前的内容，随机抽答，让学生更深刻思考方法之间的因果联系、使用顺序。尽量给每位学生相同的关注度，每节课提问或关注的学生可不同。

方案设计：

- 主讲教师应鼓励学生踊跃发言并且提倡不同的发言形式，将每节课的任务规范化，可以分到4位学生身上，不出现任务分散或任务完成不了的情况。
- 在每次小组开始分工合作前，主讲教师应要求学生采用小组内大家先一起讨论，统一思路，然后每个人负责写一部分，再找一位学生整理的形式。
- 在方案设计选择方案时，如果出现组长一言堂，或其他学生因性格腼腆不发言这样的问题，可采用要求学生轮流做组长，助教和主讲教师多多鼓励其他组员说出想法。争取每个学生都可以发表自己的看法。

原型制作：

- 原型制作阶段，主讲教师和助教应每周开一到两次的教研会，了解学生进度，对学生方案进行再创造，了解学生原型制作水平、进度。
- 核查并添置学生所需的教具，如乐高、Kittenblock、Mind+使用的电脑等，在搭建原型课程前一周，应确保电子元器件齐全且无损坏。
- 原型阶段应尽可能多地拍摄学生照片进行存档，可设置小的操作性目标，争取每一位学生可以跟上课堂进度并获得自我成就感。
- 学生搭建成功后，应将原型拍照，非静态原型应拍摄视频留档，注意视频、照片背景，完整地显示产品功能。

总结：

- 结课时，应有个人/团队奖状，生成个人能力二维图，进行能力提升的测评。
- 询问学生对课堂的评价和迭代意见。

课后——收尾阶段

- 主讲教师应严格遵守对方机构、学校规章制度,在指定的时间内完成授课,助教引导各组学生有序安静地在指定位置排队后带离机构、组织。
- 下课后主讲教师或助教应对本节课学生使用过的toolkit进行整理保存和电子化,保证资料完好不会遗失。
- 课后,全体助教和主讲教师应及时开展教学反思会,记录并分析本节课课程讲授、学生合作等各方面出现的问题,针对问题讨论合适的解决方案,在下节课的教案和合作中做及时调整。
- 应根据本节课的学生/课程状态对下节课的课程流程进行及时的调整和更改。涉及具体方案的修改及时对教学大纲进行迭代并注明原因。
- 若本节课有课后作业,助教应标明课程作业部分的时间、内容、是否需要家长协助等。请仔细核查作业的打印清晰度和顺序,避免学生搞混顺序无法完成作业进度变慢、倦怠的问题。

上文所提出的建议是在预授课与近几年实践中,整理所得的涉及新手设计思维老师常见的注意事项,但对于教学生态而言,还有几方面需重点关注,分别是:教师、学生、课程。

一、对教师——提升教师的教学有效性

如何基于设计思维的理论模型将其设计为一门能够被学生理解掌握的课程尤为重要。有的研究者对于设计思维的理论非常熟悉,但是在对学生教学过程中,尤其是对理解能力正处在发展期的小学生来说,如何进行课程设计,如何讲授理论知识、布置课程任务能够更好地帮助他们理解课程,研究者还须继续探索。

学科教学知识(Pedagogical Content Knowledge, PCK)是关于如何教的知识。最早由教育家舒尔曼提出,将其定义为"教师个人教学经验、教师学科内容知识和教育学的特殊整合"。PCK包含学科知识(What)、了解学习者(Who)、教学知识(How)三个维度的统一。教师必须拥有所教学科的具体知识——事实、概念、规律、原理等,还应该

具有将自己拥有的学科知识转化成易于学生理解的表征形式的知识。教师学科教学知识离不开教师在实际的教学实践环境中所获得的经验及其基于经验的有目的、有重点的反思。

"同理心设计思维"课程在小学中开展，一到六年级的学生的身心发展水平存在巨大差异，而在不同年龄段内部，也存在学生个体发展的差异。1978年，苏联心理学家维果斯基（Lev Vygotsky）提出了"最近发展区"这一概念。最近发展区是指学生独立解决问题的实际发展水平，与在教师指导下解决问题的潜在发展水平间的差距。面向小学生的课程设计需要对课程内容进行适宜调整，使其达到学生的最近发展区。让学生在学习过程中，既不会认为学习任务太简单陷入舒适区，也不会因为学习任务太难而陷入恐慌区，进而对课程失去了兴趣。应该使学习任务落在学习区，经由教师的指引学生能够实现这一学习任务。也就是说，教师应关注学生已经达到的水平和所具有的潜能，并适当引导学生提升到比他们现在更高一层的水平上，由此可以在现有水平的基础上更进一步。

因此，教师在教学时要了解学生对某一问题的解决能力，然后选择学生能够通过教师的辅助完成的学习活动。最近发展区理论强调教学的本质特征不是在于巩固和提升已经学会的能力，而在于激发、培养正在学习而未完全掌握的能力。由此可见，最近发展区并非一成不变，而是处在动态的不断变化的过程中，随着学生将最近发展区转化为现有发展水平，并在此基础上，形成新的最近发展区。因此，在进行课程设计时，应将传统设计学科的理论与教育心理学和发展心理学等学科知识相融合，针对学生发展水平进行设计，避免拿来主义。本书所列举的授课内容，也并非一成不变的，教师需要在实际操作过程中，结合自身经验与教学需求，进行适当调整。

二、对学生——培养学生问题解决的能力

将设计思维应用于小学教学中时，应如何培养学生问题解决的能力？其中一个重要的因素就是教师的辅助。每一位教师都应该具备将复杂的问题用学生能理解的方式讲解清楚的能力，同时也要善于引导学生自主解决难题。以"同理心设计思维"课程为例，在某次面向小学低年级学生的课程工作坊中，有一位4岁的学生也参与了课程，但授课内容与工具对于该年龄段学生而言理解起来有一定难度，于是在课间授课教师便作为指导，辅助学生根据背景故事的介绍，理解主人公性格特征，并找出对应性格特征的贴纸贴在"用户画像"上。下面是两人交流的对话：

学生：这个要放在哪里啊？（拿起写有"热情"的性格标签）

教师：你看看刚才故事里两位主人公说的话，还有他们的行为，比如第3张和第4张……

学生：（看看手里拿的标签，再看看故事内容）我看看啊……这个小马主动要帮小兔子找地方，还要带小兔子去，啊，后面还帮了小猴子……（指着其中一段故事剧情）

教师：那你想把这个标签贴在哪儿呢？

学生：……贴在这儿。（把性格标签贴在正确的位置）

通过上面的对话可以看出，学生和教师间的沟通不是正式授课的形式，而是通过对话和引导的方式进行，教师的反馈都是以提问的方式完成的，但却能引起学生对故事中重点情节的注意和思考，引导他做出正确的判断，并收获了自主完成任务后的喜悦。

教师在指导学生完成任务时，需要依据任务属性和学生能力情况来决定采用何种形式。比如，学生在使用"用户旅程图"（详见第三章）这一方法时，需要根据故事背景划分故事的阶段、标识主人公情绪变化，教师往往会采用不同的策略进行辅助。例如，通过言语和行动的提示，强调关键部位，吸引学生注意目标（用手指向关键点，"看这里"）；在教具教学时，将任务分解成更小的部分，并标识出依次完成的步骤和顺序（"想完成这部分，第一步需要先……"）；提醒下一步需要完成的任务（"我们现在要把刚才构思的内容用关键词的形式写出来"）；通过完成类似的任务对学生进行演示（"例子里的主人公的情绪是中性的，所以情绪标签贴在这张图的中线上"）；对学生表现进行鼓励（"你完成得好快呀，太棒啦，马上就能全部搞定啦"）；等等。在教学中，教师的此类对话被认为是通过搭建脚手架的形式来帮助学生，挖掘学生潜力。

脚手架（Scaffolding）是指为学习和问题解决提供支持，包括提示、提醒、分解问题、提供例子、鼓励，或是任何能够帮助学生进行独立学习的做法。上文中教师对学生的反馈体现了脚手架的很多特点，教师没有简化任务难度，但却通过自己的辅助使得学生的学习活动变得简单了。该理论源自维果斯基的社会学习观，在教学中更有能力的人根据学生的需要为他们提供帮助，并在逐步减少帮助，他们能力增长时撤去帮助。

因此，教学不是一成不变的，而是要根据学生表现进行灵活调整。此外，面向小学生的课程设计应注意提供给学生的信息要精简，学生深入理解某一知识点，吃透并学会运用，就能达到举一反三的效果，此时给学生教的少他们反而收获得多。而一旦希望在有限时间内将更多的内容进行教授时，学生反而会因为每一个知识点都学得很零散，无法深入理解与应用，造成了教师教的知识多，学生掌握的却少的情况。教师教授的内容都应该便于学生整合为逻辑结合的知识体系，而不是机械拼装的知识点。只有帮助学生理解基本的课程逻辑，才能把课程内容延展到世界生活中去，真正做到培养学生能力，解决现实中发生的问题。

三、对课程——明确课程背景及设定

面向小学阶段的"同理心设计思维"课程的重点实践方式是与北京师范大学实验小学合作开展授课，依托学校的空间、设备资源等，开展"课后三点半"课堂教学活动。2017年3月以来，课程研发团队承担北京师范大学实验小学低年级、中年级、高年级"同理心设计思维"课程共计68课时。在实际教学前，有以下几部分课程设定需要明确。

1. 价值取向一致的课程目标

无论是与中小学还是机构合作，该课程的授课过程和形式与传统课程不同，这就容易造成课程目标与传统的课程目标有较大差异。例如，该课程提倡自由探索，释放天性，在愉快中激发创造热情，这就与认真学习并掌握某个知识点的目标具有差异。因此，合作时应与其他学校或机构进行有效沟通，了解它们的人才培养及课程目标，找到不同目标的契合点，并对自己的课程进行对应调整。

2. 基于真实问题的项目式教学

课程以学生为中心进行多元目标导向的教学设计，通过项目式教学，将课程主题与真实世界问题相结合，通过发生在学生身边且让他们感兴趣的课题作为课题学习背景，围绕该主题展开一系列探索研究、设计实践和原型制作，最后进行反思与分享。让学生在学习基础理论知识的过程中将知识融会贯通，应用于实践，进而培养体系化思维方式。通过项目式学习，学生学会"发现问题—定义问题—解决问题"，留心观察自己所生活的环境，发现生活中的小问题，并应用已有知识解决实际问题。

3. 适宜团队协作的课堂学习环境

与北京师范大学实验小学合作的"同理心设计思维"课程主要授课对

象为北京师范大学实验小学低年级、中年级和高年级的学生，授课形式每周一次，一次一小时，10~15课时的课外兴趣选修课程，授课教室为北京师范大学实验小学的科学教室，教室采用六棱形实验桌，相较于传统教室中统一向前放置的课桌，实验桌可满足小组多人协作授课的形式，便于组内成员共同完成任务并进行交流讨论，小组协作过程中，有效提高成员间团队协作能力。根据不同年级的课程需求，在进行图形化编程的教学中会采用机房进行授课。

采用交互式电子白板教学。相较于传统黑板+粉笔+板擦的课堂教学环境，白板的操作简明形象，化抽象为具体，能够有效提升学生学习的积极性和注意力，尤其是对于小学低年级学生而言，他们能更多被画面图解吸引而专心听讲。同时，实现了教师与学生之间的交互，多方位展示教学内容，更好地促进学生与学生、教师与学生间的互动与协作。

4. 跨学科专业背景的教师团队

设计创变系列课程本身就是跨学科内容，而跨学科授课团队也是关键要素。本课程由来自心理学、教育学、设计学、人机工效学等众多领域的专家打造。课程体系的搭建获得了国内外众多专家的支持。此外，本课程的研发与教学还邀请了包括来自斯坦福大学设计研究中心、代尔夫特理工大学、芬兰赫尔辛基大学教育学院的多位教授及多位业界专家，共同探索研发更适用于中国情境下的"同理心设计思维"课程。

授课教师团队成员均为跨学科专业背景，在授课前接受系统化课程培训。从国家政策与学生、家长、教师多方角度理解并意识到课程的意义与价值；系统掌握设计创变的课程体系与架构、流程、方法及教具的使用；基于对课程的理解与实践，在原有课程体系的基础上进行新课程主题研发与教学；对学生学习与发展情况进行总结反思，不断丰富和完善设计创变课程。课程以一名主讲教师，辅以若干助教的形式开展授课，主讲教师主要负责课程教学授课，鉴于课程形式为多人协作的项目制授课，而小学阶段学生的自控力和理解力有待提高，因此助教会在小组任务协作期间对各组进行辅导和节奏把控，并对课程反馈进行记录，确保课程稳定开展。

5. 符合学生发展水平的教学工具

课程中会涉及全流程的思维引导及多种设计方法与策略，如探索实践阶段常用的人物画像、同理心地图、用户旅程图、头脑风暴等设计方法，以及用于后期原型制作的交互流程图、Arduino编程等。对于小学生而言，现有的设计方法和产出工具更适用于有一定基础且思维发展水平较高的成年人，无法直接被处于发展阶段的小学生吸收和使用。因此在课程设计的同时有针对性地进行教具设计与改良，采用适宜该年龄段学生使用的教具，使教具符合目标年龄段学生的心理认知发展特点，及时地向学生提供适应他们当前发展水平的支持，进而帮助学生实现对该阶段课程目标及任务的理解，促进其发展。

背景：创新与创变　01

基础：设计思维概述　02

进阶：课程是如何打造的？　03

理论：授课前应
掌握什么？　04

实践：我们是如何授课的？　05

试一试：如何开展快速工作坊？　06

未来：评估展望　07

第一节 课程流程

"同理心设计思维"课程经过一系列前期调研、课程设计、课程实施和课程评估与迭代，历经反复的课程迭代与反思积累，对自身课程研究成果进行梳理，最终在"设计创变"创新教育体系的理论框架下，产出了"同理心设计思维"课程的理论模型、课程流程、课程主题、课程方法和教具，并用于指导实际授课时的课程设计。

课程的教学目标是将创新思维融入课堂中，以人为中心，从探索阶段到实现阶段，引导学生在探究、服务、制作、体验中学习。同理心是设计创变的基础，协作与表达能力是学生相互激发思考的桥梁，实践操作能力是实现创造思维从抽象到具象的重要转化途径。因此设计思维课程将重点以同理心、协作与表达能力、实践操作能力为核心，来培养学生的创造思维能力。课程将分为三个阶段，即探索研究阶段、产品设计阶段和原型制作阶段，三阶段依次递进，学生在每个阶段分别对应不同的身份，探索研究阶段对应生活观察员，方案设计阶段对应合作挑战者，原型制作阶段对应超级工程师，帮助学生增强任务代入感，逐步实现由思维方式到实际产出的转变。

一、开课准备

在进入正式的授课流程前，为保证本学期课程顺利进行，需要对课程引入，完成以下环节。第一，介绍授课团队。主讲教师可以将姓名写在黑板上便于学生认识名字的写法并记住，形成初步印象。

第二，明确课堂规则。本课程与传统课堂教学形式不同，需要小组进行团队协作，并且在小组完成任务时允许甚至鼓励学生进行讨论交流，这就很容易导致他们在非讨论时间，也极有可能出现交流的情况。因此课堂秩序十分重要，需要在课程开始之前和学生们定好规则，授课期间严格遵守课程纪律，并且因为是每周授课一次，每节课开始前都需要对课堂规则进行回顾，引起学生的重视。课堂规则包括加分项和减分项两部分，授课过程中助教对各组表现进行评估，表现好对小组加分，表现不好对小组减分。当堂所得分数积累，在本轮主题课程结束时给予奖励，提高学生遵守课堂规则的积极性。

加分项包括：认真完成课后作业、积极举手回答问题、积极参与小组讨论、听从指挥保持秩序……

扣分项包括：无正当理由迟到或旷课、在非讨论时间大声喧闹、删除课程提供电子设备上的资料、损坏课程教具、上课时间偷偷做自己的事……

当然，即便定好规则，在讨论时间也会出现无法控制的情况，尤其是教授低年级学生时。因此还有一个小技巧，在提出课程规则的同时和学生定好安静的口令。例如，当教师喊出"1——2——3"时，无论学生们讨论到何种程度，或者小组任务还剩多少，都需要将双手放在桌上，一起喊出"木——头——人"。并和学生实验几遍，加深印象，经过实践较为可行。

第三，进行分组活动。课程全部采用团队协作的方式进行，因此分组工作应在学期正式课程开始前完成。根据本环节时间设置和场地要求进行分组。分组方式多样，如果分组环节时间设计较长，可以通过"马兰开花"等游戏形式进行分组，在分组的同时增强课程内同学们的熟悉度，活跃课堂气氛。如果分组时间不够充裕，可以直接采用"抽签"的方式进行随机分组。随机分组有利于保证小组成员的随机性，避免原本熟悉的同学抱团结组并排斥新同学加入，且组员相互间不熟悉可以更多地激发出团队协作时的灵感。但与此同时，也会增加一些不确定性，随机分组可能导致原本关系不好的两人分在一组后产生矛盾，抑或者造成组间成员性别、能力不均衡的情况，无法平衡各组实力。因此，另一种方式是通过学校，在课前对学生进行基本信息调查，既能提前对班内学生水平进行摸底，便于备课，也能为分组提供参考。题目包括：姓名、班级、性别、特长，是否学过图形化编程、乐高等信息。有一定图形编程基础的学生在后期原型制作阶段会有较强的优势，能够带动全组学生共同完成最后的实体产出。在收到具体反馈后，课程组会根据学生特点进行分组。

第四，增强团队意识。如图4-1所示，将预先准备好的分组卡片发给各组，进行小组讨论，首先将团队成员的名单写在卡片正面"我们的团队"中，之后经过讨论，确定组名与组长人选。并将组名写在卡片正面，用教师发放的贴纸贴在组长名字旁边。分组卡片背面为每周各组获得的加分情况。

图4-1 分组卡片

组长是一个团队的灵魂人物，对小组成员能更好地完成课堂活动有重要意义，但本课程的组长要求会有其特殊性，因此需要对学生进行说明：

（1）做好带头作用，积极遵守课堂规则，在组内其他学生有加分或扣分表现时进行鼓励或制止；

（2）负责全队成员的任务分工，每当有小组协作任务下发时，需要组长给每个成员细化负责的工作，带动组员协作完成课堂活动；

（3）小组讨论过程中遇到问题，主动与主讲教师或助教沟通；

（4）当团队内部成员因为讨论发生分歧或矛盾时，组长应保持中立避免偏袒，同时积极调解矛盾，如果难以解决应尽快寻求教师的帮助；

（5）其他有助于帮助组员完成课堂活动的工作。

第五，课程内容介绍。在以往教授的过程中，大部分学生都是第一次学习"同理心设计思维"这门课程，也可能是第一次听到"同理心"或"设计思维"这一概念。因此在实际授课前，需要预先对本门课程进行介绍，让学生形成整体的概念，能对本学期学到的内容进行大致评估。课程介绍视频是一个很好的方式，既能吸引学生注意力，也能在有限的时间内可视化地呈现以往课程流程与成果。因此，可采用播放往期授课视频进行课程回顾，并介绍本学期主题设置、流程及可能用到的方法。在讲解这部分内容时应注意呈现内容简介有趣，能将本学期的课程串联起来；而并非让学生在几分钟内了解这些方法的具体使用方式。否则会造成学生听不懂而且效果不好。介绍时可以将课程会用到的教具呈现给学生，如原型制作阶段会用到的各类超轻黏土、乐高玩具和编程机器人等，激发学生学习兴趣，为之后的课程做铺垫。

二、授课流程

根据第二章设计思维概述可知，世界各地对于设计思维有着不同的划分模型，而在教育领域，设计思维的教学中最常用的是斯坦福大学的五阶段模型，即同理心、定义、构想、原型、测试。国外的各大院校、教育机构都在此基础上进行课程教学，教学内容百花齐放，形式多样，帮助无数学子培养系统的思维方式。那么，这个模型或者说现有模型适用于中国情境下的小学设计思维课程教学吗？

为了探究这一问题，我们在第三章对课程设计流程进行调研，在实际授课过程中发现，经典的斯坦福大学设计思维五阶段模型，适合设计师或研究人员在商业领域的使用，也适用于成年初学者的学习，但并不适合教师在对小学阶段学生的教学过程中使用。原因有二，其一在于各阶段不是以"聚合"作为结尾的。以"同理心"阶段为例，该阶段的结束方式为理解主人公，拓展思路，通过桌面调研、访谈等方式收集足够信息，之后进入下一步"定义问题"，这是一个"未完成"的步骤，需要下一阶段"定义"进行分析总结。因此，作为教师我们可以尝试问自己几个问题：当采用"同理心"作为阶段划分方式时，学生收集多少的资料是有意义的？如何说明学生站在主人公的视角去思考问题？怎么证明学生理解了目标人群？答案很难回答，因为真正分析问题，得到目标人群特点、情境进而定义问题的步骤在这里还未发生，故无法在阶段结束后进行有效的教学评估。其二在于学生在小学阶段正在形成逻辑思维的能力，它也是提高小组协作、表达能力的关键。在教学过程中的关键节点需提供学生表达分享的渠道，有助于他们在长线程的课程中获取及时反馈，即时思考在探究过程中遇到的问题。每个节点进行一次汇报是再适合不过的方式，既有调研、发散也有聚合、分析，对学生的逻辑思维能力、言语表达能力以及课程的理解都有着重要意义。

因此，若想便于对学生的学习成果进行直观对比检验，"同理心设计思维"课程阶段需要将斯坦福大学设计思维模型的"同理心"和"定义"阶段进行整合，像"双钻模型"一样在各阶段结尾处加上收束，用于对学生学习成果的检验。经过实践，课程组最终将课程模型划分为主题探索、方案设计和原型制作三阶段。各阶段教学中穿插同理心、创造力、团队协作、语言表达能力的培养，将能力培养融合到学生解决问题的过程中。

主题探索阶段是课程流程的第一个阶段。处在小学阶段的学生有丰富探究事物的兴趣，但缺少方法的支持，需要培养同理心，提高洞察力。该阶段学生以生活观察员的身份，站在主人公的角度出发，通过对背景故事的学习，结合个人生活经验，去感受并理解目标人物的行为习惯、情感态度、价值观等。课程采用拼贴画、用户画像等方法帮助学生理解故事情境，分析用户特质，丰富人物形象；采用How Might We、思维导图等方法，帮助学生从多角度分析故事场景、主人公的需求和痛点，问题改善的机会点等因素，并定义出最需要优先满足的需求，在此过程中不断帮助学生理解主人公培养同理心。

方案设计阶段是课程流程的第二阶段。传统课堂中更倾向于个体发言，较少有团队协作的机会，需要增强学生间交流互动，进而一起解决问题的能力。学生作为"合作挑战者"，根据上一阶段定义出的拟解决关键问题，通过组内协作完成任务的方式，帮助主人公构思解决问题的方案，课程采用多种方法工具帮助学生进行思维发散与聚合，畅想并筛选出有效且充满创意的解决方案。通过让学生完成合作挑战任务，帮助他们学会分工合作，沟通交流，通过胜利体验团结合作的乐趣。在这一部分会注重帮助学生挖掘自己的潜能。低年级学生初步感受合作学习，有顺序地去倾听、观察、模仿；高年级学生鼓励归纳整理，激励相互交互激发思考。在此过程中不断培养团队协作能力。

原型制作阶段是课程流程的第三阶段。学生需要培养逻辑思维能力和实践操作能力，并应用到实际生活中解决问题。这一环节学生将以"超级工程师"的身份完成原型的制作与迭代，并对最终结果进行展示分享。这一环节将提供乐高、超轻黏土、编程机器人等工具供学生们把自己的创意具象化。通过指导学生学习使用智能硬件搭建完成任务。原型搭建完毕后，采用用户旅程图、情境对照法、用户测试等方法，帮助学生测试及迭代所做的原型，并进行课程的总结分享。在课堂教学中，课程将利用学生好奇、好动的心理及利用学生的生活经验和已有知识，从学生熟悉的生活情境和感兴趣的事物出发，提供观察和操作的机会，充分发挥学生学习的自觉能动性，让学生从感受中学。

由于设计思维教学流程需以课程形式呈现，因此除了划分三大阶段外，还对课程前后加入了引入和总结部分。引入部分帮助学生进行课前创新引导，介绍课程背景、流程、分组协作等，在课程最初将授课前所需要告知学生的内容全部告知学生，若课时充裕，还可以采用1~2小时的快速工作坊或团队协作游戏，帮助学生理解课程内容，激发好奇心和创造力，更好地投入正式课程。而总结部分，则回顾课程全流程内容，对本学期课程进行总结梳理，并分组进行颁奖和鼓励，在课程最后鼓励学生畅所欲言，总结课程所学到的点并加以分享，为课程的结束画下圆满的句号。

如图4-2所示，课程流程各环节间环环相扣，每一阶段都会有阶段性产出，各环节对学生的思维不断进行发散与聚合，在课程中帮助学生培养同理心、洞察力、创造性思维与批判性思维、团队协作能力、语言表达能力，逻辑思维能力和技术素养，产生思想风暴和创造灵感，实现设计创变。

04 理论：授课前应掌握什么？

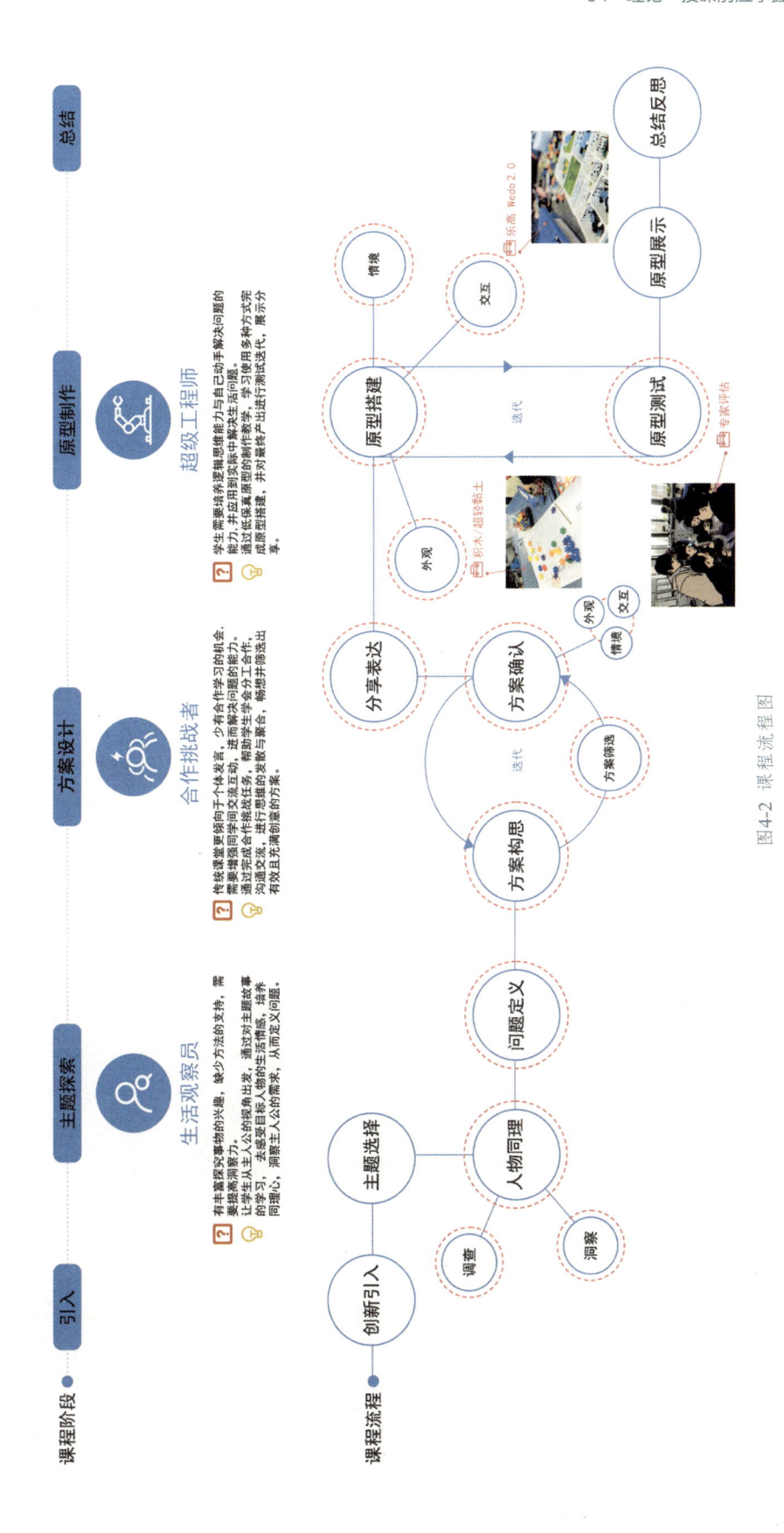

课程阶段

引入	主题探索	方案设计	原型制作	总结

- 主题探索 —— 生活观察员
  - ❓ 有丰富探究事物的兴趣，需要提高洞察力，缺少方法的支持。
  - 💡 让学生从主人公的视角出发，通过对主题故事的学习，去感受目标人物的生活情感，培养同理心，洞察主人公的需求，从而定义问题。

- 方案设计 —— 合作挑战者
  - ❓ 传统课堂更倾向于个体发言，少有合作学习的机会，需要增强同学间交流互动，进而解决问题的能力。
  - 💡 通过完成合作挑战任务，帮助学生学会分工合作，沟通交流，进行思维的发散与聚合，畅想并筛选出有效且充满创意的方案。

- 原型制作 —— 超级工程师
  - ❓ 学生需要培养逻辑思维能力与自己动手解决问题的能力，并应用到实际生活问题。
  - 💡 通过低保真原型的制作教学，学习使用多种方式使成品原型搭建，并对最终产出进行测试迭代，展示分享。

课程流程

创新引入 → 主题选择 → 人物同理（调查、洞察）→ 问题定义 → 方案构思 ⇄ 方案筛选 → 方案确认（外观、交互、情境）→ 分享表达 → 原型搭建（情境、交互、外观）⇄ 原型测试 → 原型展示 → 总结反思

🧱 积木 · 超轻黏土 🔧 乐高 Wedo 2.0 👨‍🏫 专家评估

图 4-2　课程流程图

079

第二节　课程主题

课程采用项目式教学，每期课程引入不同主题进行教学，并根据课程主题的特点和教学目标选取相应的方法进行授课，因此课程主题作为每次课程流程设计的核心显得尤为重要。第一章同理心部分也提到了课程主题背景所需满足的一些要求，经过实践的积累，对课程所设置的主题进行总结，一个适宜的课程主题应满足以下条件。

一、主题设置要求

首先，主题设置应符合学生的经验发展规律。小学阶段学生所学习的知识与生活的经验有限，应选择贴近其日常生活的主题进行设计，在符合学生现有的知识架构的基础上进行适当的延伸与拓展，帮助学生理解主题背景所传递的信息，更好地适应课程。若选取的主题是学生从未接触过的，则较难引起学生共鸣，造成解题难度的增加。"同理心设计思维"课程要求学生能够站在主人公的角度思考问题，若故事背景设定本身就无法引起学生的共鸣，需要铺垫大量背景知识帮助学生理解该情境，则极有可能会阻碍学生对课程的理解和对方法流程的学习。

小学低年级学生对所处世界的了解还不够丰富，知识积累和直接经验十分有限，除了自身所能接触到的周围发生的日常以外，了解更广阔世界的途径多是通过阅读儿童故事、观看视频等形式获取间接经验。而这也意味着不同家庭环境和教养方式的学生脑内所经历和储存的知识背景不尽相同。若课程主题选择离学生可接触的生活较远，则可能出现部分主题理解程度不一致或有部分学生从未接触过该主题等情况。因此，小学低年级学生的课程主题选择需要从身边入手，以他们日常所能接触到的生活情境为出发点，选择适合该年龄段且具备一定主观经验的主题。

经历了两年的学习，升至小学中年级的学生逐步适应了校园生活，他们每天会花费很长时间在学校和朋友们一同度过，此时学校的意义凸显出来，该年龄段的学生自主行为较强，希望做生活的主人，对于周边发生的事件有极强的好奇心，故选择在进行课程设计时应将重点放在和他们关系最密切的校园生活当中。让学生从诸如校园环境、学习设施、师生关系、同学关系、课堂学习等维度提出自己的见解，同时也能够在实际学习环境中进行测试，落实到实际生活中。

其次，课程主题设置应兼顾意义感与趣味性。课程选题应能满足学生德育发展需求，帮助学生发掘事情、事物内蕴的意义，让学生在设计创变的过程中理解题目背后所反映出的更深刻价值，并将其转化为感悟与行动。与此同时，也应注意主题选取的趣味性，小学阶段学生容易被感兴趣的点所吸引，否则再正能量的主题若无法引起学生兴趣也将失去其原本的意义，进而影响授课与学生反思效果。

最后，课程主题设置应紧随时代变化与发展。本课程应结合中国情境下的社会发展特点进行主题设置，将当下社会热点问题融合进项目式教学的课题背景中，在授课时保证课题是能被目标学生所理解的。举一个简单的例子，许多课程在教授基本的编程任务时会使用"吃豆人"这一经典游戏，但随着时间的推移，2000年之后出生的学生没有接触过这类游戏，无法理解"吃豆人"这一游戏背后代表的含义，在学习时也就没有办法达到很好的共鸣。这个例子的选择就是没有考虑到主题选取的时效性。

二、课程主题体系

面向小学生的"同理心设计思维"课程从主题划分和年龄特点两个维度进行交互设计，并在主题划分和年龄特点两维度上不断递进。每套课程都在兼顾同理心与设计的培养之余，结合学生所处年龄段/年级和课程主题设置特点，针对不同的培养能力有不同的侧重点。

如图4-3所示，蓝色、橙色和紫色所对应的是不同的培养重点。蓝色的连线指该课程所强调培养"设计"部分，橙色的连线指该课程所强调培养"同理心"的部分，紫色的连线指该课程在"设计"与"同理"的部分占比相同。

整体来看，整个课程对于产出具有宏观布局，如图所示，一、二年级的产出主要为"采用可视化的方法表达对于主题的畅想"，三、四年级的

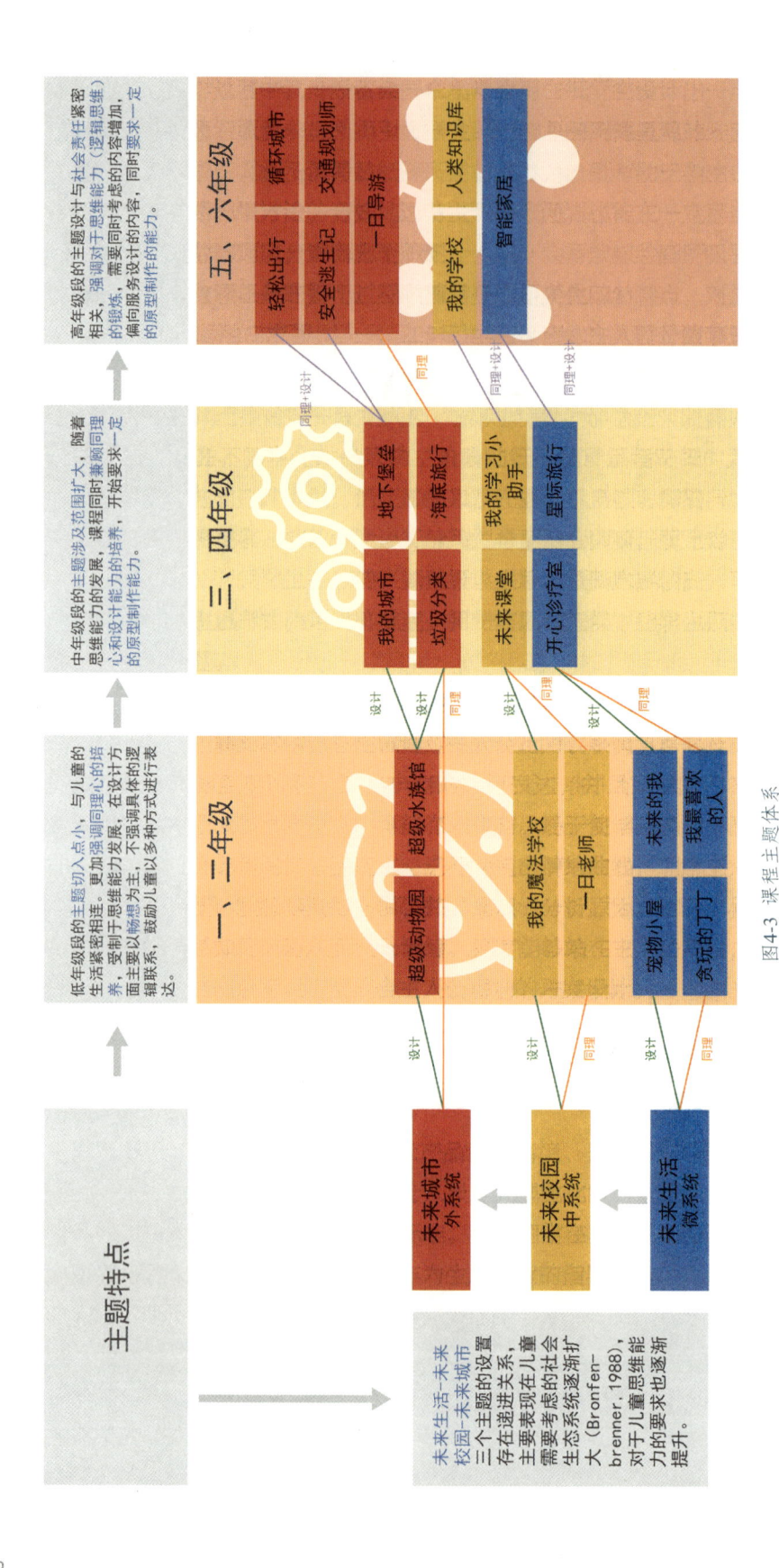

同理心设计思维——小学生创新思维培养

主题特点

低年级段的主题切入点小，与儿童的生活紧密相连，要加强同理心的培养，面要素以畅想为主，鼓励儿童以多种方式进行表达。

中年级段的主题涉及范围扩大，随着思维能力的发展，课程心和设计能力的培养，开始要求一定的原型制作能力。

高年级段的主题设计与社会责任紧密相关，强调对于思维能力（逻辑思维）的锻炼，需要同时考虑的内容增加，偏向服务设计内容，同时要求一定的原型制作的能力。

一、二年级
- 超级动物园 / 超级水族馆
- 我的魔法学校 / 一日老师
- 宠物小屋 / 贪玩的丁丁 / 未来的我 / 我最喜欢的人

三、四年级
- 我的城市 / 垃圾分类 / 地下堡垒 / 海底旅行
- 未来课堂 / 开心诊疗室 / 我的学习小助手 / 星际旅行

五、六年级
- 轻松出行 / 安全逃生记 / 循环城市 / 交通规划师
- 一日导游 / 我的学校 / 人类知识库 / 智能家居

未来城市 外系统
未来校园 中系统
未来生活 微系统

未来生活—未来校园—未来城市三个主题进在进行扩大系，主要要表现在儿童所处的社会生态系统考虑（Bronfenbrenner，1988），对于儿童思维能力的要求也逐渐提升。

图4-3 课程主题体系

产出主要为"要求产出与主题对应的实体原型",五、六年级的产出主要为"产出与主题对应的实体原型"或"较为完整的服务设计方案",即所呈现的课程产出不局限于某种物体,如机器人、牙刷等,而是可拓展为优化某一流程,如学生请病假流程等。即使各年级随着学生年龄增长,产出也愈发复杂,不尽相同,但所体现的内核并未改变,那就是站在主人公视角,去解决该主题中主人公所遇到的问题,并将前期研究结果体现在方案产出中。

课程从主题划分开始即进行了精细的设计,"未来生活""未来校园""未来城市"三个主题的设置存在递进关系,主题选取主要源于布朗芬布伦纳(Bronfenbrenner)所提出的社会生态系统理论。他认为个体的发展处在直接环境(如养育家庭)到间接环境(如社会文化)之间的几个环境系统中,每个系统都和其他系统,以及儿童个体本身有着交互作用,这种作用结果导致儿童不同的发展水平。表现在儿童需要考虑的社会生态系统逐渐扩大,对于儿童思维能力的要求也逐渐提升。其中"未来生活"主题对应"微系统"层面,即与个体直接的、面对面水平上的交流系统,这样强大而富有支持性的联结能使儿童的发展最优化;"未来校园"主题与"中系统"层面对应,即几个微系统之间的交互作用关系;"未来城市"主题与"外系统"层面对应,即两个或更多的环境之间的交互作用关系,其中一个系统个体并未直接参与,但却会对其发展产生影响。

同时,主题体系从年龄特点的维度进行了着重考虑,切实确保课程设计符合各个阶段儿童心理生理发展水平,全系统的课程能够涵盖中国学生核心素养(见图4-4)。

小学一、二年级以学生的日常生活为主题,激发学生学习兴趣、思维发散能力,学会创新设想。该主题切入点小,与儿童的生活紧密相连,更加强调同理心的培养,受制于思维能力发展,在设计方面主要以畅想为主,不强调具体的逻辑联系,鼓励儿童以多种方式进行表达。

小学三、四年级培养学生的创新意识,突破思维定式的壁垒。主题涉及范围扩大,随着思维能力的发展,课程同时兼顾同理心和设计能力的培养,开始要求一定的原型制作能力。

小学五、六年级的主题设计面向未来,开阔学生视野,帮助学生使用设计工具继续未来探索。与社会责任紧密相关,强调对于思维能力(逻辑思维)的锻炼,需要同时考虑的内容增加,偏向服务设计的内容,同时要求一定的原型制作的能力。

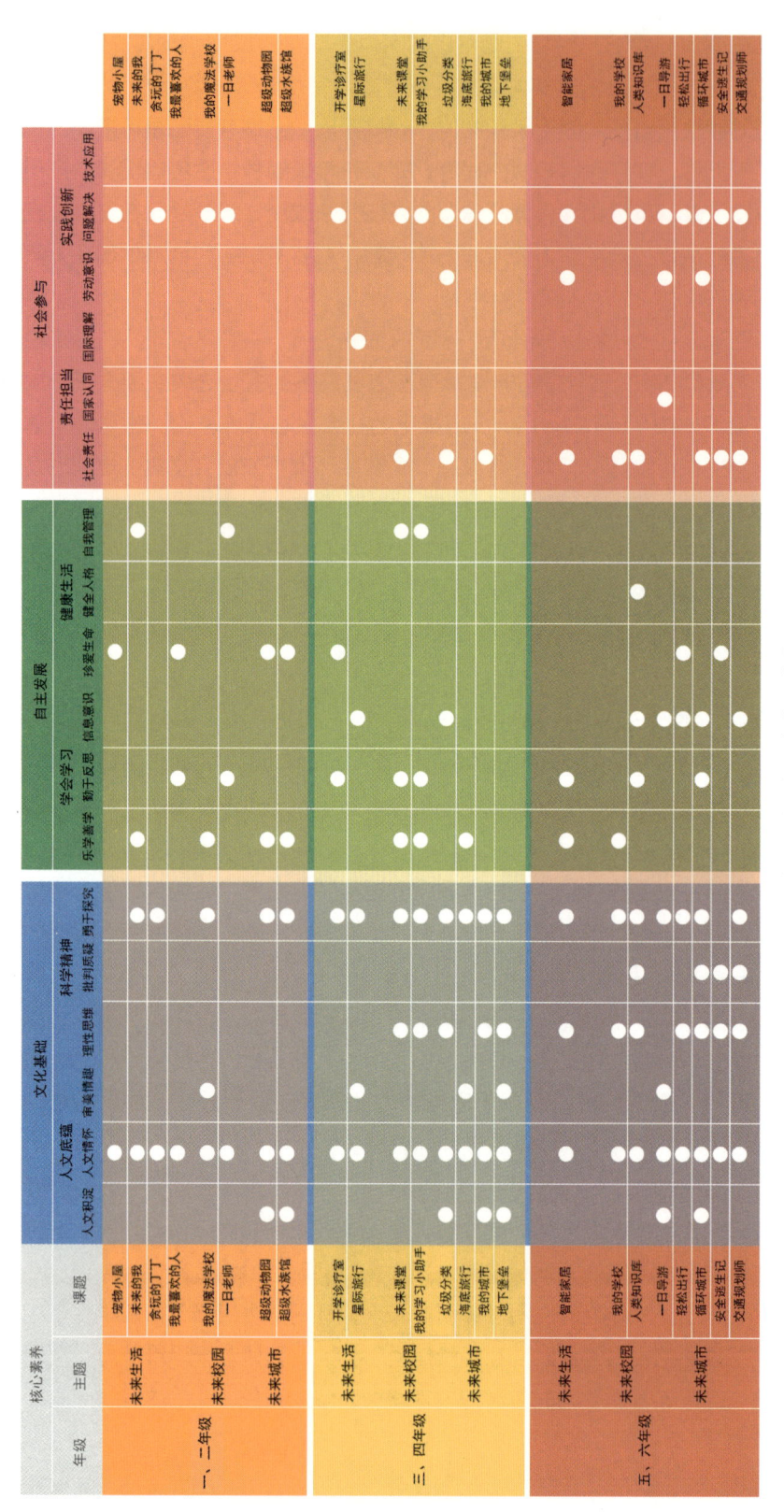

图 4-4 课程主题与核心素养

第三节　教学方法

正如学习理科课程需要掌握各种算法、公式、方程式一样，设计思维在课程的不同阶段囊括多种设计方法，通过相对严谨科学的方法帮助同学们有缘由、有逻辑地推导出问题解决方案，而不是直接采用"拍脑袋"的方式得到主观的答案。整个课程就像是在玩一款不断进阶的走迷宫游戏，教师需要依据学生的能力和特点，绘制符合学生潜在发展水平的迷宫游戏，每个迷宫都不会让学生直接从起点蹦到终点，而是要通过收集线索逐步在起点和终点间规划出一条清晰的路线，沿着看似曲折，实则顺畅的路线行走，最终达到旅程的终点。每门课程开始前，教师需要对课程流程进行设计，依据课程主题和背景，选取适宜的设计方法，从而帮助学生走过理解分析人物、方案设计产出、原型制作迭代的不同阶段。不同的课程主题设置、方法选取及使用会有一定的区别。

教师在进行教学活动时，应注意方法的使用是为目的服务的，没有绝对正确的方法，也没有一成不变的使用套路。尤其是面对年龄普遍偏小的6～12岁小学阶段的学生，有些在成人身上适用的方法并不一定完全适合小朋友们。在教学过程中，适当方法的运用能够帮助学生理清思路，高效地达到目的，帮助学生与组内成员及"主人公"进行更顺畅的沟通，而非强行将方法套在课程中，为了使用方法而使用方法，这样反而会造成学生的学习混乱，无法实现原本的教学目的。

本章中主要介绍的方法多为设计过程所教授的方法（见表4-1），但对于面向小学生的课程，我们依据课程主题及使用形式进行了适当调整，以适用于不同年龄段学生的发展水平，并在实践中对方法的使用进行批判性的反思。在实际授课过程中，学生不只是知识学习者，更是一名问题解决者和课题研究者，因此教师在进行方法教学的过程中，既要将各方法的基本内容进行介绍，也要根据课题实际情况和学生学习情况进行有针对性的改良教学。

表4-1　课程阶段与方法

方法	阶段 主题探索 同理心＋问题定义	设计表达 头脑风暴＋方案筛选	原型制作 原型＋测试迭代
桌面调研	√		
观察法	√		
访谈法	√		
用户画像	√		
用户旅程图	√	√	
拼贴画	√	√	
5WH	√		
HMW			
头脑风暴		√	
象限分析		√	
角色扮演	√		√
故事板		√	√
低/高保真原型制作			√
……			

一、桌面调研

桌面调研（Desk Research）是通过互联网、书籍等方式对他人发布的现有资料进行分析和研究的方法。该方法主要用于研究流程的前期，也可应用在研究流程中的各个阶段，帮助使用者更为清楚地了解解决问题的有关背景资料，所得分析结果可以为下一步研究（访谈等）做铺垫。

1. 方法简介

在进行任何一个以人为中心的课程主题之前，采用桌面调研了解相关领域的介绍和问题现状都是十分有意义的，通过资料收集回顾课题有关内容是了解该领域最快也最便宜的方法，可以在短时间内以相对全面的信息作为研究过程的基准。如果对于前人研究没有经过系统调研，就很难判断自己想实现的目标是否已经有人预先完成过。在对主人公进行访谈前，如果没有对相关问题进行详细了解，很可能无法提出有针对性且有效的问题，也会造成时间与金钱的浪费。以"垃圾分类"课程课题为例，环境保护一直是重要的研究课题，未经合理分类的垃圾会污染土壤和地下水体，造成环境污染，长此以往后果不堪设想。近年来，我国大力提倡垃圾分类，2019年上海更是推出了严格生活垃圾管理。如何通过垃圾分类管理，最大限度地实现垃圾资源利用，减少垃圾处置量，改善生存环境质量，是当前世界各国共同关注的迫切问题之一。若进行课题研究人员对垃圾分类的原因、意义、分类方式、有关政策都不甚了解的话，无疑会对课题的进展和走向产生巨大的影响。

随着互联网的不断发展，快捷方便的搜索引擎的出现逐步改变了人们资料搜集的习惯，越来越多的人会通过互联网搜索最直观的问题信息，从而获取资料相关的答案，尤其是网站上实时更新的数据也比书籍、杂志中的内容更新迭代得更快，使得大家能够轻松获取大多数基本信息。但在实际操作的过程中，应注意并非所有资料都值得被用作参考，正如人们生病更愿意去看正规医院的专家医生，而不是选择街边自称能妙手回春的陌生人一样。在进行桌面调研时要注意数据收集权威性，比如政府权威发布的数据、高影响因子的杂志期刊、知名调研公司的行业报告等发布标准较高且具有准确数据来源的信息，权威性和可信度就远远大于直接搜索问题得到的匿名回复。而可靠全面的信息也是帮助课题研究者给出准确设计定位的保证。在收集到全面有效的信息后，研究人员需要对信息进行整合分析，从中梳理出研究的理论基础，补充和丰富问题解决的相关知识。

2. 教学应用

课堂上各组进行桌面调研的过程中，学生可参考的实施步骤如下。

（1）明确问题。根据教师提供的信息，判断哪些背景资料是当前不了解却急需知道的问题，明确问题以及需要查阅的数据、资料。

（2）资料搜集。各组学生分工协作通过电脑、杂志等方式有针对性地进行搜索、查找相关资料，通过纸笔或笔记软件等形式将收集到的关键信息进行摘取记录。

（3）整合分析。各组将收集到的内容通过思维导图或其他形式梳理相关信息进行整合分析，讨论根据所得结果得出的灵感思路以及对于下一步研究的指导意义。

教学任务开展前，教师须事先整理好相关资料，在学生完成资料收集后，将事先准备好的参考资料发给学生进行完善补充。整个过程中教师应注意把控教学大方向，但对于学生收集到的新颖的创意性的方法应更多予以支持。

在实际教学过程中，是否采用以及如何采用此方法需要综合考虑到当前年龄段学生的信息收集与分析能力、现有教学条件以及教学进度安排，根据实际情况进行适当调整。对于学生具备一定信息收集分析能力，且课堂有电脑、书籍等材料，课时较为丰富的学生而言，当进入课程引入或涉及某一需要学生进行背景调研的问题时，同学们有足够的时间进行信息的收集，并通过思维导图等形式分析呈现出来。但多数情况来看，对于小学低年级和中年级的学生而言从零开始的资料收集往往无法在有限的课时条件下达到符合教学目标的效果。对于这类问题可以采用以下方式：①教师提前准备好相关问题与信息收集的参考渠道（如参考书目、文献、网站等），将桌面调研中资料收集和整合分析的部分作为课后作业布置给学生，给学生预留充足的调研分析时间；②教师提前准备好桌面调研结果，将经教师二次筛选整理后的参考资料发给学生进行学习、提炼，对于年龄较小，不具备太多经验的学生必要时可以采用图片、视频等生动有趣的展现形式，加深学生对问题与主题的理解。

二、观察法

观察法（Observation）是指研究者按照一定的研究目的和计划，用自己的感官和辅助工具去直接观察被研究对象，使用观察记录工具详尽记录从而获得资料的一种方法。该方法主要用于研究流程的前期，当研究者对目标用户的真实生活、目标用户在特定情境下的行为或者用户与产品间交互方式等信息知之甚少时，可以采用观察法探索各现象间的关联。

1. 方法简介

观察研究有不同的类型，其中，自然观察法是指在自然状态下，即时间自然发生，对观察环境不加改变和控制的状态下进行的观察。对于以人为中心的设计而言，生活中的各类环境变量都会对人的行为产生影响，因此在实际操作中更多采用自然观察法。根据研究人员是否参与其中，分为研究者参加到观察对象的活动之中，通过与观察对象共同活动而进行观察的参与观察法，以及研究者不参与被观察者的任何活动，完全以局外人的身份进行观察的非参与观察法。观察对象包括三部分：人、环境、人与环境的交互。用户研究中常用的观察方法为影子观察法，影子观察可以研究目标用户在特定情境中的行为，在不干预用户正常生活的情况下，深入挖掘最真实的现象。

在实际观察过程中，研究者需要提前准备好拍照摄像工具、笔记本等相关工具，并在观察任务开始前明确好此次观察的目的，尽可能地制订观察大纲，并在观察过程中对大纲进行不断迭代和完善，直至收集到足够数据。通过观察法收集数据的优缺点都非常明显，优点包括可以直接接触到研究现象，高度灵活的应用方式以及对观察结果进行永久记录以供以后参考。同时，观察的缺点是需要较长的时间，可能出现观察者偏见以及观察者对原始数据的影响，观察者的存在可能会在一定程度上影响被观察者的行为，但如果不告知观察对象而进行观察，就需要考虑道德、研究伦理等方面的问题。

2. 教学应用（图4-5）

课堂上各组进行用户观察的过程中，学生可参考的实施步骤如下。

（1）明确目标。确定观察的目标、对象、情境及观察内容等相关信息。

（2）制定计划。小组成员制定观察大纲，包括观察任务及目的，进行有目的的观察。在正式观察前可先进行一轮模拟观察，对观察计划进行调整迭代。

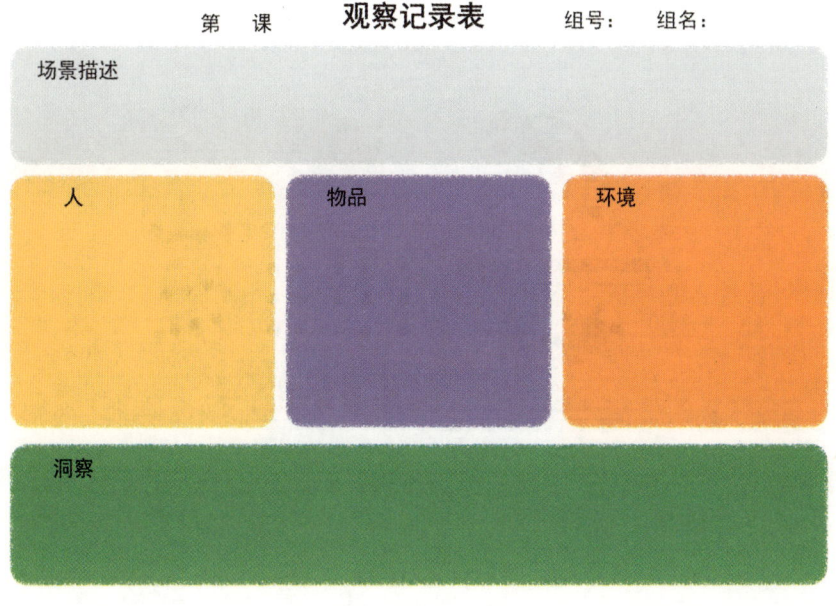

图4-5 观察记录表

（3）实施观察。进入实际情境中观察，在观察过程中对目标人物、环境、交互等与观察任务相关的信息进行系统、全面、详细的观察记录。

（4）整理分析。小组成员对所观察的材料进行整理，整合分散材料，对典型材料进行重点分析。讨论根据所得结果得出的灵感思路以及对于下一步研究的指导意义。

在实际教学过程中，教师需要引导学生制作观察大纲，通过举例的形式帮助学生理解并实施这一观察方法。对于学生而言，如何在有限的时间内对所观察结果进行快速记录也是一件困难的事，因此教师在进行观察计划的准备过程中要适时根据研究目的、情境、学生的年龄特点进行适当调整。例如，对学校各设施的服务体验进行观察的任务中，教学对象是小学二年级的学生，对于他们而言直接写字很难在有限时间内记录，且没有拍照设备，此时教师可以根据观察情境特点，提供给学生该场景的简易平面图、实现拍摄的图片与标记贴纸，让学生对实地观察时观察对象出现的地点、情绪、行为等进行快速标记，既方便也有利于后期直接量化分析（如图4-6）。

更多情况下，教师辅助小组成员进行观察计划的制订后，可以让学生利用课余时间对主人公及相关情境进行观察，再次上课时对观察结果进行分析整理。但这一方式仅限于学生在日常生活中相对容易观察的对象，如家中的父母、学校同学、授课老师等，场景也相对有限，如家里、学校、博物馆等。对于离小学生实际生活较远的内容则不容易进行实地观察，因此对于学生难以直观观察到的人物和情境，教师需要事先对地点进行走访观察，采用照片、视频等形式呈现相关信息，为了避免低年级学生在真实复

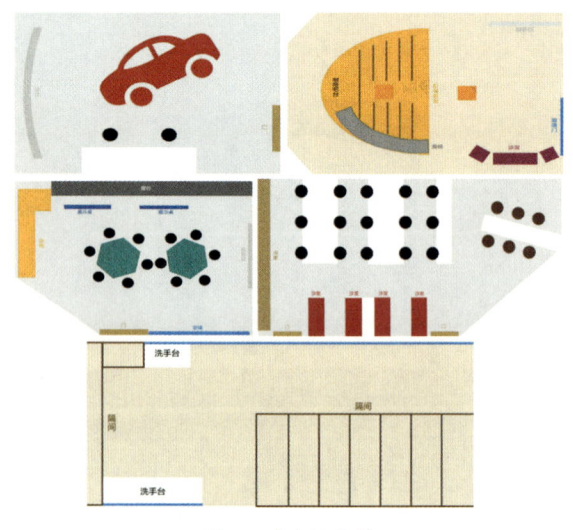

图4-6 观察记录图

杂的观察内容中迷失研究目的，教师可提前对观察视频进行筛选，由教师团队中的"主人公"模拟情境进行补拍，帮助低年级学生更直观地进行理解分析。当然，观察结束后需要学生对观察感受进行分享，理解观察对象的行为特点、情绪体验，站在对方角度思考，为下一步深入访谈做铺垫。

三、访谈法

访谈法（Interview）是访谈者与被访谈者面对面交流，从而更好地理解被访谈者对某一产品或服务的认知意见、情感态度、行为动机的方式。经过前期桌面调研、用户观察或问卷调查等研究方法之后，研究者需要对目标人群行为背后的动机原因进行具体分析，从而帮助研究者建立同理心，更好地理解目标人群特点，挖掘其隐藏在行为背后的隐性需求，进而实现访谈目的。

1．方法简介

根据使用阶段的不同，访谈有不同的目的，在前期调研过程中，访谈可以帮助研究者获取目标用户在特定情境中的行为、常见习惯与偏好原因等，以及目标用户对现有产品或服务的评价态度，从而获取相关使用信息与要求。在后期测试阶段，访谈可以帮助研究者了解用户在体验产品设计方案的过程中的具体反馈和使用感受，帮助团队对产品方案进行调整迭代。访谈过程应在令人感到舒适的环境中进行，适当条件下可以准备茶水、饮料、甜点等，营造轻松温馨的氛围。在正式问题开始前，通过热身环节进行开场，通过简单的话题使被访者循序渐进进入正式话题。访谈过程中访谈者应把握各环节时间，且尽量使用视觉材料帮助被访谈者直观理解问题或进行回忆。访谈过程中需要访谈者提供适当的资料启发，刺激访谈者通过举例等方式说出更多的故事。整个访谈过程不要超过60分钟，防止被访谈者产生疲劳效应。

访谈法的优点和缺点都十分明显，优点是简便可行，通过与目标人物的深入交谈可以在短时间内获得大量可靠有效的一手资料。标准化的访谈能够方便进行量化对比，同时开放式的问题设定与适时的追问能够使被访谈者表述更自由，更容易挖掘出想得到的点。但和问卷调查等方式相比，访谈的样本量较小，对被访谈者要求较高，且回答容易受到访谈者的影响。整个访谈有三个重要的问题，分别是访谈者的前期资料准备应充分全面、访谈时具备一定的采访技巧与临场反应能力，以及访谈结束后进行系统分析整理，这三个部分对于访谈者都有较高要求。访谈过程中的注意事项：访谈者应对访谈对象的表述表现出积极倾听，从中同理访谈对象的状态，并准确捕捉信息，将访谈对象所说的话迅速地纳入加以理解和同化，进行适时追问；当访谈对象不知道如何回答时可以进行适当引导，当其侃侃而谈时也不要轻易打断对方。

2. 教学应用（图4-7）

课堂上各组进行用户访谈的过程中，学生可参考的实施步骤如下。

（1）明确目标。根据前期调研结果，确定访谈对象、人数、访谈目的等相关信息。

（2）制订计划。根据所需获得的信息制订访谈大纲，访谈地点、团队成员分工等，可采用一人访谈一人记录的形式。设计半结构化的访谈大纲，大纲内容包括访谈主题及下属话题，各话题时长、具体提问问题、可能产生的追问以及该问题的目的。尽可能清晰地列出所要访谈的详细内容和提问的主要问题。正式访谈前可先进行内部预访谈，对访谈大纲进行调整迭代。

（3）实施访谈。访谈过程中，访谈者依据访谈大纲循序渐进恰当提问，按照访谈大纲顺序依次进行：热身环节、背景介绍、正式访谈、结束语。在语言表述中要简单、清楚、精确，鼓励访谈者通过举例来进行回忆，并对游离于访谈大纲但与访谈目标相契合的回答进行适度追问。访谈结束后可以将准备的小礼物送给访谈对象作为感谢。访谈过程中，记录员

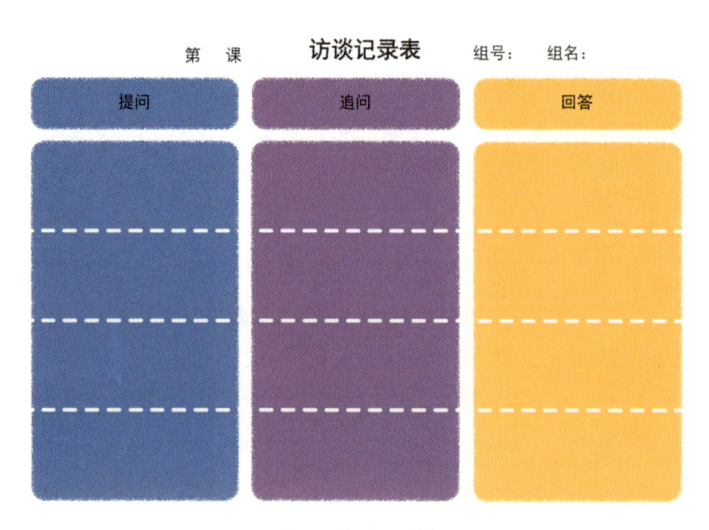

图4-7 访谈记录表

需要协助访谈者记录访谈过程，征得访谈对象同意后可采用录音、录像、速记等形式记录全程。记录员和观察员应当离访谈者和访谈对象距离较远，避免对访谈过程产生干扰。

（4）访谈分析。访谈是否有意义直接取决于访谈结束后整理分析的结果。对访谈结果进行转录、转述，将访谈内容整理在Excel表格或Word文档中并进行重要信息提炼分析。在这过程中，需要团队成员密切配合，精简提炼，分析出访谈对象可能尚未意识到的隐藏答案，所得结果可以与访谈对象再次沟通确认。

在实际教学过程中，学生对于复杂问题的分析能力有限，因此该方式需要循序渐进进行教学。在进行任何主题的教学前，都需要授课教师对该研究主题有一定研究经验，事先完成过该主题的访谈全流程。如果教师没有体验过就进行教学，很容易对于学生反馈结果无法给出明确分析，从而导致课程失控。实施访谈前，课程教师和助教应对学生访谈大纲的制订进行适度指导，访谈开始前需要小组成员将访谈大纲提交给教师审核，审核通过后即可进行访谈。对于学生而言，便于访谈的内容可通过课下完成，而对于课程主题中的虚拟主人公（小白兔、小马等）而言，无法进行真实情境的访谈。此时，教师应对虚拟主人公进行人物形象、故事情境背景丰富设定，在实际操作过程中，由一位助教扮演主人公，依据主人公的性格特点对学生的问题进行回答，形成面对面的直观沟通，也能在这一过程中，加深学生的参与感和对主题背景的理解，更好地同理主人公的情感行为。此外，分析过程教师也应根据学生年龄特点进行适度简化，避免过于复杂的情境使低年级学生产生理解困难。学生分析结束后将所得结果与主人公进行匹配，并由教师确认后即可完成本阶段的学习。

四、用户画像

用户画像（Persona）是真实目标人群的虚拟代表，是建立在一系列可靠数据之上的目标人物模型。一份精致而完整的人物画像能够帮助团队成员统一对目标人物的理解，同时为后续的设计决策提供更好的指导。多用于研究流程的前期，依据对人物的深度理解和准确的数据支持绘制用户画像，但其用途将贯穿产品的整个研究、设计阶段。

1. 方法简介

在设计思维流程中，研究人员通常会在定义问题阶段开始创建用户画像，通过前期调研资料或用户研究结果对目标人群的人口学特征、行为偏好、性格特点等信息进行整合分析，进而形成具有该类人群特性的用户画像。想要得到有价值的用户画像，必须对用户进行深度剖析，依据项目特点及需求对有共性特征的人进行聚类分析，将其划分为具体的用户画像。聚类分析的维度应如何确定呢？举例来说，很多人都非常喜欢猫科动物，动物分类学家就是依据动物的各种特征对动物进行自然分类，比如猫科动物在形态特征、生活习性、地球分布等维度都与其他科目不尽相同，特征的提炼能够帮助人们更好地去分辨并保护它们，避免发生"错把豹子当猫养"的乌龙。对于用户画像而言也是如此，我们需要有针对性地提炼用户信息。一个相对比较完整的用户画像一般包括姓名、基本信息（性别、年龄、文化、职业、家庭等）、照片头像、行为偏好、性格特点、情感态度、价值观、动机需求、典型语录等，对于特殊的目标用户还可能包含宗教信仰、特殊习惯等。值得注意的是，用户画像中呈现的信息短语应尽可能体现出与其他人物的不同，从而表达该用户画像的最大特征；进行行为偏好的描述时也应注意整个行为过程中的背景、动机、目标、情绪、态度等信息；典型语录应为前期调研中某位典型人物的真实话语提炼，不一定这句话非要与产品产生怎样的关联，而是需要反映出他的真实情绪或态度。

在日常生活中，我们总是极力反对给人"贴标签"，避免对某人或某类人形成刻板印象（Stereotype），从而忽视个体差异。但刻板印象本身是中性词，它的正向负向取决于具体判断的内容是什么。我们不能否认每一位目标用户都有其共性以外的个性，但一份相对科学合理的用户画像能够像正向的刻板印象一样帮助研究人员在有限的信息下使用最快的速度给出一个相对合理的判断，从而对之后的产出起重要的指导作用。因此，我们在教学时会提倡在用户画像上为目标用户加一个让人能形成一定共识的标签，如"怀有一对双胞胎的单亲妈妈""内向又渴望社交的健身小白"等。最终，所形成的用户画像也能够可视化地呈现给团队外的其他人员，让他们也能对该用户画像形成相对统一的认识。

在实践过程中，经常有学生问道：

为什么我们不能涵盖一个尽可能大的用户画像呢？既然要设计一个产品或服务，那就让多数人都能使用不好吗？这样我们做出来的产品可以拥有更大的市场。

这里要提到的是一个用户画像的颗粒度的概念，我们大可以做一个符合大多数人群的用户画像，让所有人都能因此受益。但与此同时，过于广泛的用户画像也会丧失许多的细节，失去许多具体的把控和交互细节。举个夸张点的例子，就像是我们养了很多食肉小动物，需要给它们喂肉吃，于是依照它们的共同特点准备了很多肉类，但是其实自己养的是同属食肉目的狗、猫和臭鼬，我们准备的食物和环境又怎么可能适应它们所有的需求呢。但是，颗粒度也不是越细越好，太细的颗粒度会造成目标人物类型过于单一且需要投入更多成本。因此在做用户画像的时候需要依据具体的情境和需求给出适宜的颗粒度，需要大家在实践过程中去思考和总结。

2. 教学应用（图4-8）

在实际教学过程中，对小学生尤其是小学低年级的学生而言，"用户"这一概念离自身有限的生活经历较远。我们授课采用的课题主人公甚至不属于"人类"，而是虚构的拟人化的生物，因此本方法更强调的是对故事主人公或目标人群的特征进行定义及分析，授课时多对该方法称为"人物画像"。

符合真实调研环境的使用方式对于小学课堂而言往往是不现实的。需要像本节开篇写的那样，依据实际情况进行适度调整。课堂上各组完成人物画像的过程中，学生可参考的实施步骤如下。

（1）信息收集。学生依据前期调研材料，教师给出的文字、图片和视频等材料，尽可能多地收集有关主人公的信息。

（2）信息筛选。筛选出最能代表目标人物且与课题相关的人物特征。

（3）聚类分析。小组讨论将与课题相关的人物特征进行聚类整理，划分为不同的维度。

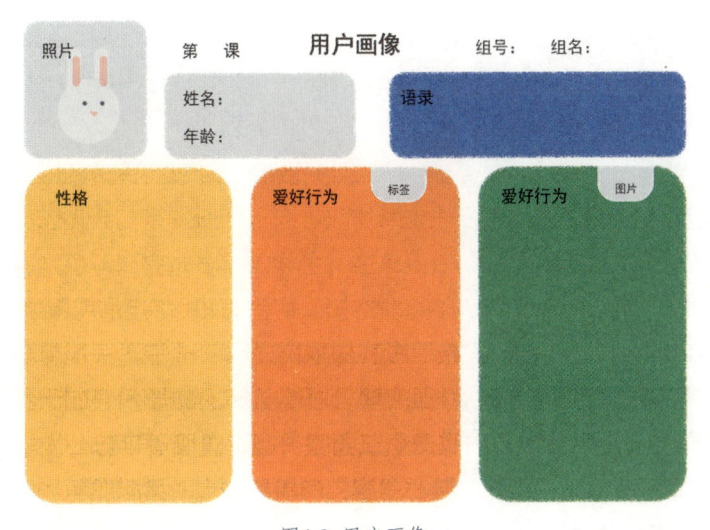

图4-8 用户画像

（4）人物描述。小组分工，在教具模板上呈现目标人物的姓名、基本信息（性别、年龄、文化、职业、家庭等）、照片头像、行为偏好、性格特点、情感态度、价值观、动机需求、典型语录等，可少选，也可以补充更符合人物特征的维度。

在实际教学过程中，面向小学的课程主题主要分两大类，一类是在真实世界存在的主人公，如同学、教师、爸爸妈妈等；还有一类是根据课题需要虚构的主人公，如外星小猫、拟人小白兔、动画片主人公等。后一类主题本身就是虚拟的，没有可以进行面对面调研的主人公，前一类受限于学生年龄较小，课下独自收集信息的能力有限，自行收集可能达不到应有的效果。因此，每个主题的课程在最初设定时，都需要教师团队将故事背景、人物设定进行尽可能地丰富和完善，从资料的角度尽可能树立起一个具体的、有情感态度的、几乎和真实世界存在的"人"一样的主人公，预先设定好人物画像。通过绘制漫画、角色扮演、拍摄视频等形式将主人公和它发生的故事呈现在学生的眼前。

将学生制作完成的人物画像与教师预先设定好的人物画像进行对比，以此判断学生对主人公的理解和同理程度。引导学生补充没有填出的关键信息，对于学生多写的特点和内容，只要学生能够从所得资料中找到依据，能够有理有据说服教师，也可判断为正确。

五、用户旅程图

用户旅程图（Journey Map）是将目标用户在某一场景下的行为旅程以可视化的形式进行表达，帮助研究者理解分析目标用户在特定情境下的行为、情绪、痛点及需求，继而洞察出后续方案设计的机会点。用户旅程图可以在整个项目流程中使用，前期用于研究用户及其体验，后期方案产出后用于对比用户在该方案中的行为及情绪变化。

1. 方法简介

团队成员可以通过用户旅程图深入理解用户使用某产品或服务以达成某一目标的整个过程。用户旅程图的基本用法是，通过已有资料的调研和研究，整理出用户的行为，对行为阶段进行划分，根据不同的行为进行情绪的反馈，并整理出与之对应的痛点和需求，寻找相应的设计机会点。用户旅程图包括阶段、行为、情绪、需求、痛点和机会点等部分。其优势在于可以通过讲故事的方式描述用户的体验过程，采用视觉化的方式将信息予以呈现。可以更加简单、有效地传递信息，使团队内部对用户行为流程保持一致的观点。

2. 教学应用（图4-9）

课堂上各组绘制用户旅程图的过程中，学生可参考的实施步骤如下。

（1）选择主人公（Persona）及原因，并确保已得到其准确且详细的资料信息。

（2）在横轴上标注主人公在某段时间内的阶段，约3~5个。

（3）在纵轴上列出相关的研究问题，确定维度，常见维度有：行为、情绪、痛点和需求等。

（4）通过图标/关键词等形式，展示主人公在不同阶段下的行为，并用箭头串联起整个行为流程，所列出的行为不应只有一条线，而是列出多种行为分支及可能性。

（5）填写情绪部分，将代表正向、中性和负向的情绪贴纸贴在行为下方一一对应，体现主人公在进行该行为时所反映出的情绪状态，而后用笔将从头至尾的情绪贴纸串联起来，组成主人公在该旅程中的情绪曲线。

（6）依据课题及任务需求，填写其他相关因素，如主人公与某利益相关者/机器/产品等触点、交互形式等。

（7）分析并填写主人公在不同行为及情绪下所体现出的痛点、需求及有助于产出解决方案的机会点等。

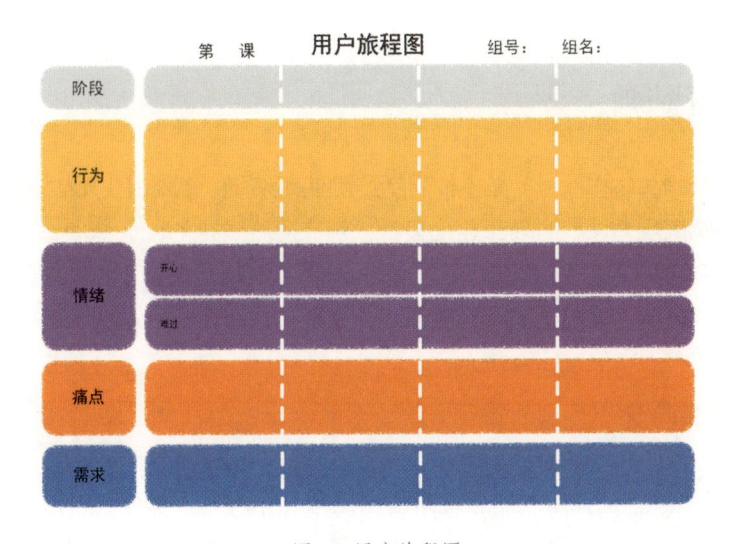

图4-9 用户旅程图

在实际教学过程中，一般不会要求小学生用白纸凭空设计出一个旅程图，而是要根据课题需求，教师引导学生确定旅程图所需呈现的维度，并提前准备好旅程图模板及情绪贴纸等所需教具材料，既有助于学生在教师教授的规范内练习该方法，更好地理解主人公旅程，也能在一定程度上降低学生表达思考的难度，避免出现想到什么但不会写或被绘画所吸引从而转移注意力至次级任务的情况。授课前需要依据学生年龄特点，对旅程图进行适当简化。例如对于小学一、二年级学生而言，主人公及故事背景多为虚拟形象，具体的行为源于教师事先设计好的故事脚本，角色行为很难存在多个分支，而是贯穿一段主人公"故事旅程"，学生在实践该方法的过程中，会存在不同学生对故事中主人公的行为发展呈现不同的划分标准，并且难以达成一致意见。因此，教师事先应将不易被理解的行为抽象出来，绘制行为流程，辅助学生进行阶段划分及情绪判断，弱化对主人公的机会点洞察，带领学生多思考。高年级学生思维发展水平较高，可以较好地理解任务完成方式，因此可以减少辅助信息的提供，让学生们在讨论中绘制出旅程图。

绘制情绪曲线的过程，也是帮助学生同理主人公心路历程的过程。教师事先提供的故事脚本中，应注意通过主人公行为、表情、言语及故事背景、情境等多角度尽可能传递出丰富的情绪表达，并且呈现的内容应依据主人公特点和故事发展做到尽可能有理有据。易于使学生理解不同阶段和行为下主人公的情绪状态及变化，进而绘制出情绪曲线，理解主人公兴奋、平静、生气、愤怒等情绪出现，并据此积极分析原因。对于流程中情绪最低点，思考如何改善从而提升情绪。只有能够站在主人公角度，换位思考，才可能给出该情境下更符合主人公需求的方案设计。

六、拼贴画

拼贴画（Collage）是一种展示产品使用情境、目标用户群或产品种类的视觉表现方法。它可以帮助设计人员完善视觉化的设计标准，并与项目其他利益相关者交流沟通该设计标准。拼贴画常在项目初期使用，用于分析用户特征、使用情境，并以此作为生成创意的指导工具。

1. 方法简介

"拼贴"一词源于利用各种材料（纸张、布片等）糅合、重组、叠加而成的装饰艺术，具有悠久的历史与传统。在不断发展的过程中逐步从艺术手法变为创作手法。从拼贴画的含义可以得到三个关键词：理解、发散和可视化传达。该方法的使用目的在于基于对目标用户（主人公）的理解，进行可视化的思维发散，从而为产出提供更多灵感。灵感可包括目标用户群的生活方式、产品的外观视觉形象和产品的使用及交互方式。在制作拼贴画的过程中，从寻找图片开始，我们就可以通过判断图片是否适用于主题而逐渐获取项目和设计的灵感，在团队讨论和制作时逐渐扩展和确定项目思路。通过杂志、报纸等图片信息选取适宜的可视化信息，并对收集到的信息进行整理，进一步了解目标用户的生活方式、性格特质等。创作拼贴画是感性创作与理性分析相结合的过程。

　　该方法的优势在于，当设计人员需要灵感的时候，拼贴画往往是最快最直接地展现自己想法的方式，但与此同时，拼贴画又是一种偏感性及个人化的表达方法，不同人的想法及所呈现出来的结果也不尽相同，团队协作有时难以与他人交流并分享它的含义，因此更需要团队成员内部加强沟通、彼此补充和配合。缺点在于寻找合适的视觉素材需要花费大量时间，而使用电脑绘制也可能限制创作的自由度。因此，在拼贴过程结束后，需要重点对素材进行整理分析，否则很容易造成大家欢乐地完成拼贴画，但实际产出没有达到预期效果，无法对后期的任务产出提供足够的支持。

2．教学应用（图4-10）

　　课堂上各组完成拼贴画的过程中，学生可参考的实施步骤如下。
　　（1）确定拼贴画的主题/目的（如完善"小白兔"的形象）。
　　（2）选择最合适的材料（2D/3D均可），凭直觉尽可能多地收集原始视觉素材。
　　（3）将含义相近的视觉素材放在一起。
　　（4）构思合适的构图，并按照构图意图进行粘贴，贴满纸张。
　　（5）通过关键词、连线等形式补充拼贴内容，进行主题归类。
　　授课前，教师应鼓励学生在上课时带来杂志、报纸、布料、海报等合适的材料，同时教师也需提前准备好相关视觉素材，素材内容多以图片为主，给学生足够的可供挑选的资源。学生在选择视觉素材时应注意"直觉"二字。以完善"小白兔"形象为例，根据前期调研结果，此时学生已经对主人公的某些特质有了一定的了解，甚至已经产出了基本的"人物画像"，但此时的人物画像还有些单薄，因此需要拼贴画帮助学生进行思维的发散。此时，收集视觉素材，不应该是提前想到"小白兔"的某些特质，去杂志中翻找符合这些特质的素材，而应该随机翻动视觉素材，对其

第　课　　**拼贴画**　　组号：　　组名：

图4-10 拼贴画

中呈现的内容展开联想，看哪些符合主人公特点。杂志中的图片素材，不一定代表其原本的含义，如杂志中出现了一个"橙子"，但是可以联想到与之相似的"太阳"，再联想到"日光浴是主人公必不可少的休闲活动"，此时就可以把"橙子"剪下来，贴在白纸上，配合彩笔工具辅助，完成所需呈现的内容。

在实际教学过程中，视觉素材的质量将直接影响学生的任务完成情况。以某次五年级课程为例，拼贴画要求学生在上节课人物画像的基础上丰富人物形象，受限于杂志数量不足，各组随机分配了1~2本杂志，其中一本内含大量奢侈品介绍，因此拿到那本杂志的同学在进行原始视觉素材收集时，不自觉地将主人公和名车、名表联系在一起，为主人公增加了很多与原有人物形象无关的特征，最后形成了一个"富二代"形象，令人哭笑不得。因此，提供给学生的素材尽可能种类多样，避免内容过于同质化造成的诱导性，反而限制思维。

七、5WH

5WH，即Who（谁）、What（什么）、Where（何地）、When（何时）、Why（原因）、How（如何），是分析设计问题时需要被提及的最重要的几个问题，通过回答这几个问题，设计师可以清晰地了解问题、主人公以及其他相关因素。5WH法可以帮助研究者在前期获取资料后对资料进行问题定义，并做出充分有条理的阐述。

1. 方法简介

问题分析有一个非常重要的过程：拆解问题。通过这种方法，设计师可以对设计问题及其产生的情境有更清晰的认识，并且对利益相关者、现实因素和问题都有更深入的了解。同时对隐藏在初始问题之后的其他相关问题有更深刻的理解。

2. 教学应用（图4-11）

课堂上各组完成5WH的过程中，学生可参考的实施步骤如下。

（1）确定初始的设计问题或设计任务。

（2）讨论并确定5WH分别代表的含义。

Who：谁提出的问题？谁有兴趣为该问题提出解决方案？谁是该问题的利益相关者？

What：主要问题是什么？为解决该问题，哪些事项已经完成了？背后的深层问题反映的是什么？

Where：问题发生在什么地方？解决方案可能会出现在什么场合？

When：问题是什么时候发生的？何时需要解决该问题？

Why：为什么会出现这样的问题？为什么没有办法被解决？

How：问题是如何产生的？利益相关者们是怎样尝试解决该问题的？

（3）回顾所有问题的答案，看是否还有遗漏或不详尽的地方。

（4）按照优先顺序排列所有信息：哪些是最重要的，哪些不怎么重要，为什么？

（5）重新界定问题。

在实际教学过程中，学生梳理问题时，不容易思考到深层次的原因，What和Why较难回答，在实践前，需要教师举实际例子说明并讲解每一步的原因，帮助学生理解。

八、头脑风暴

头脑风暴是一种激发大脑产生大量思路的方法，可以用于需要发散思维的各个阶段。头脑风暴最重要的原则是不否认任何想法，暂时忽略要求和限制，抱着完全开放的心态进行。同时鼓励参与者提出任何想法，越大胆越疯狂越好。头脑风暴可用于设计过程的每一个阶段，在明确课题研究问题和设计要求之后的概念设计阶段最为适用。

| 第　课 | 拆解问题 | 组号：　　组名： |

是谁提出了问题
Who

主要问题是什么
What

问题发生在什么地方
Where

为什么会出现这样的问题
Why

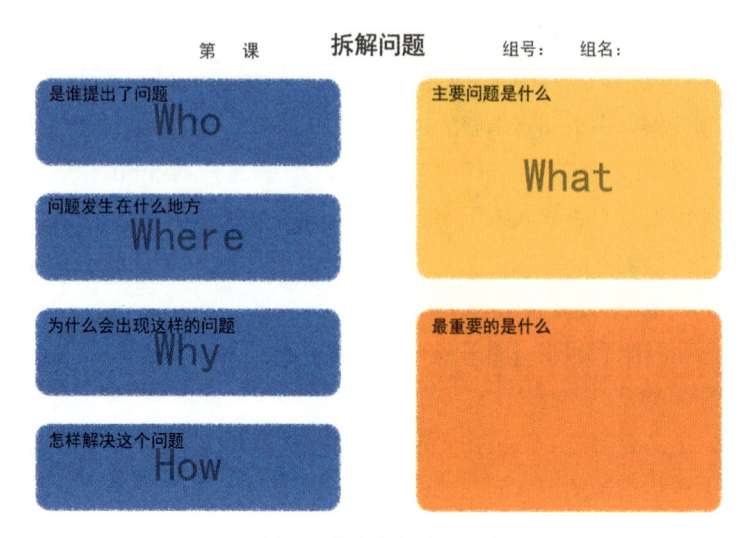

最重要的是什么

怎样解决这个问题
How

图4-11 拆解问题（5WH）

1. 方法简介

该方法是利用小组的集体思维，彼此参与，倾听并基于其他想法来产生许多想法的好方法。这种方法涉及一次专注于一个问题或挑战，而团队成员则基于彼此的回应和想法，旨在产生尽可能多的潜在解决方案。然后，可以对这些结果进行细化并缩小为最佳解决方案，参与者必须从他们提出的选项中选择最佳、最实用或最具创新性的想法。头脑风暴的形式多样，常见衍生版本有书写头脑风暴和绘画头脑风暴，区别主要在于呈现的结果是用文字还是绘画的形式。头脑风暴一般由小组成员共同参与，在头脑风暴过程中严格遵守以下规则。

（1）延迟评判：不要考虑实用性、可行性等因素，不要对别的同学的想法提出异议或者批评。

（2）随心所欲：可以提出任何想到的想法，"内容越广越好"。

（3）1+1=3：鼓励大家对其他人提出的想法进行补充。

（4）追求数量：数量成就质量，越多越好。

头脑风暴适宜解决相对简单且开放性的问题，且需要任务参与者具有一定的文字书写和绘画能力，能够将自己想到的点用清晰、简练、没有歧义的关键词或绘图呈现出来。

花瓣法（见图4-12）是传统头脑风暴的衍生方法，由参与者轮流完成花瓣（思维发散）的绘制，在有限时间内通过小组协作对各种想法进行延伸、拓展，以便获得新的想法。与单纯的头脑风暴不同，花瓣法会在最初制定维度，以此为角度进行发散。

2. 教学应用

课堂上各组完成头脑风暴的过程中，学生可参考的实施步骤如下。

（1）明确头脑风暴问题，并与所有参与头脑风暴的人达成一致。

（2）重申头脑风暴的四条规则，不要在进行头脑风暴的过程中违反规则。

（3）给定时间，如倒计时5分钟，从问题出发，此时可采用静默头脑风暴，所有人不说话，专心发散思维。

（4）倒计时结束后，讨论各自头脑风暴结果，从他人反馈中获取灵感和经验。

（5）再次进入静默头脑风暴，以此类推，重复2~3轮。

（6）聚合思维，将所有想法列在一起，进行评估和归类，并选出最令人满意的想法。

头脑风暴是一个简单而又不简单的方法，在实际教学过程中，学生往往会由于没有记住头脑风暴的规则或是步骤而造成头脑风暴效果的大打折扣，因此在进行小组头脑风暴以前，需要对头脑风暴的规则和流程进行认真的强调，确保每个人都有相同的认识。此外，教师应做好计时和纪律维护工作，确保静默头脑风暴的过程中，不要有学生窃窃私语或是偷看他人。在实践中，便利贴是头脑风暴时使用频率较高的材料，因为便利贴方便整理，每人将一个想法写在一张便利贴上，后期进行聚合时，可以随时调整聚合位置。

在进行方案评估的过程中，应重点对方案与主题的关联度和创新性进行评估，对于商业而言重要的可实现性并非小学教学过程中的重要评估标准。此外，学生可以通过投票或C-box的形式筛选自己最喜欢的想法，获得票数最多的想法或最符合筛选维度的想法保留下来，进行下一步完善。

图4-12 花瓣法

九、象限分析

象限分析（C-box）是一种带有归纳和评估设计概念的矩阵图，该方法将所有被评估的设计概念按创新性和可行性的高低程度排布在一个坐标系中。C-box往往用于概念创意的早期阶段，尤其是在头脑风暴获取大量灵感后。制作一张C-box图标能够帮助团队成员对所有灵感进行讨论，从而加强对解决方案的理解，同时，也能使所有组员就设计流程的主要方向达成共识。

1. 方法简介

首先需要收集大量的想法（40个以上），然后设定横纵坐标轴，再将所有的创意想法标注在所对应的坐标位置上并进行归类，最后，C-box将通过表格中的四个象限全面展示所有创意。基本上所有的概念创意将在坐标系上的四个象限中被区分开来。右上角代表创新性高且可行性高，方案多在这个区间进行选择。

2. 教学应用（图4-13）

课堂上各组完成C-box的过程中，学生可参考的实施步骤如下。

（1）在一张大纸上绘制一个坐标系（提供toolkits模板），形成2×2的C-box矩阵。X轴代表创新性，X轴左半部分代表创新性不高，X轴右

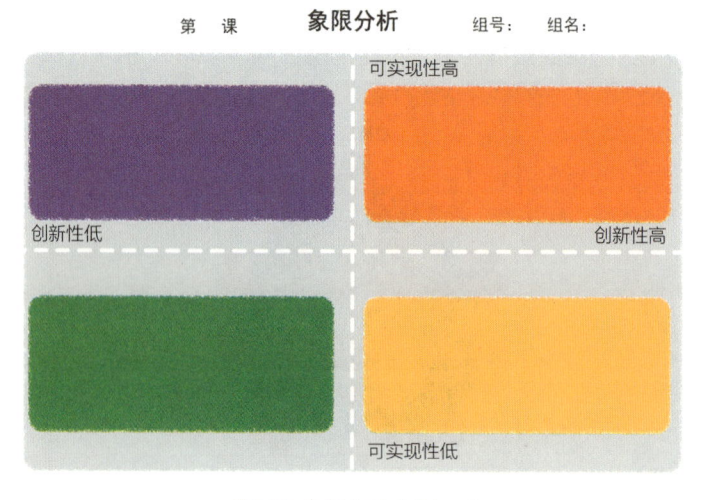

图4-13 象限分析（C-box）

半部分代表创新性高，Y轴代表可实现性（学生制作原型的可实现性，不是科技可实现性），Y轴左侧代表不可行，Y轴右侧代表可行。

（2）讨论并将所有创意按讨论结果贴在象限上，此时便利贴写方案的优势体现出来了。

（3）选定一个最符合设计要求的象限的方案，一般为第一象限：高创新性、高可实现性。便于之后能通过原型制作完成。

在实际教学过程中，C-box是一个相对比较容易理解和掌握的方法，学生们领悟较快，能够很好地使用，但是对于"可实现性"这个词的概念并不是特别明确，很多看似能够做出来的方案，后期可能较难实现，因此筛选过程需要助教给予一定的指导，可以选择让学生筛选出2~3个方案，向教师汇报，之后由教师们讨论分析后，筛选出适宜的方案。

十、故事板

故事板（Storyboard）是一种用视觉方式讲述故事的方法，也用于陈述设计在其应用场景中的使用过程。故事板有助于研究者了解目标用户、产品使用情境、使用方式和时间。故事板可以用于整个设计流程，研究者可以跟随故事板体验主人公与产品的交互过程，并从中得到启发，也可以随着设计流程的不断推进而不断改进。

1. 方法简介

在设计最开始的阶段，故事板仅是简单的草图，可能还包含一些设计师的评论和建议，随着设计流程的推进，故事板的内容逐渐丰富，会融入更多的细节及新发现，帮助设计师探索新的创意并做出决策。在设计流程的末期，设计师依据完整的故事板反思产品设计的形式、蕴含的价值，以及设计的品质。故事板所呈现的是极富感染力的视觉素材，因此能使读者对完整的故事情节一目了然：用户与产品的交互发生在何时何地、用户与产品在交互过程中发生了什么行为、产品是如何使用的、产品的工作状态、用户的生活方式、用户使用产品的动机和目的等信息均可通过故事板清晰地呈现。设计师可以在故事板上添加文字辅助说明，这些辅助信息可以在讨论中起重要作用。

相同的产品可能会绘制出不同的故事板，要仔细斟酌绘制故事板的角度，就像摄影师要仔细琢磨拍摄的位置和角度一样，故事板的视觉表现手法非常重要。不同的视觉表达方式可能会左右他人对故事板的反馈。粗略简单的故事板具有更强的开阔性,更容易引发他人的评论和建议,精致细腻的故事板内容更丰富完善,也可能会让他人不知所措。关键在于故事板的目的,以分析为目的的故事板通常运用事实性的视觉表现方式,以引发创意为目的的故事板往往采用较为粗略的视觉表达方式,以评估设计创意为主要目的的故事板往往较为开放,融合了不同的视角,用看似未完成的草图激发出他人更多的灵感和反馈信息。

2. 教学应用(图4-14)

课堂上各组完成故事板的过程中,学生可参考的实施步骤如下。
(1)确定用户及使用情境,明确绘制故事板的目的,展示产品设计/评估设计创意/引发设计创意。
(2)选定故事及所要表达的信息。
(3)讨论并撰写对应图片数量的故事脚本,故事不宜太长或太短,不要超过12幅图。
(4)将修改好的故事脚本写在图片旁边,绘制故事草图。
(5)完善故事板内容。

在实际教学过程中,学生往往不太确定哪些部分是故事板中应着重体现的部分,因此需要教师在学生协作前认真对故事板所表现的内容进行讲解,如体现出产品的交互过程,便于理解具体的操作和使用方式,以及凸显故事情境。对于小学阶段的学生而言,他们在绘制故事板时希望精益求精,在绘画上花费大量时间,有可能还没有办法很好地还原故事内容,这里建议教师可以提前将故事板中某些元素确定下来,减弱学生盲目绘制导

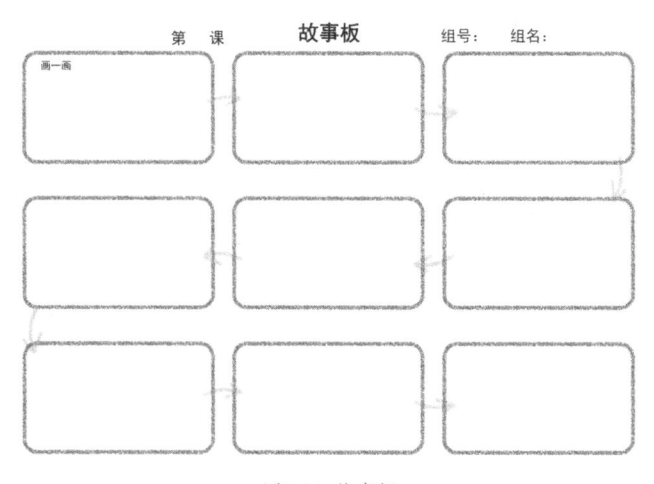

图4-14 故事板

致的效率低下，同时，可以采用Kittenblock、Mind+等图形化编程软件进行故事板的绘制，用现成模块完成整个故事内容，使其更具有表现力，同时帮助团队成员使用故事板呈现自己组的概念设计，进而与"主人公"沟通迭代。

十一、原型制作

原型制作方法通常分为两类：低保真原型制作和高保真原型制作。

低保真原型制作涉及使用基本模型或被测试产品的示例。例如，该模型可能是不完整的，仅利用了最终设计中可用的一些功能，或者可能使用了非最终产品所用的材料（如木材、纸张或塑料用金属）构造模型产品。低保真原型可以是便宜且易于制造的模型，也可以只是对其进行重新计数或可视化。

（1）低保真原型的优点

- 快速且便宜。
- 可以进行即时更改并测试新的迭代。
- 使设计人员可以使用最少的时间和精力来获得产品的整体视图和交互性能，而不是在缓慢的增量更改过程中专注于更精细的细节。
- 可供所有人使用；无论能力和经验如何，我们都能够生产基本版本的产品，以测试用户或征询利益相关者的意见；也为相关利益者及团队成员带来了明确可靠的指导和期望。
- 可以刺激小组成员参与到设计中，实现更高效的小组写作，从而鼓励并促进设计思维的迭代。

（2）低保真原型的缺点

- 低保真原型是对概念进行粗略的设计，因此在功能、视觉等展示上仅能简易、部分地呈现，在测试时某些设计概念可能缺乏有效性。
- 前期的研究和设计中涵盖了情境、交互要素等元素，但低保真原型的制作中受到如传感器等元器件的约束，有些前期的概念和设计是无法准确映射到原型中，这会影响测试中的体验效果。
- 低保真原型体现的交互性是有限的，所以无法传达较为复杂的人机交互要素。

高保真原型是外观和操作更接近最终产品的原型。例如，与木板相比，具有可移动部件的3D塑料模型（允许用户以与最终设计相同的方式操作和与设备互动）具有很高的保真度。同样，与纸质原型相比，使用诸如Sketch或AdobeIllustrator等设计程序开发的软件系统的早期版本具有很高的保真度。

（1）高保真原型的优点

- 利益相关者可以立即看到他们的愿景实现，并能够判断它满足他们的期望、需求和需求的程度。
- 涉及高保真原型的用户测试将使评估人员能够以高度的有效性和适用性来收集信息。原型离成品越近，设计团队对人们如何响应、交互和感知设计的信心就越大。

（2）高保真原型的缺点

- 与低保真原型相比，它们的生产时间通常更长。
- 在测试原型时，测试用户更倾向于关注和评论表面特征，而不是内容。
- 在花费了数小时的时间之后，得出了产品外观和行为的准确模型，学生通常不愿进行更改。
- 原型可能会给测试用户以错误的印象，说明成品可能有多好。
- 对原型进行更改可能需要很长时间。但是，低保真原型通常可以在数小时之内（即使不是数分钟之内）进行更改。例如，在使用素描或纸张原型制作方法时。

由于低保真和高保真原型的优缺点，在设计思维项目的早期阶段，低保真原型是通常的选择，而在后期则使用高保真原型。对于小学生而言，受限于能力和课时，各组产出的方案应进行原型设计，此时不再需要纸质版教具进行辅助，以往设计思维课程多采用纸板、木板、纸等材料搭建低保真原型，"同理心设计思维"课程注重原型制作阶段时学生的动手操作与逻辑训练，将有助于培养学生的多种形式融入课程中。

1. 外观搭建——泥塑/超轻黏土/3D打印/积木

泥塑是设计二维形态向三维形态的转换体，也是设计方案三维形态的

04　理论：授课前应掌握什么？

展示，具备设计产品的直观性和互动性，利于设计修改和数据采集（见图4-15）。现如今在设计过程中计算机辅助设计应用已经非常广泛，但泥塑因为它的高效和表现的真实性而仍被广泛地应用。经过3D打印生成的产品已经具有基本的骨架，在教学过程中教授学生使用精雕油泥、超轻黏土等材料在此基础上进行原型制作，有利于激发学习兴趣，促进审美发展。泥塑可形变的特点可以使学生在创作过程中进行巧妙的构思，在制作过程中随形发挥，自由组合，激发创造力，培养设计能力和美学素养，是造型能力实践和提升的有效途径。

　　随着素质教育的普及，知识和技能的培养受到更多中小学的重视。3D打印技术是近30年来兴起的先进制造技术，以计算机三维设计模型为蓝本，通过软件分层离散和数控成型系统，利用激光束、电子束等方式将特殊材料进行逐层堆积黏结，最终叠加成型，制造出实体产品。对于小学阶段学生而言，3D是一个可以从想象到实物转变的工具，在凝结了大量高科技元素之后，它可以把学生脑海中平面、抽象的概念和草图中的线条形成立体的实物，这就是产品，学生创意的结果。"同理心设计思维"课程采用Doodle3D软件将学生2D的画作变成可打印的3D产品，通过设计打印制作的形式增强学生的动手能力、协作能力等，激发学生的学习乐趣（见图4-16）。

A　　　　　　　B　　　　　　　C

图4-15　学生低保真原型展示

A　　　　　　　B

图4-16　学生使用3D建模软件

109

2. 情境搭建——Kittenblock编程

方案产出过程中常常会需要还原故事情境或场景。课程选用了Kittenblock软件进行可视化编程，帮助学生还原故事情境，甚至制作出对应的游戏。Kittenblock是一款由深圳市小喵科技有限公司设计开发的少儿编程工具，该工具适用于各个年龄段的小学生，即便用户从未学过程序编程，通过拖曳预先设定好的积木式程序模件，堆栈出指令，设置或控制角色及背景的行动和变化，从而完成程序设计，学生可以创造自己的互动故事和游戏，在这个过程中学习如何解决问题、设计方案。

不仅如此，这款软件还加有硬件连线功能，学生们还可以在一个Kittenblock下允许同时连接多个硬件设备，实现多硬件互通，并可进行多人游戏，十分方便教学和项目分享。

3. 交互搭建——乐高机器人

乐高（LEGO）是一家丹麦的玩具公司出品的积木玩具，有五彩的塑料积木、齿轮、迷你人型和各种不同其他零件，可组成各种模型物件。乐高的不同模块形状、大小不一能够轻易地组合成不同的外观，对于方案原型的搭建有天然的优势，不同于其他的普通积木。乐高wedo 2.0与乐高EV3系列能够通过类似Kittenblock可视化编程的形式帮助学生操控马达和各类传感器，进而使原型"动起来"，从而体现学生产出方案的交互特性（见图4-17）。除乐高外，以往也采用过"吸管机器人"等类似产品进行可交互原型的搭建。

综上，课程让学生从主人公的角度出发，去感受目标人物的生活情感，通过对目标人物的观察和理解，辅以教学用具的帮助，进而对目标用户形成丰富的认知形象，设计出符合该用户特点和需求的产品，从而完整培养设计思维。

第四节　教学工具

在"同理心设计思维"课程教学过程中，会涉及设计方法的讲解，单单凭借教师讲授、学生听课的方式很难完成教学目标，而鼓励学生协同合作，积极参与课堂也是课程的重要目标，这就需要借助每堂课上的纸质版教学工具进行辅助。教具能够帮助教师表达授课内容，通过可视化的方法让学生更易操作；同时，以小组为单位完成一份教具，要求学生高度参与、协同合作，才能达成任务目标；另外教具的产出也是评价课程效果的重要依据，课程组通过对学生完成教具情况进行检查与评估，一方面可以发现学生在吸收课程知识过程中的障碍，并及时对课程内容做出调整，另一方面也方便教师进行记录和存档，从而作为学术研究和课程设计的实际来源。

一、教具功能要求

我们根据近年来对课程反馈的分析，总结出教师在教学过程中对教具所得实现的需求。经过一系列对教师、学生的用户研究，对教师授课中的需求进行分析得到了以下几点对教具实现功能的展望：正向支持、建议式引导、积极氛围塑造、互动性激发、同步记录、直观传达、重点提醒、准确反馈。

正向支持、建议式引导属于情感支持需求的维度，主要集中在教师对学生进行肯定、鼓励等语言引导支持不够。情感支持可通过教学设计的优化设计来实现。但是仅仅使用语言沟通从而满足积极支持、建议式引导、减少消极引导等情感需求是不够的，短时间也很难有成效。因此，利用教具作为表达情感需求的载体是很有必要的。其中对于积极引导，课程设计的意义在于通过环节的设计调动学生的积极主动性，而对于教具设计的意义在于更为具体的行为进行操作性更强的引导。对于建议式引导，课程设计的意义在于提供言语的提炼与设问进行观点的梳理和推导，这种方式的特点是无形的，相比于其他学科，设计思维更强调逻辑的梳理与提炼，大量的抽象思维过程通过可视化的呈现更利于让学生理解整个逻辑的推导过程，从另一方面使教师更易发现学生思考的问题点所在。另外，建议式更突显学生主体位置，也就是教师作为支持者而非主导者，通过讨论式行为参与学生进行的活动的过程会比直接言语设问的方式更贴近于支持者的身份。除此以外，设问的教学引导方式对教师的能力水平要求高，而设计思维课程的授课教师目前主要以新手教师为主，在表现上很难通过单一的设问来进行预期的引导，而对于教师能力的提升需要长期的培训，时间成本较大。因此，教具作为教师能力提升的辅助工具，是有意义的。

同步记录属于教学研究支持需求维度，主要集中在教师对于教学调节不够，没有精力进行教学过程中学生问题的记录，而这种记录通常是学生讨论过程中的。因为教学教具可以记录学生讨论结果而不能记录学生讨论过程。通过教师记忆来进行观察记录的缺点在于，教师在回忆时可能出现记忆的偏差，而通过教学设计改善教学环节虽然可以解决，但是会延长教学时间。而"同理心设计思维"课程内容承载较多，需要一种可以平衡时间与内容的方式。教具的设计更容易进行可视化，更易感知，因此具有一定的可操作性。

积极氛围塑造、互动性激发属于对课堂组织支持需求维度，主要集中在教师对于课堂整体教学组织的把控。积极的氛围对于教师实施教学尤其重要，而对于经验不足的教师往往较难以把握好整个教学氛围，造成教学环境中出现一些静默的情况。这依赖于对于教师经验的积累，需要提高师资整体水平。通过教具帮助教师进行积极氛围的塑造有助于课堂的进展，最重要的是它可以节约时间成本，对于设计思维的教师来讲这相对于学习教学策略更易上手，更具有现实性。

直观传达、重点提醒、准确反馈属于对教学信息支持需求的维度，主要集中在具体教学引导互动行为。情境吸引主要依赖于教学设计以及教师能力。同样设计思维的课程通过完成主题的定义、分析、设计进行教学，在这个过程中对每个环节进行明确的目的指引尤为重要。目前的课程现状通过课程设计以教师言语进行传达，吸引学生的效果不明显。通过教具的支持进行视觉、听觉多感官的支持帮助是有意义且可行的。准确指导同样与教师本身的能力有很大的关系。准确指导的重点在于对学生问题的准确指出，以及对于学生问题解决的准确引导。通过言语进行准确指导的难点在于，语言的准确性不够，学生在理解上造成困难。也就是对教师进行引导的语言的准确性要求非常高。那么通过教具的可视化转换，可以从一定程度上为这些无法短时间提高语言准确性的教师提供视觉支持，同时这种方式也是设计思维方法工具中通常使用的一种方式，对于施教者教师本人也更为习惯，在操作上也相对更易学习。

二、教具设计要求

通过对课堂上学生对教具使用情况的观察记录以及对授课教师的访谈结果，结合前期对小学各年级学生身心发展及设计思维课程教具要求的调研，我们发现：由于小学不同年级学生的知识经验和思维发展程度存在差异，所以教具的设计不光依据教学内容进行设计，同时要考虑学生的接受程度、使用情况和预期效果。如：小学低年级学生更容易接受图文并茂的、简单易懂的教具；而中高年级学生则更能把注意力集中在完成任务上。课程教具的设计需要遵循一定的规则，而"同理心设计思维"课程中由于会教授不同的设计方法，更会涉及较多的教具，因此在对课程进行迭代的同时也对教具进行迭代设计。

经过研究共得出以下五条符合小学阶段学生发展特点的教具设计要求，分别为：高效的多人协作模式、定制化的内容呈现、重点聚焦的视觉呈现、系统化的逻辑架构、高反馈的互动性操作方式。

1. 高效的多人协作功能

课程任务的完成应基于各组成员间的团队合作，受限于传统课堂中团队协作任务的缺乏，小学各年级阶段的学生尚未养成较强的团队协作意识，授课过程中经常需要助教的辅助推进任务完成的进程。教具应实现多人同时操作，如拼贴画、情绪曲线绘制等，同时高效分配成员任务，避免学生在操作过程中造成混乱或是部分任务仅有一人可以完成，诸如语录撰写等任务。尤其是课程的方案设计阶段，需要多个成员共同参与完成。因此，针对本课程的教具需要实现高效的多人协作功能。并在此基础上简化设计难度，服务于小学阶段学生，避免烦琐的操作过程，快速有效完成课程任务。

2. 定制化的内容呈现

课程教具形式应根据课程主题及目标进行制定，相同授课方法不同主题的教具设计会有其相关联的地方，但在不同的主题下，教具目标和关注点也会不同。因此，在教具呈现信息能够突出重点，层次清晰，以简单、清晰的词语进行表达的基础上，对于同一授课方法下的教具应以定制化的形式呈现相关教具内容，使其能在原有框架的基础上，基于教具目标及课程重点对教具设计进行微调，不同主题情境下教具可以通过不同的形式进行信息呈现。同时，教具呈现内容亦可根据各阶段学生实际身心发展水平进行适当调节，给予或多或少的关键信息提示，更好地契合学生的最近发展区，从而更好地有针对性地辅助教师实现授课目标。

3. 重点聚焦的视觉呈现

课程教具在设计时常常为了符合学生的年龄而设计很多卡通化的图标及辅助素材，但在确保教具趣味性的同时，需要把握小学各年级学生的注意关注点，使其将注意聚焦在符合课程目标的重点信息上，适时的教具反馈能够在任务完成的各阶段吸引学生的注意力，避免学生被教具中呈现的非关键图案或样式所吸引，同时，教具设计过程中可通过适用于当前年龄阶段学生需求的颜色、图案进行搭配，避免使用花哨、复杂的图形图案呈现，从而引发学生的学习兴趣，带来美好的感官体验。

4. 系统化的逻辑架构

课程教具所呈现的方法并非完全独立，而是彼此间相互影响相互联系，前一阶段的课程对后一阶段有指导和引领的作用。在教具设计过程中，单一教具内各模块之间的内容应保持一致和连贯，各步骤间有逻辑关系，帮助学生先完成某步骤再完成另一步骤的任务。各教具的使用也应能够通过教具的内容衔接，如果后期进行电子化教具设计，可通过使用类似前情回顾的方式直观回忆起前期课程学习的内容，教具内部外部彼此关联成体系，培养学生的逻辑思维能力。

5. 高反馈的互动性操作方式

现有的课程在探索研究阶段均采用纸质版教具，学生通过写字、画画、拼贴的形式进行协作学习，学生在短时间内接触形式方法多样的教学工具，为课程学习带来新鲜感。但现有的平面化、静态化的形式无法维持长课时的学习任务，同时纸质版教具使学生在任务完成过程中不易修改原有答案，涂抹过多导致结果分享时内容混乱。据学生及教师的反馈可知，纸质教具的电子化和动态化更能够吸引学生的学习兴趣，教具本身的高互动性也可以替代助教的辅导作用，减少错误操作的发生，以更加简洁、有针对性的反馈对学生的学习起指导作用。学生通过及时反馈能够快速在课程学习过程中体会到自身的成长及变化，有助于接下来学习行为的开展。电子化的教具同时能将学生的操作记录在程序后台，从而有助于对比分析设计思维课程对学生创造性思维的培养。

每张教具都需要有一个明确而醒目的标题，时刻提醒学生目前在做的任务名称。同时要求学生填写组号和组名，一方面方便研究者归纳整理，另一方面小组共同起的组名能让每一个组员拥有集体荣誉感与归属感。最下方有教师团队的标志。中间为学生需要完成的该阶段的具体任务内容。一个系列的教具中，背景框架、不同级文字大小字号、颜色搭配等，都需要提前明确并遵循规则设计，保证学生对于系列课程的统一认知，视觉上也更加美观舒适。例如，二年级和四年级所使用的用户画像具有一些明显的对比：二年级学生的教具需要加拼音，方便识字，而四年级则不用；二年级学生教具中存在一些卡通元素，用来增加趣味性，提起学生兴趣；再细心观察具体内容会发现，二年级学生所完成的内容模块较简单，而四年级内容则要求学生有更深的思考和加工过程。

背景：创新与创变　01

基础：设计思维概述　02

进阶：课程是如何打造的？　03

理论：授课前应掌握什么？　04

实践：
我们是如何授课的？　05

试一试：如何开展快速工作坊？　06

未来：评估展望　07

教材内容分析

本课程是"同理心设计思维"课程，属于跨学科实践课程，注重引导学生在实践中学习，在探究、服务、制作、体验中学习，分析和解决现实问题。本课程将用户体验的创新理念引进小学生群体，培养学生的创新思维能力。

创新设计意在使学生运用各种工具，进行简单设计，并动手操作，将自己的创意、想法、方案付诸现实，转化为物品或作品。它注重提高学生的创新设计思维、工程思维、动手操作能力等。在活动过程中，鼓励学生手脑并用，灵活掌握、融会贯通各类知识和技巧，提高学生的技术操作水平、知识迁移水平等。课程关键要素包括：创意设计、选择活动材料或工具、动手制作、交流展示物品或作品、反思与改进。

阶段教学目标

主题探索

- 了解课程主题发生的知识背景和情境；认识观察法、访谈法、用户画像、HMW等同理心及定义方法的重要性和意义；学会并能够灵活使用上述方法理解课程主题情景中的人物及问题。
- 通过师生之间、学生之间交流讨论，共同归纳得出结论；结合设计思维全流程理解观察法、访谈法、用户画像等同理心方法的概念和意义；能够借助本阶段课程toolkit完成对主题的初步探索与认识。
- 通过小组讨论，学会交流与合作；在观察法、访谈法、用户画像等同理心方法应用的过程中建立对主人公的同理心。

方案设计

- 了解头脑风暴、产品草图、功能说明等构想方法的重要性和意义；学会并能够灵活使用上述方法帮助主人公设计解决方案；能够借助产品设计图及功能说明书等教具清楚完整地表达出小组设计方案思路（主人公形象及痛点需求）与方案使用情境。
- 通过师生之间、学生之间交流讨论，共同归纳得出解决问题的方法；结合设计思维全流程明确设计方案对于主人公的意义；能够借助头脑风暴、设计图纸、功能说明书等toolkit完整表达出团队

- 的设计概念和功能展示。
- 通过小组讨论，学会交流与合作；在HMW、头脑风暴等构想方法应用的过程中深入理解主人公的需求和痛点。

原型制作

- 了解故事板、超轻黏土、Kittenblock、乐高Wedo 2.0等原型制作的表达方法；学会并能够灵活使用上述方法对设计方案进行制作和搭建；能够借助产品原型展示小组设计方案，并详细介绍产品功能与交互。
- 通过师生之间、学生之间交流讨论，共同归纳得出原型制作的方法和结果；结合设计思维全流程明确原型测试对于解决主人公遇到的问题的有效性；能够借助故事板、超轻黏土、Kittenblock、乐高Wedo 2.0等原型制作教具完整表达出团队的设计和创意。
- 通过小组讨论，学会交流与合作；在故事板、角色扮演等原型测试方法应用的过程中帮助主人公解决需求和痛点。

教学策略选择与设计

本着课堂上以教师为主导，学生为主体的教学原则，设计思维的课堂是生动活泼极具趣味性的，通过展示课件引导学生进入课程主题，借助创新教学用具，鼓励学生分组合作讨论探究，独立思考寻求解决问题的策略并加以引导，通过动手实践，解决问题。

为了达到课堂的最佳效果，在策略的实施中，关键在于引导学生既能够开拓思维又能够迎合主题，同时增强小组的合作探究，借助教学用具实践操作，激活学生的创新思维。

教学环境及资源准备

在教学过程中，为支持教学课程的开展，教师将会用到多媒体设备作为主要授课载体，将Flash动画与演示文稿（PPT）相结合，增强直观性、趣味性；为支持学生的学习，选择学校科学教室和微机室作为主要学习环境，利用网络资源，增强自主性、时效性。同时，教学的开展还需要多种教具教材：超轻黏土、乐高机器人、图形化编程软件、3D打印机、Quirkbot吸管机器人等。

第一节 低年级——未来生活

本主题为面向小学低年级学生的未来生活大主题下的小课题，围绕日常生活的相关内容，模拟生活情境，引导学生利用设计思维，在体验中观察生活、发现问题并最终解决问题。

一、课程基本信息

课程主题：矛盾调解大师（6课时）＋健康管理专家（5课时）

二、学习者特征分析

1. 活泼好动，注意力不稳定

小学低年级学生的思维形式以具体形象思维为主，主要凭借具体形象的材料进行思维，分析、推理等抽象逻辑思维能力初步发展，对直观、形象、生动的活动感兴趣。该年龄段学生大脑额叶生长迅速，其运动的正确性、协调性得到发展，大脑的抑制能力和分析综合能力加强。日常表现为活泼好动，好奇心强，但注意力不稳定，持久性差。

2. 对具体形象及材料感兴趣

7～10岁儿童注意保持的时间约为20分钟。他们对具体形象、具体材料和实际活动最感兴趣。他们爱看录像、幻灯投影，爱听故事尤其是童话、寓言故事，爱做游戏活动。而对抽象的理论、说教、事物的因果关系以及规律性知识则不感兴趣。这一阶段应注意直观教学和情境教学。所以，在实际活动中，可采用游戏、活动、表演等方式进行授课。对于小学低年级学生来说，将一些比较难理解、枯燥的教学内容编成能够激发学生学习感兴趣的知识，将极大提升上课热情，培养思维能力。

三、课程大纲（表5-1）

表5-1　低年级课程大纲

主题	目标	课程内容	方法	课时
创新引入	（1）初步理解创新概念，培养学生观察生活的能力； （2）介绍本学习课程规划，分组，引起学生兴趣	（1）介绍课程，引入主题并进行分组； （2）通过Kittenblock视频和小任务，让学生初步体会创新及设计思维，进而激发学生的积极性和兴趣	Kittenblock视频 设计思维小游戏	1课时
主题选择	（1）通过故事引入主题，绘制主人公的情绪旅程，理解他所遇到的情境； （2）引导学生在分析主人公情绪体验的过程中培养同理心	（1）情境引入主题，由教师表演出小白兔和小马的故事； （2）由学生梳理故事情节、主人公性格、需求、情绪等	讲故事 用户旅程图	1课时
人物调研	（1）理解主人公，让学生学会结合故事板与生活经验体会主人公的情绪； （2）讲授Kittenblock，引导学生将故事展现出来	（1）完善用户旅程图，小组上台分享成果，并在分享过程中强化对主人公情绪体验的分析与体会； （2）利用Kittenblock将小故事再现出来，辅助学生梳理思路	用户旅程图	1课时
人物洞察	（1）塑造主人公，让学生学会以人为出发点思考生活问题； （2）根据自己的理解设计并完善主人公形象，锻炼表达能力，培养同理心	（1）结合"小猫"人物画像的示例，指导同学完成小白兔和小马的人物画像和拼贴画制作； （2）小组分享成果，深化对主人公矛盾发生的理解	人物画像拼贴画	1课时
问题定义	（1）引导学生运用HMW分析问题并提出解决方案； （2）对解决方案进行初步评价及呈现	（1）结合HMW，小组讨论明确问题，根据故事情节及主人公的性格特征，设计解决方案； （2）对解决方案进行预演并开始原型制作	HMW 故事板	1课时
方案表达	（1）完善设计，通过实物教具或Kittenblock呈现解决方案； （2）分享学习感悟	（1）学生评价并完善本组的设计方案，使用乐高、超轻黏土或Kittenblock完成方案原型制作； （2）上台分享本组设计方案，并在对其他组方案进行评价的过程中反思本组方案	乐高超轻黏土 Kittenblock HMW	1课时
主题理解	（1）引导学生通过视频等形式了解健康管理； （2）作为健康保护者，选取要保护的身体部位并完善主人公形象	（1）介绍课程，引入主题并进行分组； （2）通过视频和人物画像，让学生初步体会健康管理的含义和内容	人物画像	1课时

续表

主题	目标	课程内容	方法	课时
问题定义	（1）引导学生思考疾病产生原因； （2）引导学生找到解决方案	（1）通过视频，理解疾病产生的原因和解决方案； （2）运用头脑风暴的方式，完成花瓣图的制作	花瓣图，视频、头脑风暴	1课时
方案构思	（1）引导学生想象在未来情境中的解决方案； （2）上台分享； （3）颁奖	（1）设置未来情境，头脑风暴解决方案； （2）完成"产品说明书"，将产品初步勾勒出来； （3）针对前三节课的表现进行颁奖	产品说明书	1课时
原型搭建	（1）通过制作快速模型实现方案； （2）培养学生动手能力以及表达能力	（1）完善产品原型； （2）利用所给材料将方案得以呈现； （3）上台分享本组方案	乐高、积木	1课时
总结展示	（1）引导学生进行课程收获分享和课程反思； （2）培养学生表现力，提高成就感； （3）颁奖环节； （4）同理心后测	（1）针对第二阶段课程表现颁奖； （2）梳理设计思维课程内容； （3）发放包含全部课程资料的档案袋，自主设计封面； （4）上台分享； （5）同理心后测	视频、档案袋	1课时

第一课：创新引入

每学期课程初期的第一节课的目的很简单，就是为学生介绍本学期课程设置，并让新来的学生进行分组合作，完成破冰游戏，并用简单的设计思维小游戏让学生对课程设置产生初步印象。

小学低年级的学生由于自我调节能力比较差，情绪不稳定，容易激动、冲动。他们喜欢与伙伴共同游戏、学习，玩得投入时高兴快乐，与小伙伴有了冲突时容易为了一点小事争得面红耳赤、各不相让。因此，如何维系和改善伙伴关系对于小学低年级学生来说至关重要。伙伴关系主题聚焦于矛盾调节，以两个主人公之前发生矛盾的小故事为情境，引导学生理解主人公的遭遇，帮助他们化解矛盾，从而构建良好的伙伴关系。在生活观察员部分，学生需要感受故事主人公的生活情感，塑造主人公的人物形象；在合作挑战者部分，学生通过合作学习，共同设计化解矛盾的结局方案；在超级工程师阶段，他们搭建出设计原型，并测试自己的方案是否能够真正帮助主人公解决矛盾。

（一）教学流程

1. 学生分组及课程介绍（15分钟）

在进行授课团队介绍及课程规则说明后，拿出事先准备好的抽签盒，里面放着标有"1""2""3""4"号的乒乓球，学生们依次进行抽签，依据乒乓球上的编号坐到指定的桌子旁，顺利将学生分为4组，3~4人一小组。之后下发分组卡片，让学生通过商讨确定组名及组长。

之后对本门课程进行介绍，播放视频展示往期课程流程及成果产出，并生出对课程产生整体概念，引发学习兴趣。在介绍完课程后可以通过提问的方式让学生自由表达课程意见或对课程的期待，增进交流。同时，询问学生是否有过绘画、手工、图形化编程、乐高等学习基础，大致摸清班里学生的水平，从而有针对性地教学。在对课程方法进行介绍时，重点介绍了有关图形化编程的软件，并对软件能实现的功能及界面进行简要介绍，引入下一环节。

2. 设计思维游戏体验（45分钟）

游戏环节共分为四步：第一步，通过播放一个小视频引入故事，第二步，根据故事内容分析主人公的性格特点和需求，通过小组讨论思考如何帮助主人公解决问题，第三步，学生使用各种教具进行制作，最后给班里同学展示分享。

故事内容：在一片鸟语花香的森林里，一只小蜗牛正在爬行着，此时一只小鸟从远方飞来。飞到小蜗牛身边时，小蜗牛开心地说道："小鸟，早上好！我要去山的那边玩，你要和我一起去吗？"小鸟对它说："小蜗牛，早上好！我刚从山顶看日出回来，日出好美啊。""真的吗，那我也去看日出。"小蜗牛听后开心地说道。第二天，天刚蒙蒙亮，小蜗牛就出发了，它努力往山顶一步步爬着，随着它不断向上，月亮渐渐消失了。转眼间，太阳出来了，小蜗牛还是没有爬到山顶上欣赏到日出。于是小蜗牛说道："同学们，请帮我想想办法快点到达山顶看日出吧。"

播放用Kittenblock软件制作的小视频《小蜗牛看日出》。观看完视频，让同学们思考并回答以下问题：

（1）故事里的主人公是谁？它有什么特点？

（2）它要去做什么，为什么？

（3）它遇到了什么问题？

视频所呈现的故事相对简单，即使是低年级的同学们也能很快作答。"故事里的主人公是小蜗牛，它的特点是爬得很慢！""听了小鸟的话，它想在天亮前爬到山顶上，去看美丽的日出。""它爬得太慢了，即使天还不亮就出发，也没能赶上日出的时候爬上山顶，它很难过，希望得到帮助。"通过回答问题，同学们对故事中的主人公及其所处情境以及遇到的问题都有了答案，并达成了统一。但这只是完成了最基本的目标，教师在引导学生回答问题时，注意引导学生分析小蜗牛本身的生物特点，故事里体现的性格特点和需求，以及小蜗牛在这一过程中的情绪变化，让学生意识到主人公在接下来这一环节中的重要性。

之后进入小组讨论环节，探讨如何帮助小蜗牛实现愿望。此时将事先准备好的纸和笔发给同学们，让他们在小组讨论时可以随时将想法写出来或画出来。讨论时要引导学生满足以下条件：每人都积极参与讨论并认真倾听他人发言，尽可能多地想出脑洞大开的解决方案；之后通过讨论对方案进行选择，选出一个或几个方案，筛选的标准要考虑到小蜗牛的特点，留下适合它的方案。当组内成员意见不一致时，可以通过投票的方式进行选择。

完成这一步骤后，教师向各组发放各类乐高积木、超轻黏土等教具，让学生通过多种形式将设想的方案实现出来。在学生制作过程中，主讲老师和助教老师要到各组去，看各组的进度和完成情况。避免低年级学生拿到积木后立刻去做与自己组构想方案不同的玩具去了，引导学生按照讨论结果进行产出，原型制作阶段时间较长，学生们沉醉在制作方案上，时间观念会减弱，应注意提前进行倒计时，提示大家下一环节要进行分享展示，留给各组成员分工准备的时间。并对完成进度快，团队协作较好的组给予加分，强化这一行为。

时间到的时候，教师要求各组同学立刻坐好，想汇报的组举手。大部分学生都跃跃欲试。控制好时间，引导大家站在讲台上进行分享。并对同学们的作品表示鼓励。

最后，总结本节课内容，将该段动画制作的教程印成卡片发给学生，留作课后作业，帮助学生在模仿操作中学习Kittenblock的使用，以便日后在课堂中更熟练地操作和创造自己的动画。

（二）教学材料

- 抽签盒及标有"1""2""3""4"号数字的乒乓球。
- 《小蜗牛看日出》教学视频（见图5-1）。

图5-1 视频截图

- 白纸、笔。
- 超轻黏土、乐高积木等搭建原型和场景的积木。
- 课后作业：Kittenblock教学卡片。

图5-2 教学场景

第二课：主题选择

（一）教学流程

1. 课程回顾（5分钟）

课程每周一次，因此在每周授课前都会使用5分钟左右的时间对引导学生上节课所学内容进行回忆和复习。之后的课程将不再赘述。

2. Kittenblock教学（20分钟）

上周的课程作业是根据编程卡片还原《小蜗牛看日出》这个故事。课后家长将作业完成情况提交到家长群。本次课程重点表扬提交作业的同学，为他们的小组加分。之后本环节要在课堂上以组为单位还原作业中的第二张图。再次播放《小蜗牛看日出》的视频，唤起学生对上周课程内容的回忆。

如果授课教室没有台式或平板电脑，需要提前准备足够数量且已经安装好Kittenblock软件的平板电脑，并在该环节下发给各组学生。以上周课后作业布置的任务为题进行分步骤讲解。之后让学生根据作业中的卡片内容，现场完成作业的第二步骤。考查学生是否认真对待上期作业，并在课堂巩固中给没有完成课后作业并且从未学过Kittenblock软件的同学接触并学习的机会。事实证明，同学们对课上任务完成得很快，尤其是之前学过编程或是认真完成作业的学生，在拿到任务后三下五除二便还原出该场景，在等待别组完成的过程中，还在此基础上额外增加还原了其他步骤的作业或增加一些符合情境的新内容，如对话或行动。

虽然大部分同学都在积极参与，但完成进度与编程经验相关度很高。小组合作时，若平板数量不够，则会造成最熟悉软件的学生在完成任务，其他同学旁观的现象，应适时引导，激发有经验的学生帮助组内同学学习该软件的意愿。

3. 课程主题引入及问答（10分钟）

讲故事是设计中的常用方法，讲故事有助于设计过程的情境设置和表达。向各组发放提前设计好的故事内容，并由两位助教老师通过角色扮演的方式对故事情节进行表演（见图5-3），通过彩色漫画＋角色扮演的方式使学生快速了解故事背景。本次主题为"伙伴关系"，故事内核改编自儿童故事《小马过河》。在故事的设定上使用了小白兔和小马两位主人公，两位主人公过河时发生的情况本身都没有伤害他人的意愿，但却造成了矛盾。通过增加一些小环节，如语言表达、面部表情和行为，体现出两位主人公不同的性格特征，同时形成戏剧冲突，使得故事流程中两位主人公的心境有起伏。

具体故事情节

一天傍晚，小马吃过饭后出来散步，看见小白兔，走过去问："小白兔，你也在散步吗？要不要一起走走。"小白兔说："散啥玩意儿的步，我家里装胡萝卜的木箱子侧面，一个木板断了，胡萝卜从箱子侧面滚了出来。我出来找找哪有木匠师傅帮我修修木箱子，急死我了。"小马说："小白兔你别急，我知道河对面有一个木匠师傅。但是今天有点晚了，明天早上我陪你一起去吧。"小白兔听后很高兴，问："从这里过去要多久呀？"小马说："不远的，我过去只用一炷香的时间，明天上午吃过饭我们就从这里出发吧。"小白兔答应后两人就各自回家了。

第二天，小白兔吃了两口胡萝卜就急匆匆跑去昨天见面的地方。它可着急啦，但等了好久，才看到小马气喘吁吁地跑过来。等到小马停下脚步，小白兔就对着小马劈头盖脸一顿骂。小马连忙解释道："刚才路上偶遇小猴子，就帮它搬运桃子来着。"小白兔才作罢。两人一起出发了。一起走的路上，小白兔发现小马步子大，走得比自己快很多。自己就一路狂

图5-3 主人公头像及教师角色扮演情境

奔，边跑边喊："小马你慢点！"到了小河边，小马径直走过去。但是小白兔却迟迟不敢下水。小马非常疑惑："小白兔，你为什么不过河呢？"小白兔说："我不会游泳，我怕我会在河水里淹死！"小马笑了笑说："怎么会呢，河水很浅的，还不到我的膝盖。你看我不是很容易地就过来了。"小白兔便放下心，跳进河里，结果河水没过了它。小白兔扑通扑通地在水里挣扎。小马见状，赶忙跑去将小白兔救了出来，将它拉到岸上。小白兔气喘吁吁，先是惊魂未定，然后大发雷霆："小马你是想故意淹死我吗！亏我还把你当朋友！我不去了！"说完气冲冲地离开了。小马委屈地看着小白兔离去的身影，心想：我怎么会想故意淹死你呢，太难过了……

重点信息都在故事里，两个主人公的搭配是搞笑漫画中经常出现的"没头脑"和"不高兴"组合，容易吸引学生注意，也会产生笑点。在表演过程中应注意让学生保持安静和专注，避免错过故事细节。也可以采用视频播放的形式，提前录制好表演内容，辅以字幕和背景音乐，在之后的课程中也能反复播放。

故事结束后，引导学生思考并回答以下问题：
（1）主人公是谁？它们有什么特点？
（2）它们要去做什么？为什么呢？
（3）它们遇到了什么问题？结果呢？

这三类问题能帮助学生梳理故事情节，找出其中的关键点。主人公性格特征应较为突出，方便学生理解，对后期学生的产出有重要意义，教师在备课时应提前准备好角色设定，并尽可能进行完善和丰富。如，从故事中可以看出，小马特点包括天真、热情、慢性子，而小白兔特点是直率、急性子等。它们要去河对面找木匠师傅，因为小白兔的箱子坏了需要修。它们遇到了两个问题，第一小马由于路上帮助其他小动物而迟到，第二过河时由于错误估计了身高，小白兔被淹了。结果小白兔很生气地走了，小马很委屈。

4. 故事分析与用户旅程图绘制（20分钟）

采用问答方式引导学生梳理故事情节、主人公性格、需求、情绪等。向同学们讲述用户旅程图的含义及使用方法，并下发纸质教具。故事情节中有许多可以延伸的点，划分阶段也有多种版本，为了帮助学生对故事情节形成统一的认识，课程组预先将故事中两位主人公的行为进行梳理并呈现在纸质教具上。

小白兔的行为：赶路—小马支招—相约—到达目的地—冲小马发火—

不敢过河—放心过河—被淹—被救—生气离开。

小马的行为：散步—遇到小白兔—支招—相约—到达目的地—被骂—解释—过河—捞小白兔—被骂。

接下来采用小组讨论的方式，讨论以下两个问题：

（1）这个故事可以分为哪几个阶段？

（2）小白兔和小马在整个过程中情绪是如何变化的？

同学们根据用户旅程图上呈现的行为以及下发的漫画对情节进行划分。讨论过程中及时去各组查看讨论情况与进度，判断学生是否能够对课程有一定的了解。

讨论时间到，将事先准备好的"阶段贴纸"和"情绪贴纸"发给大家。阶段贴纸包含对行为划分的正确答案及一些干扰选项。需要同学们正确地将阶段贴纸贴在对应的位置上。情绪由学生结合故事情境及自己的生活体验进行判断，并贴上相应的表情贴纸。采用贴纸的方式，一方面节省时间，降低学生自己绘制写字的难度，另一方面增加趣味感，以及学生小组活动的参与感。

下课前根据时间让同学们对分析内容进行分享，之后教师对本节课内容进行总结，布置课后作业：尝试使用该软件还原故事情节。

（二）教学材料

- 小白兔和小马故事漫画（见图5-4）。

图5-4 小白兔和小马故事漫画

05 实践：我们是如何授课的？

- 白纸、彩笔。
- 小白兔和小马的用户画像及配套阶段、情绪材料（见图5-5）。

图5-5 用户画像模板及配套材料

第三课：人物调研

（一）教学流程

1. 课程回顾（5分钟）

2. 用户旅程图完善及分享（30分钟）

  下发各组用户旅程图，将上节课没有完成的情绪曲线补充完整。各小组在讨论主人公行为下对应的情绪时，很容易发生意见不一致的情况，此时教师先不要直接帮助他们进行引导，而应进行旁观。多数情况下，同学们会阐述自己的观点说服其他人，采用举手投票等方式进行表决，确定选择积极还是消极的情绪以及不同情绪的程度。

  备课期间，教师应先于学生走完一轮课程，完成主人公情绪旅程，当学生完成各自任务后，邀请学生站在台前进行分享环节，说明阶段划分的原因、情绪曲线的走势与情绪判断原因。根据学生回答，对他们通过主人公言语、表情和行为等能从故事中直观或侧面反映出来的情绪判断进行表扬及点评。

3. 用户旅程图实例讲解（10分钟）

  之后，教师根据本课所教授的故事情节，再次对用户旅程图这一方法进行梳理，帮助学生理解主人公。教师将课前自己绘制的旅程图呈现出来并说明原因，学生也会将自己组的产出结果与教师提交结果进行细致比对（见图5-6）。让他们在实例中学习分析用户旅程图的方法，发现教师在分析主人公行为时与自己在分析时有哪些共同点或区别，进而加深对故事的理解，对主人公产生同理心。

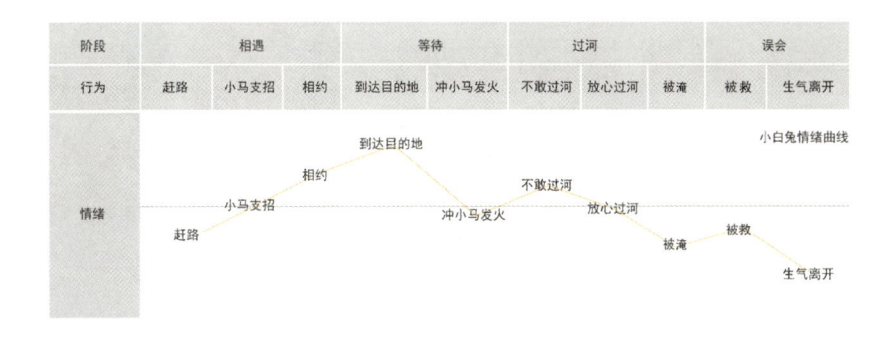

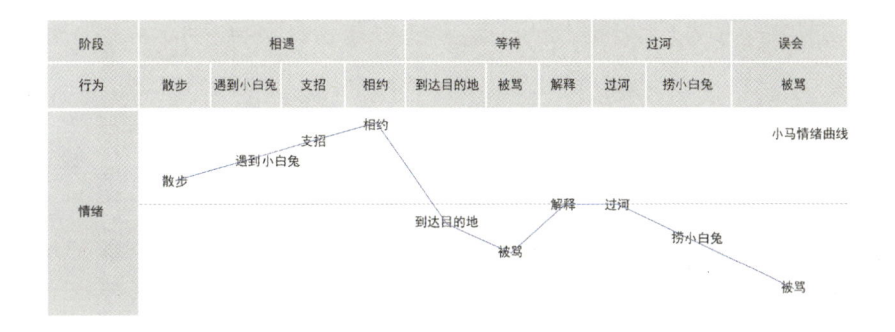

图5-6 主人公情绪旅程模拟

4. Kittenblock软件教学（15分钟）

提问上周作业完成情况，播放预先准备好的Kittenblock视频，视频节选了小白兔和小马故事中的情节，讲授该情节完成所需要的素材库、模块及操作方法，引导学生运用该软件制作出来。在操作过程中，由于平板数量有限，组内需要对使用顺序进行排序，优先让上节课未参与编程的同学使用，其他同学可以在旁边进行辅导，轮流使用。下课前统计前三节课各组表现情况，总结今天课程内容，最后布置课后作业，根据今天所需的内容，制作自己喜欢的故事。

（二）教学材料

- 小白兔和小马故事漫画。
- 小白兔和小马的用户旅程图及配套材料（见图5-7）。

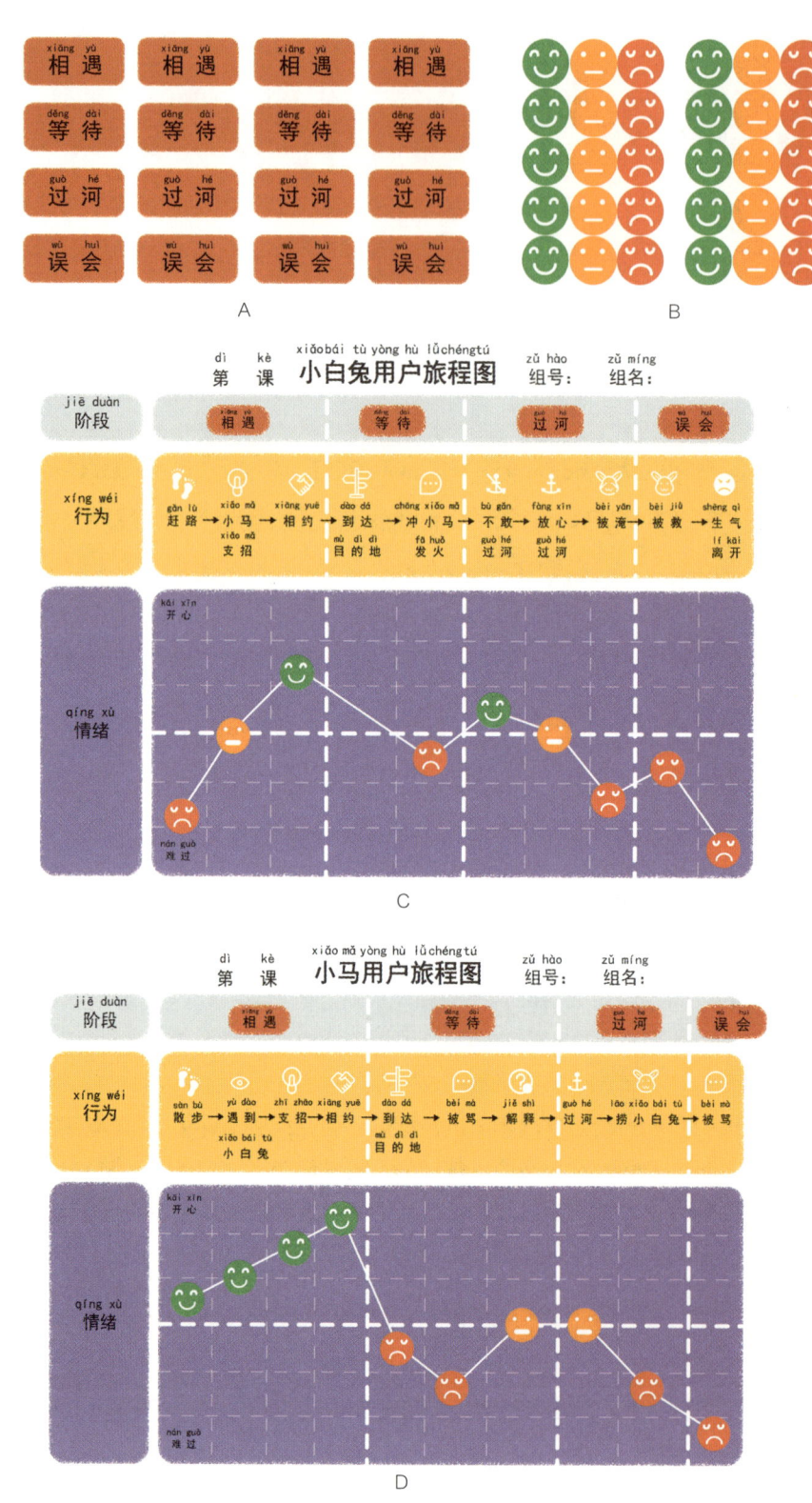

图5-7 用户旅程图及配套材料

第四课：人物洞察

（一）教学流程

1. 课程回顾和奖励（5分钟）

2. 人物画像方法教学及实践（45分钟）

  经过上一阶段用户旅程图的学习，同学们已经能够从故事背景中还原事件发生的起因、经过和结果，也能够推导出这是一个由于两位主人公各自特点的不同造成的误解。并依据故事情节中主人公的言语、行为和表情等信息初步分析出两位主人公的情绪变化、性格特征等。本节课要学生通过制作两位主人公人物画像的方法，丰富人物形象，并在组内形成统一的认识。

  首先要对人物画像进行教学，解释教具用法。小白兔和小马的人物画像分为基本信息、性格、爱好行为和语录几个部分。性格部分采用贴纸的形式给学生以参考；爱好行为分为文字贴纸和图片贴纸两种，其中图片贴纸的栏目即由拼贴画改进而来；语录则是学生自己书写，通过精练一句语录加深学生对人物的理解。人物画像或用户画像有助于学生塑造一个立体的人物形象，从而更有针对性地为用户设计产品。

  由于教授的年级是二年级，他们本身对某些词语的理解并不深，如"语录"，因此这些标签在授课时需要给学生逐一进行讲解，并预先准备好许多可用于贴在该栏目的标签和图片，让同学们将符合主人公特点的标签贴在页面框内。同时准备大量空白标签，他们可以将所提供内容中没有提到的部分自行填写或绘制上去。并在最后，与团队成员相互讨论，给出这个主人公可能说出的"语录"。授课过程中只通过口述很容易造成学生不理解的情况，因此在授课时采用举例的形式，为学生提供支架，让他们能够理解实际的用法。

  教学环节结束后，就是小组合作进行完成任务的环节了。主讲老师和助教老师注意观察学生合作情况，并进行指导，事实证明，大家对大部分关键词所呈现的内容能够有清晰的理解，但对语录进行描写时会存在很多疑惑，可能摘抄故事中出现的句子，也可能写下与角色并不相关的内容，因此教师要及时引导他们思考主人公的特点，站在主人公的角度丰富并完善内容。并鼓励大家多多书写或绘制教师提供材料外的信息，只要能够基于故事原文合理进行解释即可。

3. 作业分享（5分钟）

每节课的作业家长会通过微信群进行反馈，教师上课时让上节课布置作业后积极完成并表现优秀的同学进行分享，请他为同学们讲述自己所制作的故事及实现方式。这可以增强同学学习积极性，同时对班内学生的工具学习水平进行判断，大部分学生不但可以完成教师布置的任务，还可以使用自带素材库自主完成主题故事制作。

本节课后，同学们不但明确故事里主人公的形象，还能够根据主人公的特点，延伸出日常生活中表现，本次的课后作业为用Kittenblock制作小白兔或小马的日常生活的一天。

（二）教学材料

- 彩笔。
- 小白兔和小马的人物画像，及相关标签与图片。

第五课：问题定义

（一）教学流程

1. 课程回顾（5分钟）

2. 定义问题（15分钟）

　　通过引导学生回顾故事背景及前四节课所学内容，对学生进行提问，明确故事要解决的问题是什么，以及在小白兔和小马中以谁的视角作为主体进行问题解答。对于这两个主人公而言，他们都需要意识到产生矛盾的一个重要原因在于两人性格差异较大，在看到对方行为时会自然而然地以自己的理解方式进行归因。但正如情绪ABC理论所说，行为或事件的发生只是情绪产生的间接原因，真正影响情绪的是对行为或事件的解释与评价，他人对自己做同样的动作，人们可能会有完全不同的解释和归因，只有保持同理心，尽可能站在对方角度思考，才能减少此类的误判。因此，帮助两位主人公认识到自己的问题，并且按照主人公的特点定义问题并给出解决方案就是同学们需要学习并完成的任务。当然，想要完成这一步骤也同样要求同学们能够同理两位主人公的情感，并且能认识到故事背景虽然是童话故事，但在实际的人际交往或伙伴关系中也会出现这一情况，而能够站在对方角度思考是良好沟通，进行交往的前提。

　　前几节课都是在进行思维的发散，这节课定义问题是为了聚合，用一句话的形式梳理故事中主人公所面临的问题，更好地构思解决方案。因此引入HMW，即How Might We方法进行教学，这是一种帮助设计师定义方案设计的方法。下发教具，这张HMW分为三部分，这一环节先完成第一步（遇到的问题）和第二步（小白兔还是小马），第一步是定义两个主人公遇到的问题；第二步是确定要由哪个主人公来主动解决问题。

3. 头脑风暴解决方案（20分钟）

定义好问题之后，引导学生打开脑洞，尽可能多地想到解决问题的方案，最后在第一栏用写字或画画的方式呈现设计方案，并在组长的带领下投票选择其中一个方案。方案选择完毕后，要求小组成员向教师进行确认，对定义的问题及构思、筛选的方案进行阐述和简单表演，经过同意后就可以继续丰富方案细节，对设计方案进行初步的可视化，用于指导学生下一步的原型制作。

4. 原型制作（20分钟）

初步方案得到确认的各组可以通过小组合作，使用卡纸、积木、乐高、超轻黏土等现有材料完成方案呈现。

（二）教学材料

- 小白兔和小马故事漫画。
- How Might We纸质教具（见图5-8）。
- 卡纸、乐高积木、超轻黏土等用于搭建原型的材料。

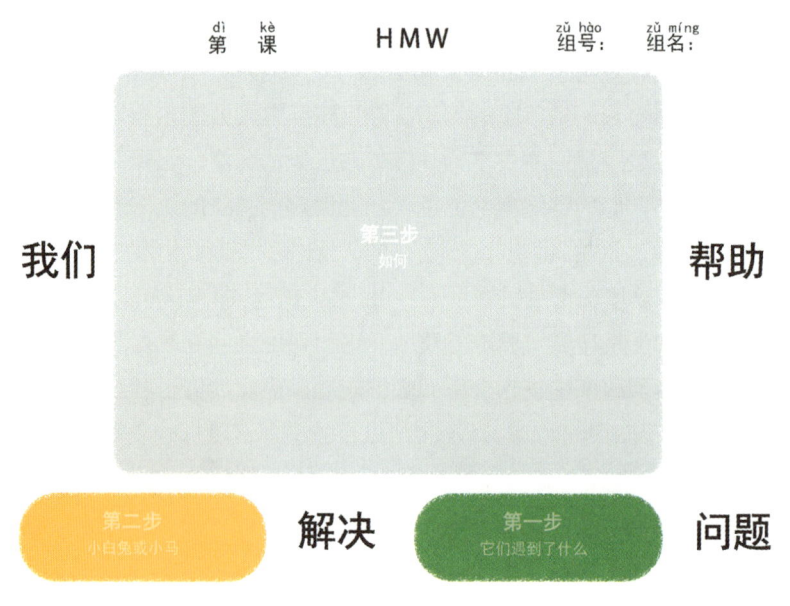

图5-8 How Might We教具

第六课：方案表达

（一）教学流程

1. 课程回顾（5分钟）

2. 完善方案（15分钟）

　　课程回顾后引导学生说出对上节课自己组制作出的原型的反馈。是否符合主人公的性格特点？是否能够解决主人公在该情境下遇到的问题？还有哪些可以提升的点？之后让同学们进行小组讨论，从有效性和适用性两个维度提出对教具的迭代建议，在讨论的过程中，将对原型的迭代想法写或画在白纸上。在授课前，教师对学生作品进行分析，并准备好原型迭代的几条建议。小组讨论过程中，视小组讨论情况进行适时引导，如果讨论效果较好，能够根据课程引导内容，对方案进行分析迭代，则适时鼓励；若讨论效果尚可，但有一些关键点未讨论到，则进行适当言语引导，帮助学生注意到某一关键点；若讨论效果较差，则将提前准备好的迭代建议发给学生，并解释此条建议产出的原因。

3. 制作原型（20分钟）

　　将上节课原型及制作原型的材料下发给学生，让学生基于原型讨论的修改意见，对原型进行补充制作，限时20分钟，时间截止后将会进行小组汇报。需要提示团队成员在制作前对组内成员有所分工，有人负责外观搭建，有人负责场景还原，有人负责准备汇报。尤其是组长应注意组内成员分工过程中应尽可能保证公平，每人都能有所贡献。

4. 分享与评价（20分钟）

各组进行汇报，控制时间，每组汇报3分钟，点评2分钟。同学们依据展示要求，将本主题故事背景、主人公特点和需求、问题界定及筛选出的方案，通过教学方法进行串联，之后展示迭代后的方案。点评环节采取小组提问的方式，当一组同学进行展示汇报时，其他小组成员在汇报结束后进行提问和点评，有的同学以欣赏的眼光对他组进行评价，也有的学生会基于主人公特点、可实现性等角度提出质疑，在这一过程中既能增强学生间的沟通，体会各组对课程内容的把握情况，也能有效控制班内纪律。最后，主讲老师对每组学生的作品进行点评，总结本主题课程内容，将各组学生的方案作为Kittenblock的作业进行还原。

（二）教学材料

- 故事漫画。
- 每组学生制作的用户旅程图、人物画像、How Might We。
- 卡纸、乐高积木、超轻黏土等用于搭建原型的材料。

第七课：主题理解

小学低年级学生由于生活经验不足，对于健康管理的意识较为薄弱。同时，小学低年级是学生形成良好个人卫生习惯的重要阶段。因此，结合设计思维来普及个人健康知识，对于小学低年级的学生来说具有重要的教育意义。个人健康主题聚焦于学生健康管理，需要学生化身健康保护者，帮助主人公避免健康危害或解决健康问题。首先，学生作为观察者，通过视频了解身体健康知识，选取要保护的身体部位并完善主人公形象；接着，作为合作者，学生分团队选取可能会造成健康威胁的原因，然后头脑风暴出保护方案；最后，作为工程师，学生运用超轻黏土、积木教具等制作出原型，并展示产品效果。

（一）教学流程

1. 学生分组及破冰合作（10分钟）

每个新主题开始之前，教师对学生重新进行分组。若对学生的个人情况不了解，可采用抽签等形式进行随机分组。若已经上过一段时间课程，对学生有一定了解，则可以依据前期表现按照他们的个人优势和性格特点进行分组。二年级学生年龄较小，分组过程中应尽量避免将关系要好的两人分在一组，否则在团队协作时会容易产生和组内朋友抱团的现象，造成对其他相对陌生组员的忽视。此次分组由于教师团队对班内学生已有一定了解，因此在授课前提前根据学生以往表现进行分组，将学习经验较丰富、编程能力较强或具有领导能力的学生分散到各组，保证每组间团队成员的平衡。小组讨论确定组名和组长，教师可根据时间情况让各小组进行简单的破冰游戏增强组内成员熟悉度和团队凝聚力，小组制作自己的小组名牌并强调课堂纪律。

2. 课程主题引入（10分钟）

进行课程简介，通过播放儿童健康相关视频（见图5-9）引入本次课程主题——健康管理专家。视频选取需要符合以下要求：能够契合主题，将课程主题引导至个人健康相关内容；视频风格适合小学低年级学生理解，能够吸引学生注意，引发学生好奇等特点。儿童，在日常生活中手会不自觉地摸来摸去，接触很多物品，上面或多或少会有病菌，病从口入是常见的生病原因。对于疾病预防来说，正确洗手无疑是重要的一步骤，教育儿童如何正确洗手在学生健康教育中无疑有着重要作用。

因此，本次课程选取了网络上常见的儿童健康教育动画视频进行剪辑。视频主题为"正确洗手"，并截取了视频中小明同学忽视妈妈的提醒，在吃东西前不洗手以及错误洗手的问题的片段。实际授课过程中，授课教师也应根据实际课程需要进行视频内容的选取与制作。

学生对于个人健康意识较强，在观看视频时很多同学便对视频的主人公小明同学的做法提出了质疑，视频播放结束后教师提出问题：视频中小明同学的哪些行为是不对的？这样做的后果是什么？正确的做法是什么？通过回答可知，学生们能够正确辨认小明同学日常存在的卫生习惯问题，并能指出即使洗手时也没有采用正确洗手法，使得清洁不彻底，造成病从口入，引发疾病。教师对学生回答进行总结，对回答问题较完整的小组进行奖励，同时引出本次课程主题。在该主题中，各位小组成员将化身"健康守护者"，根据主人公的需求对主人公的身体部位进行防护，产出针对性的防护方案，避免主人公的身体受到伤害。本次主题课时有限，课时将侧重于设计表达及原型制作阶段，因此需要在有限的课时内快速完成主题探索阶段。

图5-9 "正确洗手"视频截图

3. 情境设定（15分钟）

教师发放自制纸质教具，教具内容涵盖人物画像相关内容，主要目的在于在有限时间内帮助学生对主人公及情境进行设定，教具主要包括身体部位、主人公画像、基本信息和爱好行为。学生以组为单位进行讨论，首先确定本次主人公的性别（有男孩和女孩贴纸供选择），然后填写该人物的基本信息，姓名、性别及年龄，形成对主人公特点的大致预期。选择该组想要保护的身体部位，以及可能伤害该部位的行为。在这之后学生需要以该人物画像为基础，针对人物行为进行筛选和对应方案的头脑风暴。

对于想要保护的身体部位而言，人体内器官、部位众多，选择学生较为熟悉的身体部位更容易理解。因此备课时教师团队依据学生对该部位的熟悉程度、可能的受伤方式及可能的解决方案进行备课，筛选出以下六个身体部位，分别为：眼睛、鼻子、牙齿、嘴、耳朵、肚子。各组同学经过讨论选择其中一个作为本次保护的主题并贴在对应位置。六个备选部位对学生而言看得见摸得到且较为重要，每部位的功能较为清晰，能够根据直接或间接经验预想到可能的受伤方式。并且还有重要的一点是，学生们普遍年龄较小，过于自由展开的方案设计可能会脱离现实，不符合该主题重视落地产出的意义。因此在主题设定时教师团队应选择能够预期方案产出的走向的内容作为备选，在各环节对学生进行指导，把控本主题教学流程。

最后，根据已有的主人公性别、年龄、形象，团队成员将符合该年龄段学生的爱好行为贴纸贴在对应方框内，可以通过绘画进行补充。提供的贴纸包括糖果（可能引发蛀牙）、手机（可能引发近视）、足球（可能被球砸伤）、耳机（可能伤害耳膜）等，贴纸呈现的内容可能引发某些身体部位受到损害。因此，教师应提示同学们在选择的过程中，不只是选择主人公的兴趣爱好，更要选择可能伤害该部位的行为爱好，并且根据贴纸内容的启发，拓展思路将其他未给出的相关内容补充在方框中。

4. 小组分享（15分钟）

内容填写完毕后，各组依次对内容进行分享展示，每组3分钟。介绍组名，选择的身体部位及主人公的基本特征和兴趣爱好，阐述其中最可能会造成主人公该身体部位受到伤害的三个爱好或行为，串联成一个故事。要求表述尽可能地具体，越具体的内容往往包含着故事情境，有助于后期方案选择能够对症下药。

例如:"主人公小美现在7岁半,是个很爱看漫画的女孩子,她的包里常常放着一本漫画书,没事就拿出来看看,回家写完作业后也喜欢在电视上和手机上看动画片,常常一看就是好几个小时,所以时间长了她发现自己上课时看不清黑板,和妈妈去医院一检查才发现自己的视力不好了。"

这个故事里涵盖了主人公的基本信息和爱好,符合人物形象,还能对应眼睛这一身体部位,能够想到主人公由于看书和视频用眼过度伤害了眼睛。通过表述甚至能够让人联想到主人公在卧室看漫画,眼睛离得很近,可能灯光也很昏暗,非常费眼睛……这样的故事符合逻辑,且包含具体的情境,能帮助小组在方案设计时锁定具体情境,给出有针对性的意见。因此这一步骤十分重要,需要小组成员在短时间将主人公形象丰富起来,并且站在主人公的角度思考可能发生的问题。

当某组在介绍自己组的内容时,其他小组应认真聆听并判断陈述的内容是否符合逻辑,是否认同,如果不认同说出理由,帮助该组进行改正。在这一过程中,既增加了课堂互动,使得分享的组能够认真思考主人公的性格与可能发生的爱好行为之间的关系,使得主人公的形象丰富起来,同时也可以培养其他小组倾听他人以及逻辑思维的能力。

在实际分享过程中,学生能够将基本原因阐述,但思考时间较为有限,完整地梳理出故事脉络的情况较少,还需要补充很多细节,因此下节课则应通过可视化的方法,帮助学生定义问题,逐步建立起身体部位—受伤原因—解决方案之间的连接。因此课后作业要求学生站在主人公的角度构思身体部位受伤的原因,给故事加入更多细节,完善情境。

(二)教学材料

- 白纸、彩笔。
- 人物画像教具及贴纸(见图5-10)。

05 实践：我们是如何授课的？

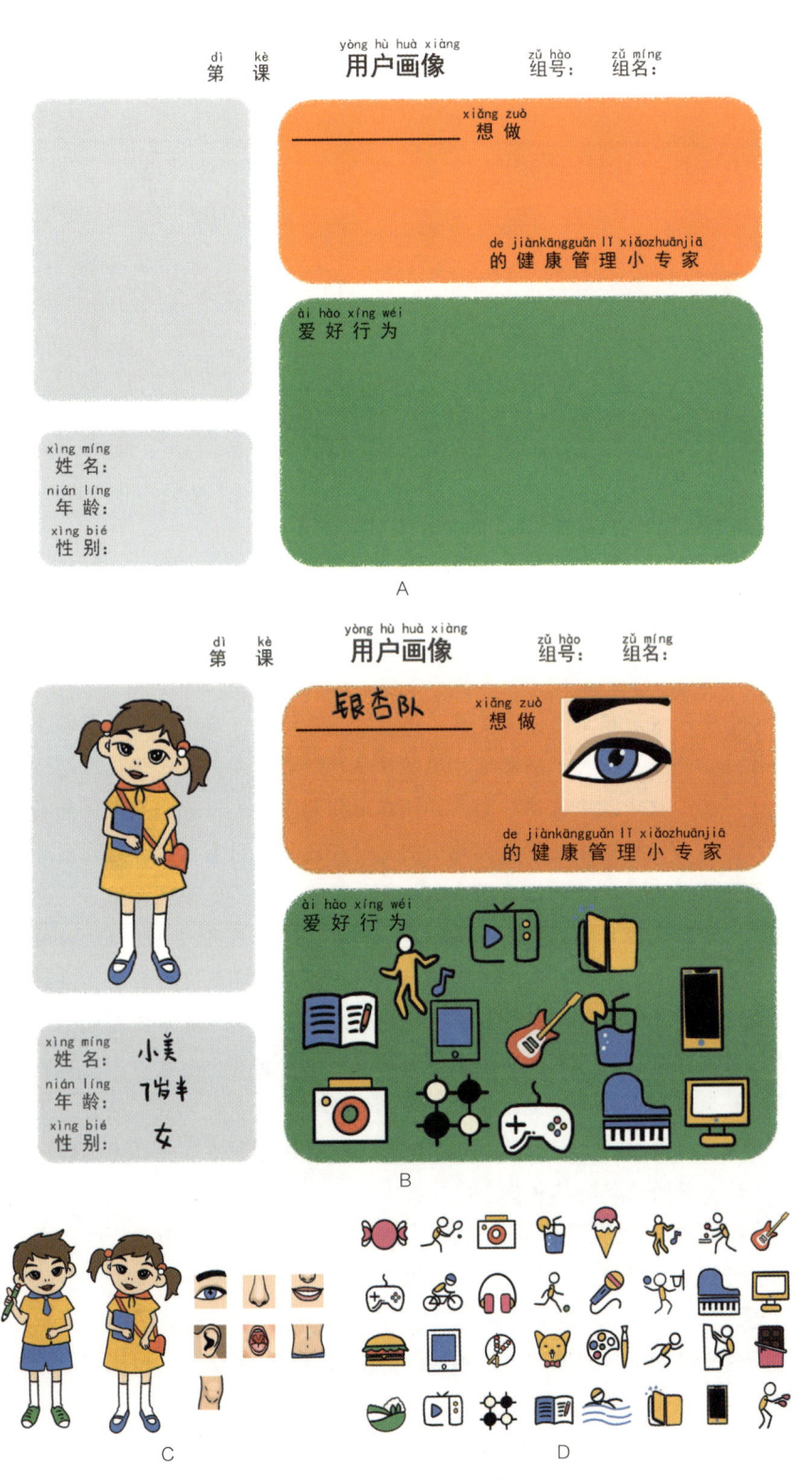

图5-10 用户画像教具及举例

第八课：问题定义

（一）教学流程

1. 课程回顾（5分钟）

2. 原因分析（20分钟）

通过故事举例引导学生回答问题：

小明同学是班里的体育委员，他非常喜欢运动，每次下课之后都会和小伙伴们一起去操场上踢足球，运动往往伴随着受伤，有时候他在踢球时会一不小心被球或小伙伴绊倒，摔倒在地伤到手肘，因此妈妈帮他购买了护肘，从而保护身体关节。但是小明觉得普通的护肘有些薄，遇到重的撞击不管用，而厚的护肘佩戴起来不轻便，很影响活动，小明就很不愿意戴着护肘踢球，经常趁妈妈不在就把护肘脱掉了。结果某次小明踢球时被不小心撞倒在地，手肘受伤了。养伤的小明心想，一定能有更好的办法帮他解决这个问题，经过不断的钻研，他终于发明了一个像汽车安全气囊一样的护肘，这种护肘平时薄薄的像是两层布，但中间有一个夹心，一旦遇到撞击会像汽车一样突然变出气囊，既能保证安全，平时佩戴又轻便。小明开心极了，他把这种护肘推广到了全班，班里许多和他有一样困扰的同学也因为他发明的护具越来越喜欢踢足球啦。

根据故事内容回答以下问题：小明同学保护的身体部位是哪里？这个部位受伤的原因是什么？通过故事内容引导学生回答出小明保护的身体部位是关节（手肘），他受伤的原因是踢足球摔倒，手肘没有防护。虽然故事内容涵盖很多含义，但是能够从中得出较清晰的关系是：身体部位（手肘）—受伤原因（踢足球摔倒）。

发放本节课纸质教具，教具由一朵花组成，包括叶片（原因）、花心（筛选后的原因）、花瓣（解决方案）和花茎。首先小组讨论并尽可能多地想出会造成各组所选部位受伤的原因究竟有哪些，将想到的原因写在教具的叶片上。之后进行组内分享，每人想出一个故事解释受伤的原因，根据故事的可行性和丰富性成员间进行投票，选出故事最丰富同时符合生活经验的受伤原因。将最终确定好的原因写在花心。

3．方案头脑风暴与选择（20分钟）

确定身体部位和受伤原因后要确定解决方案了，本节课开始讲述的故事中主人公小明的解决方案是发明了气囊护肘，可以根据撞击力度使得平时薄薄的护肘变出气囊，保护主人公关节。完成了逻辑关系：身体部位（手肘）—受伤原因（踢足球摔倒/普通护肘不轻便）—解决方案（气囊护肘）。产出解决方案的方法为组内成员针对花心的原因进行头脑风暴，该过程中应满足头脑风暴的基本要求：保持安静，暂缓评判，将所想到的解决方案写在花瓣上（见图5-11），也可以从他人那里获取灵感。在规定时间内写得越多越好，时间到后进行组内分享，最后组内投票选择一个最终的解决方案。

连续的小组讨论会使班内氛围较热烈，因此在该环节需要主讲老师和助教老师严格把控团队讨论情况，减少注意力不集中或者偏离主题的情况发生，提醒各环节时间，把握各组进度，并对按照规定时间完成任务的小组给予奖励。如果在小组讨论过程中无法产出适宜的方案，助教可以基于前期备课内容，引导学生思考故事发生的情境，细化该情境中遇到的问题，引导学生想出可以解决的方案。

图5-11 花瓣法教学课件截图

4. 小组分享（15分钟）

小组将本节课成果进行分享。每组3分钟，由于本节课重点要从主人公延伸到解决方案，中间有逻辑衔接，因此在分享时应通过一句话将身体部位—受伤原因—解决方案串联起来，比如，"我们组的主人公是×××（人物信息），她喜欢×××（爱好行为），×××（原因）会更容易导致×××（身体部位）受伤，经过组内成员的讨论分析，我们想通过×××（解决方案）来对它进行健康管理"。

小组分享的内容能够帮助各组梳理本节课所得内容，使得产出的解决方案不是拍脑袋决定的，而是根据主人公特点，一步步分析受伤原因，可能的解决方案等，这一过程中既有思维的发散与聚合，更融入了团队协作在其中，无论是确定原因还是筛选方案，都有可能引发团队成员争论，因此，总结环节将时间交给同学们，问他们觉得今天小组合作得怎么样，夸一夸组员们，增强组内凝聚力。同学们往往会真诚得夸赞组内每一个同学，这样的氛围也会带动全班，适时夸奖对方优点，也是理解他人的重要一步。

最后布置课后作业，要求学生根据本节课开始的故事，思考小明发明的护肘的外形，具体功能又是什么样的，同时思考自己组内筛选的方案应该具备的外观和具体的功能。

（二）教学材料

- 上节课人物画像教具。
- 花瓣图教具，彩笔，投票贴纸（见图5-12）。

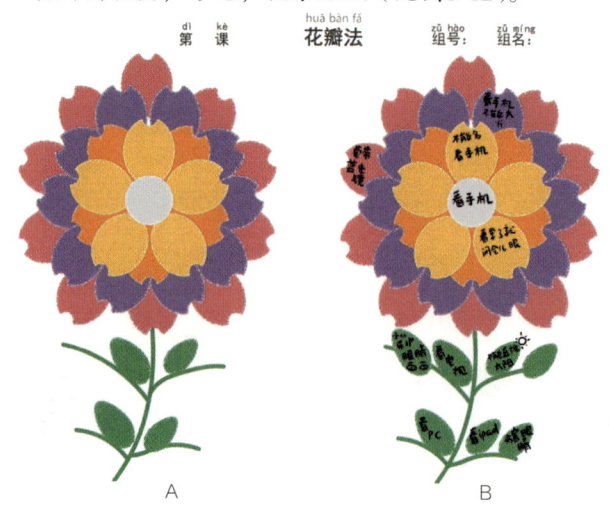

图5-12 花瓣法教具及举例

第九课：方案构思

（一）教学流程

1. 课程回顾（5分钟）

根据前两节课，各小组已经得到"身体部位—受伤原因—解决方案"，如表5-2所示。

表5-2　各组待定方案

队名	身体部位	受伤原因	待定方案
银杏队	眼睛	喜欢看书，长时间看漫画	多功能眼镜
闪电队	肚子	在家没人做饭，吃冰箱里的冷食	全能做饭机
风暴队	眼睛	长时间看手机	得力牌眼膜
梅花队	牙齿	吃甜食后刷牙不彻底	功能牙膏

目前各组提供的解决方案还停留在只有名字，因此本节课需要对方案进行细化和完善。

2. 方案构思（10分钟）

小学阶段的学生对于产出方案的技术可实现性了解较少，因此所有主题以"未来"为出发点，让同学们对于方案设计的脑洞变得不那么受到可行性的影响，能够畅想未来的解决方案究竟如何。因此，本节课给同学们设定背景：现在我们来到了2118年，这是一个技术高度发展的未来，同学们不仅是健康守护者，还是非常厉害的发明家。每组同学都有要守护的主人公，同学们要发明什么来帮助主人公解决问题呢？请同学们开动脑筋，尽情想象吧，方案的评判维度为关联度（和主人公特点的相关程度）、创造力（是否有很大的脑洞）、完整性（是否有完整功能和外观细节）。上节课同学们已经对解决方案进行筛选，因此需要在上节课基础上进行丰富，小组仔细思考主人公特点及行为的背后原因，给解决方案增加更多细节。

3．方案描述（25分钟）

教师将"产品说明书"发给各组同学，这是一个简化版的产品说明，包含产品名称、使用场景、功能说明和产品草图，帮助同学们展示设想的方案并进行推广。产品名称要求学生给产品起一个好听、容易记住的名字，朗朗上口，给人以深刻印象；使用场景则要求尽量详细，主人公在何种情境中使用该产品，有助于增加细节；功能说明要求一条一条将产品所具有的功能列出来，要求直观易懂，符合主人公需求；产品草图则要求各组将产品外观尽可能详细地绘制出来，对于产品各部分介绍以及交互方式标记在草图旁边，不需要绘制得非常美观，便于理解即可。

为了帮助学生尽快理解用法，可以通过举例的形式进行讲解。

小明同学为了让大家了解他的发明，特意做了一个产品说明书用于宣传，产品名称为：百变气囊护具。

使用场景：进行足球、篮球等激烈运动时。

功能说明：（1）防撞伤，内置气囊对撞击进行缓冲；（2）自动调整气囊大小，能够根据撞击时的力度调整充气程度，普通撞击力度较小不变形，重度撞击力度较大会充满气；（3）轻便舒适，吸汗，运动不再热。

讲解结束后，给各组时间进行讨论、分工完成产品说明书。其中教具上留了较大空间给产品草图，因此需要提醒同学们把控好时间，将内容完整呈现在教具上，避免由于讨论忘记写或是由于担心画错而迟迟不肯下笔等情况发生。

4．小组分享（20分钟）

按照完成先后顺序进行小组分享，一组分享时其他组成员保持安静认真倾听，并根据关联度、创造力、完整性三个维度对该小组进行打分，等小组分享结束后进行提问，给出方案的迭代建议，最后由主讲老师进行总结。根据产出结果，同学们能够较好地完成产品说明书，但在撰写"功能说明"时会遇到两方面问题，一方面，由于小学低年级学生会写的字比较少，言语逻辑发展水平较低，因此所写内容往往简单且表述不够完整。另一方面，方案本身设计得较为简单，因此功能只有一条或两条，为了多写一些内容，有的同学会把和主题本身无关的功能加入进去，因此教师在学生完成时应多注意引导。帮助学生思考主人公使用过程中可能存在的细节信息，进而完善作品。学生通过对产品说明书的使用，再次明确了产品使用的情境和主要交互方式，从而进一步对产出方案进行细化和描述。在这个过程中，学生可能会发现方案中的不合理之处，再进行反思和迭代，这也是他们下一步原型制作的参考内容。

（二）教学材料

- 产品说明书和彩笔（见图5-13）。

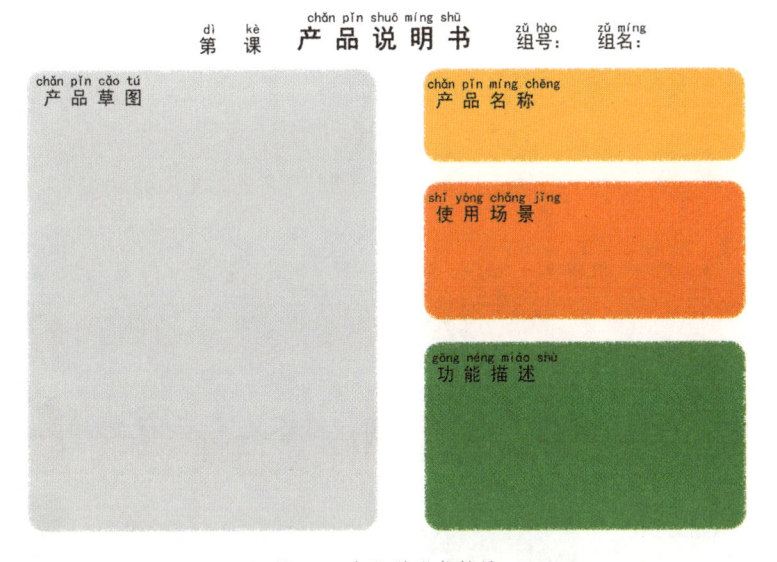

图5-13 产品说明书教具

第十课：原型搭建

（一）教学流程

1. 课程回顾（5分钟）

2. 原型制作（30分钟）

根据上节课所得内容，各组已经完成产品设计图（见图5-14），根据

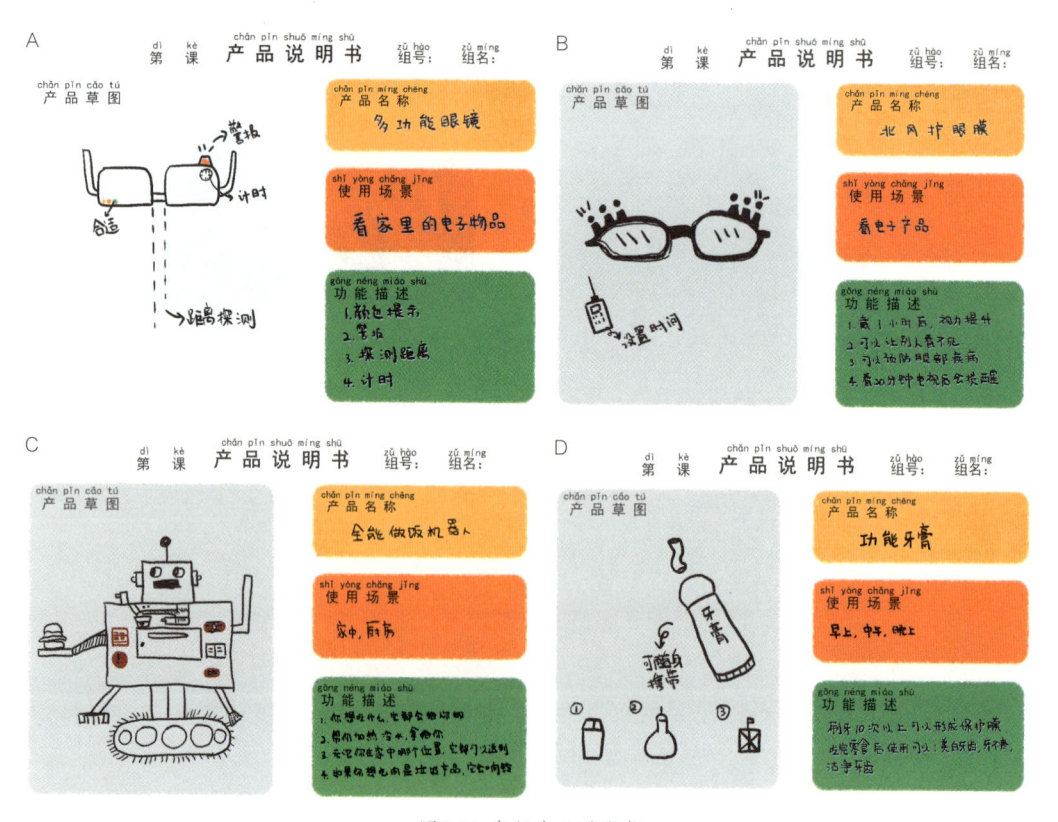

图5-14 各组产品说明书

产品草图使用乐高积木、超轻黏土及其他各类材料进行原型搭建。原型搭建期间应注意引导学生对方案进行迭代，优化上节课方案设计。

3. 表演讨论与展示（20分钟）

本次课程重点在于对产品的展示，原型制作结束后告知大家，本次分享环节采用"时空门"形式，时空门左侧代表"现在"，右侧代表"未来"。展示流程如下：首先，介绍主人公的性格特点，在没有产品的现在，主人公遇到的问题和痛点是什么，他有哪些遭遇——需求没有被解决，非常伤心。之后，主人公穿过时空门来到2118年，展示组内制作的产品功能特点，该产品体现主人公的状态——需求被解决，非常开心。通过时空门的对比体现该产品的重要性和带来的优势，这样的展示方式直观有趣。

讲解完表演框架后，给同学们10分钟时间快速构思表演内容，给角色分工，准备之后的演出。课题讨论十分热烈，讨论结束以后找助教老师预演，做好充足的准备。各组都找助教老师确认后，依次进行表演，尽管学生年龄较小，但表演效果还是很成功，同学们化身电视上的广告推销员，不遗余力进行产品展示，肉眼可见多次的课程分享对他们的表达意愿和能力有所锻炼和提升。但这次课程展示较为正式，特意设置了表演环节，还是有部分同学由于紧张等原因，在台上表演时，没有像在台下一样将预演内容展示完整。不只是这门课，其他的课程也应尽可能多地提供给学生分享展示的机会，锻炼学生演讲表达能力，让他们将自己的想法传递给更多的人。产品展示到这一环节结束，最后一节课进行课程总结与反思。

（二）教学材料

- 产品设计图。
- 乐高积木、超轻黏土等原型制作材料。
- 表演道具："时空门"。

第十一课：总结展示

（一）教学流程

1. 课程回顾与反思（10分钟）

　　本节课为课程总结，课程开始对本主题内容进行总结，展示各组如何一步步通过四个课时的内容，经历了主题探索、方案设计、原型制作三个阶段，从无到有产出了各组的方案。引导学生分享本学期课程收获与反思，将本学期课程总结视频播放给同学们。

2. 档案袋绘制（30分钟）

　　每学期课程结束时，给学生们档案袋，内含本学期课程介绍、成员各小组tookits内容、课堂照片、学生评价及结课证书，给学生留作纪念。档案袋封面是白色的，提供贴纸和彩笔在课程最后让学生们设计自己的档案袋并展示，在档案袋封面展示环节，学生能够将整个设计思维课程所学的知识进行串联，体现出对设计思维理念有了一定的理解。

3. 颁奖与总结（20分钟）

　　根据本学期授课期间各组同学们的课堂表现、方案产出、团队协作等维度，对各组进行打分，评选出最佳创意奖、最佳表达奖、最佳团队奖、最佳作品奖，对学生进行鼓励。最后主讲教师对本学期内容进行总结。

四、课程总结

1. 矛盾调解大师

这一部分主要让学生围绕小白兔和小马过河的故事来进行问题发现和问题解决。第一阶段为理解人物和定义问题。学生需要通过故事中主人公的处境和它们的言行,来理解主人公的性格和行为偏好,体会主人公的情绪,从而找到故事中人物矛盾的来源。这一阶段要求学生能够设想自己如果是故事中的人物,会有什么样的动机,遇到什么样的问题,又产生了什么样的情绪反应。这需要学生能够换位思考,设身处地地考虑故事中主人公的感受,并且总结归纳出主人公的性格和可能产生的行为,进而从"人"的角度出发,去体会故事中的人物的感受,发现它们的问题。这个阶段使用了用户体验设计方法中的人物画像、用户旅程图和拼贴画等方法。该阶段的反思如下:由于课程刚开始,我们课程组的老师对于课上观察和思考的记录形式不够明确,商讨后我们制定了助教观察记录表,每节课一位主讲教师,四位助教老师下分至每个小组中,对某一个小组进行观察记录。通过观察得出,座位靠近讲台的小组课上表现往往较为积极,所以每节课都会打乱小组位置(如第一节课1、2组座位靠近讲台,3、4组靠后,第二节课则调换前排组和后排组的位置)。学生在使用用户旅程图时,往往能够关注到故事中个体外表的差异,而很难发现个体性格之间的差异。这需要老师更多地引导学生进入故事,从情境中观察人物行为,从而总结人物性格。在拼贴画方法的使用过程中,学生在寻找主人公可能产生的行为时,局限于故事内容,更多地对给出的拼贴图做出选择,而不是思考人物潜在的可能发生的行为,这就可能失去了拼贴画方法的意义。

第二阶段为方案设计和方案表达。这一阶段要求学生根据前一阶段故事中人物的问题,来构想和设计一个有针对性的解决方案,从而化解矛盾。该阶段需要学生在理解故事内容,清楚人物性格的前提下,进行解决方案的构想。同时也要求学生的实践和动手能力、合作能力。这个阶段使用了用户体验设计方法中的HMW的方法。该阶段反思如下:HMW方法中,需要填写和补充的部分较少,学生往往会为争着写字而起争执。我们应该让学生以便利贴的形式表达自己的观点,这样既能收集更多的想法,也能减少因合作产生的问题;方案产出的结果显示,学生设计的方案与主人公性格特征关联不大,他们更多只关注问题本身,而忽略了人物的特性,没有将方案设计与不同人物的特异性需求联系起来。这可能与学生的理解能力有限相关,也可能是因为每两节课之间间隔时间过长,学生容易对故事内容和人物性格记忆遗忘。所以我们应该在每节课开始时，对之前课程内容进行一个简要的课程回顾。每个组方案汇报结束后，其他同学会对该组进行评价。但学生的评价标准往往只是他们是否喜欢该方案。这可能因为对学生来说评价方案的维度过多、过难，也没有一个明确的标准。

2. 健康管理专家

这部分一开始，为了增加团队凝聚力和学生们的课堂积极性，教师团队制作了小组名牌，让学生挂在胸前，上面写着组名和自己的名字。同学们都非常喜欢自己的名牌，并且也因为这种仪式感更加认真地对待课程，也更加愿意积极表现，为小组争夺荣誉。

第一阶段为主题探索和方案设计阶段。每组需要确定一个守护的身体部位，并寻找可能对该部位造成伤害的原因。这就需要学生有观察生活的能力，能够洞察到那些伤害身体部位的种种原因。这个阶段使用了用户体验设计方法中的人物画像、拼贴画等方法。值得一提的是，我们设计的花瓣图在传统的花瓣图方法中做出了改变：在层层花瓣的下方加上了花瓣的茎和叶。每一片叶子上要求学生写上可能伤害某个身体部位的原因，最后小组投票选择出一个要解决的问题，将它写在花瓣的中心，最后再在花瓣上写出该问题的解决方案。所以我们使用的花瓣法是一个跨阶段的方法，既定义了问题，又试图寻找解决方案（对花瓣法使用过程中遇到问题的反思在第二阶段）。

第二阶段为方案表达和原型制作阶段。花瓣法的使用为方案构想提供了路径。为了让学生更清晰地阐明自己组的产品，我们制作了产品说明书。学生可以在产品说明书上给产品起名字，设想产品的使用场景，描述产品的功能，并绘制产品草图。针对该阶段我们有以下反思（反思内容包括花瓣法使用过程中遇到的问题）：学生们没有很好地理解花瓣图上花瓣和叶子的关系，没有分清什么是原因什么是解决方案。所以在课上学生使用花瓣图方法时，我们应着重讲解什么是原因，什么是解决方案，帮助他们明确两者区别。在花瓣法使用的方案产出时，学生往往思维枯竭，没有好的创意。我们便为他们提供了一个情境，如要解决看手机伤害眼睛的问题，我们不妨告诉学生这个问题是在躺在床上玩手机的时候发生的，那么思维可能会开阔许多。这也是我们课程设计上的一个漏洞：在寻找问题，定义问题的时候，就应该明确了情境（context），再进行后面的方案构想。同样是在花瓣法使用过程中，学生需要从叶子（造成身体伤害的原因）中选择一个放到花心；最后也需要从花瓣（解决方案）中选择一个作为最终的方案构想。这就需要学生们对头脑风暴的结果进行分类和筛选，所以必然有一些学生的贡献不会进入到后面的原型制作阶段。然而他们并不像成人头脑风暴后会进行分类、筛选，愿意选出更优方案作为小组产出的结果，他们更加珍惜和在意自己对团队贡献的那部分。在toolkit使用过程中，助教老师应该只是一名观察者和记录者，而不应过多干预学生方案构想和原型制作的过程，因为可能会限制学生的思路，或者使学生迎合老师而没有表现出真实的想法。

　　在原型制作完毕后的汇报展示阶段，学生拿着制作的原型进行汇报时，往往不能将构想阶段的想法完全表达出来，甚至很好的构想也没有跟大家讲清楚自己的想法和产品的功能。这可能和二年级的孩子表达能力有限有关；可能是助教老师过度干预，干扰了学生自己对于这个构想的理解和功能的描述；也可能是学生在当众汇报时过度紧张。这些因素都是值得我们探讨的。

第二节 中年级——未来校园

一、课程基本信息

课程主题：垃圾分类（12课时）

二、学习者特征分析

1. 开始意识到"自己"

思维形式向抽象思维过渡，该年龄段的学生可以进行比较复杂的分析，分析问题时开始确立"自己"的位置。例如，这样不合适，那样又有妨碍，在反复比较、衡量的过程中开始认识自己的行为与他人行为的关系，并把"自己"作为一个独立的人，等同于他人。这个"自己"常常站在主观愿望的对立面。在处理事物时，能够说服自己，调整自己的立场和看法，并显示出独立的个性。

2. 具有一定观察力和创造力

该年龄段学生有一定观察能力，教师应引导学生多观察多反思，提高综合观察思考能力。已经表现出创造力倾向，教师应有意识地注意学生的创造性活动，鼓励学生更好地成长。

3. 思维方式逐步转变

从过去笼统的印象判断转变为具体的分析。这些分析主观性较强，偏重对自己喜欢的事物认真分析。在作文中分析一件事情，开始有了条理，尽管许多看法显得幼稚，但是这种分析方法是可贵的。这个年龄段是培养和塑造性格的重要时期，自觉地控制和改变一些不良习惯，老师或家长选择一些正当有意义的行为方式进行引导。

三、课程大纲（表5-3）

表5-3 中年级课程大纲

主题	目标	课程内容	方法	课时
创新引入	（1）介绍课程内容； （2）拼贴画教学	（1）组织学生进行想象写画，并分享自己的成果； （2）课程介绍：教师团队介绍；课程介绍视频展示；课堂规则说明；设计思维介绍；课程内容与学期计划介绍； （3）引导并组织学生完成拼贴画； （4）介绍本学期教具：乐高、宝莲灯等	拼贴画 纸笔测量	1课时
主题选择	（1）主题引入，观看垃圾分类视频； （2）动物共情； （3）完成同理心前测	（1）完成纸笔同理心前测； （2）进行冥想，完成动物共情； （3）观看垃圾分类视频、垃圾泛滥成灾后果纪录片	冥想 视频观看 同理心地图	1课时
人物理解	（1）引入访谈法和观察法； （2）引导学生自主完成访谈大纲	（1）介绍观察法； （2）填写观察记录表； （3）进行分组游戏； （4）介绍访谈法； （5）填写访谈记录表	视频观看 观察记录表 拉丁方分组 访谈记录表	1课时
人物洞察	（1）讲授访谈的目的和技巧； （2）引导同学们完成对助教的访谈，并聚类出痛点； （3）讲授人物画像的含义与制作方法； （4）引导同学们完成对助教的画像制作； （5）让同学们互相分享自己的人物画像	（1）引导学生完成访谈并聚类出痛点； （2）讲授人物画像的含义功能与制作方法； （3）引导学生完成人物画像的制作	人物画像 访谈记录表	1课时
问题定义	（1）定义问题 （2）头脑风暴	（1）通过树立典型，表扬上节课做得好的小组，调动同学们的上课积极性和强调小组合作的重要性； （2）定义问题：让学生结合前几节课的内容，用一句话说出助教老师遭遇的问题； （3）教师给出头脑风暴法的使用流程和示范，让同学们针对上个环节的问题想出尽量多的解决方案； （4）本节课总结，助教退出跟组	原因分析表 小黄条	1课时
方案构思	（1）头脑风暴 （2）方案细化	（1）明确问题； （2）二次头脑风暴； （3）小组讨论筛选方案； （4）方案细化，讲解"功能-模块"方案细化方式	"功能-模块"toolkit	1课时

续表

主题	目标	课程内容	方法	课时
方案确认	（1）引导学生绘制产品草图； （2）引导学生理解"功能-模块"设计； （3）讲解wedo 2.0	（1）结合观察记录表和访谈记录表进行产品设计草图的绘制； （2）对产品的"功能-模块"进行细化； （3）介绍各组的方案； （4）与主人公沟通产品功能是否符合需求； （5）讲解wedo 2.0； （6）进行各模块功能的介绍； （7）进行简单产品的搭建； （8）解决同学们在Kittenblock上面遇到的问题	观察记录表 访谈记录表 "功能-模块"toolkit Wedo 2.0 乐高模块 产品设计图	1课时
原型搭建	（1）回顾和总结前七节课的内容与流程，帮助同学们梳理设计思维课程逻辑； （2）了解并掌握新模块的使用方法和使用情景； （3）各组同学能够通过小组合作完成设计方案中的至少一个功能； （4）各组同学能够梳理设计思路并解释设计方案	（1）回顾和总结前七节内容，明确设计思维方法流程逻辑； （2）回顾上节课的产品设计图，提问为什么要设计这样的方案； （3）结合设计思维模块回顾总结前七节toolkit内容； （4）新增模块讲解，讲解新增的模块的功能及使用方法； （5）原型搭建引导学生完成上节课产品设计图的基础功能； （6）引导学生探索实现更多功能和外观美化	"功能-模块"toolkit 产品设计图 Wedo 2.0 乐高模块 超轻黏土	1课时
原型测试	（1）继续完善设计原型； （2）原型展示； （3）主人公点评	（1）回顾上一节课做的原型和要实现的功能； （2）原型继续搭建； （3）小组展示+助教点评	乐高模块	1课时
原型展示	（1）回顾前期设计思维课程的流程； （2）学习并制作故事板； （3）完成测评	（1）回顾上节课大家制作的原型，播放小视频； （2）回顾前期设计思维课程的流程，引导学生回忆是如何一步步解决垃圾分类问题的； （3）播放PPT和每个阶段的教具，让学生回忆自己曾经做了什么； （4）助教老师点评各组原型制作过程中遇到的困难； （5）助教老师点评各组原型的优缺点； （6）讲解故事板的作用； （7）讲解故事板的制作方法和要求； （8）观看同学们的讨论和制作情况； （9）可以适当给予方法上的建议和引导，答疑； （10）指导学生完成测评	原型 故事板 观察记录表 访谈记录表 "功能-模块"toolkit 产品设计图 人物画像	1课时
总结反思	（1）全课程流程回顾； （2）引导故事板的绘制； （3）进行同理心测评	（1）对这学期同理心设计思维课程进行整体回顾； （2）再次介绍故事板的意义和故事板应该有的元素； （3）给同学们5分钟时间再次绘制故事板； （4）每组上台介绍自己的故事板； （5）说明自己组的产品应用在哪里，有了什么变化； （6）进行结课的颁奖	原型 故事板 观察记录表 访谈记录表 "功能-模块"toolkit 产品设计图 人物画像	1课时

第一课：创新引入

本学期第一节课的目的是引入"同理心设计思维"课程的意义和结构内容，引导学生熟悉小组合作的上课形式，用拼贴画的形式让同学们熟悉课堂内容和课堂习惯。

（一）教学流程

1. 课程介绍（10分钟）

为同学们介绍教师团队的专业背景，熟悉助教姓名，介绍什么是设计思维，强调课堂规则，对课程内容进行初步介绍，观看上学期的视频回顾。

2. 拼贴画制作（20分钟）

拼贴画的使用阶段较为广泛，除了常用的丰富人物形象外，还可以对产品外观进行构思。在寓教于乐中拓展学生的发散思维。本环节教师引导并组织学生完成拼贴画。在对方法进行介绍后（详见第四章），助教老师发给学生杂志、报纸、剪刀、胶水等材料，请同学以个人为单位，从现有材料中选出自己觉得好玩的、看起来有趣的、很想玩一下的、能让自己感到开心的玩具或者玩具的某部分，然后把它贴在白纸上。

3. 乐高时间（20分钟）

介绍本学期可能用到的教具，Wedo 2.0、乐高和超轻黏土。最后，发布作业，提示学生课后多练习。

（二）教学材料

- 幻灯片。
- 上学期回顾视频。
- 白纸、笔、拼贴材料、剪刀、双面胶。
- 超轻黏土、乐高积木、Wedo 2.0。

第二课：主题选择

本节课的目的是使学生快速有效完成同理心前测，进行同理阶段，完成课堂随机分组，组成新的团队构建，引入主题垃圾分类，使同学们共情在恶劣的大环境的条件下生存的人类和动物，使同学们使用同理心地图，将共情过程可视化，引出垃圾分类重要性，让同学们认识垃圾分类。

（一）教学流程

1. 课程回顾（5分钟）

2. 同理心体验（20分钟）

　　请同学们思考一个问题："如果你是一只海龟，在大海里遨游，你会听到什么，看到什么？如果你是一只飞鸟，在天空里翱翔，又会看到什么，听到什么？"请同学们举手回答，大部分同学的答案会讲述在海洋中的奇异冒险，以及海洋中的食物和危险。之后，请同学们安静观看整个视频。
　　视频内容是海龟被人类救助的影像，由于海洋污染，有的海龟身上缠满了塑料袋，有的海龟鼻孔吸入了塑料吸管，在动物保护者的救助过程中，能够从视频和声音中感受到海龟所承受的痛苦，以及海洋污染所造成的难以逆转的灾害……。
　　视频放映过程中，同学们不由得发出惊呼或感叹，有的同学甚至有些不忍心看到这样真实但又有些残酷的画面。视频播放结束后，教师询问：同学们在刚刚播放的视频中都看到了什么，听到了什么？有没有同学愿意分享一下自己的想法？同学们的回答基本上都能够理解影片所展现的内容，观察都很仔细。
　　接下来，教师带领同学们进行一个冥想体验，去想想海龟们的感受是怎样的。
　　请同学们缓缓闭上你的眼睛，放松身体，深呼吸。

想象一下，你是刚出生的小海龟。天空是蔚蓝的，海水是清澈的，沙滩上的阳光照射在你的脸上，你的身体上，又温暖又舒服。你响应母亲的呼唤，吃力地一步步爬向大海，从此踏上了寻找家园的旅途。你沿着母亲留下的气息，慢慢朝大海深处游去，你发现色彩斑斓的珊瑚，不见了；成群结队的鱼群，消失了；清澈见底的海水，也变得浑浊，暗淡无光了。放眼望去，是一望无际的垃圾充斥在整个大海，散发着阵阵恶臭，虽然环境恶劣，但是你坚信只要坚持游下去，就能找到母亲，回到家园。突然，一个白色塑料胶带把你勒住了，紧紧地勒住了。你疯狂摆动，翻滚，但是怎么挣扎，怎么摆脱，都甩不开这个塑料带。最后你放弃了挣扎，虽然这个塑料带勒住你的身体，让你觉得有点不舒服和有点痛，但是可以忍受，还是先找到妈妈，只要找到妈妈就好了。好的，当你们听到我数三声之后，缓缓睁开眼睛。

有没有同学愿意分享一下，在刚刚的冥想过程中，你作为一只海龟的感受是怎样的？

3. 人物共情（10分钟）

同学们通过想象的方法，去体验一只海龟在恶劣的垃圾环境里生存的感受——会不舒服，不适，难受，想逃离。接下来，教师邀请学生进行"垃圾桶挑战"，在现场真实地感受一下垃圾环境，给同学们会带来什么体验？"这里有一个垃圾桶，愿意挑战的同学，只需要你靠近它看一看，用手摸一摸，用鼻子闻一闻，再给同学们分享一下在这个过程中你的感受。"

垃圾桶直接选择了教室的垃圾桶，虽然相对比较干净，但还是能够在同学们"摸一摸""闻一闻"这样的行为中，感受到他们的排斥，而这也是这一步的意义，同学们或许无法对海龟生活在垃圾中有那么切身的感受，但是一定会对自身生活在垃圾中激起相近的情绪反应。挑战结束后，邀请同学分享自己的感受。

播放新视频。无论学生有没有参加这个挑战，希望他们能带着刚刚的这份体验和感受，安静观看接下来的视频。视频讲述了从小生活在"垃圾山"上的孩子们，他们如何在恶劣的环境中生活，影片无论是拍摄的手法还是实际的场景，都能让人产生本能的排斥感受，但那些孩子却适应了这样的生活，因为他们大部分人从出生起就生活在这样的环境中……。

4. 同理心地图（20分钟）

视频播放完毕，教师讲授同理心地图的用法和目的，让同学们把自己在视频中，看到的、听到的、感受到的，或者他们觉得视频中的小孩是怎么想的，都写在一张纸上，小组一起合作完成。有什么问题随时举手提问，组内充分交流，但不要影响其他小组。

5. 课程回顾（5分钟）

为了让同学们重视现实生活中的垃圾处理和垃圾分类问题，教师带着同学们换位思考，去体验了动物在恶劣垃圾环境中的生存现状，去感受它们正在经历着什么。也带着同学们去理解别人，去理解在恶劣垃圾环境成长的孩子，去体验和尝试他们所在经历的，尝试理解这些经历给他们所带来的影响。最后，教师教给同学们如何使用同理心地图，把他们在换位思考和理解过程中所经历的，看到什么，听到什么，感觉到什么，一一记录，帮助同学们去更好地理解和换位思考。希望同学们可以利用这个方法和技术，在生活中更好地理解别人和换位思考。

（二）教学材料

- 幻灯片。
- 纸质版同理心问卷。
- 白纸、笔。
- 同理心地图（见图5-15）。

图5-15 同理心地图教具

第三课：人物理解

观看自主拍摄的主人公视频，学生自主选择本组主人公，引入观察法和访谈法的内容和使用方法，介绍观察记录表和访谈记录表，引导学生自主完成访谈大纲，列出问题和追问。

（一）教学流程

1. 课程回顾（5分钟）

2. 观察法教学（10分钟）

给同学们介绍观察法的具体内容，引导学生理解观察法是为了研究目标用户在特定情境下的行为，介绍观察记录表toolkit在不同分区的使用，做观察记录表填写的案例。

3. 观看视频（10分钟）

观看由助教老师们提前拍摄好的垃圾分类失败/错误的视频。

4. 分组游戏和团队构建（10分钟）

通过拉丁方进行分组，游戏形式如下：
- 大家拿到纸条后，先看一下纸条上是不是写着4个截然不同的动物，再确定一下，你们是否都认识这4个动物。
- 如果你们都知道不用急着说出来，等一下有的是机会。接下来，我们要玩一个游戏，看谁最快找到自己的同伴，老师需要大家用任何方式尽快地找到自己的同伴。那谁是你的同伴呢？
- 老师会指定纸条上的一个位置，比如会说，左边第一个，你手里拿着的纸条上左边第一个是兔子的话，那就赶快找你的兔队友。大家对这个游戏规则有什么疑问吗？

- 如果没有问题，老师数"3、2、1"就开始游戏吧，右边第一个。
- "5、4、3、2、1"，大家都找到自己的队友了吗？各个动物群体响应一下！乌龟在哪里？小狗在哪里？兔子在哪里？小猫在哪里？（第一回合结束）
- 大家准备好了吗？即将开始第二回合，老师会加大一点难度，在找队友的过程中"不能说人话"，记住是"不能说人话"。
- 准备好了，那就"3、2、1"开始，左边第三个。
- 恭喜大家，快速找到了自己的队友，你们将会组成一个团队进行接下来学期的挑战。

如果大家已经找到自己的队友，那就先坐下来，保持安静。可能坐在你身边的队友，有的你们认识甚至很熟悉，有的你们还不认识，但没有关系，我们现在重新认识大家。老师会给大家几分钟的时间，需要大家迅速地让组内的人认识你，每个组选出一名组长，最后确定你们组自己的组名。

5. 访谈法教学（10分钟）

介绍访谈法，引入访谈记录表（如图5-16），讲解问题、追问、答案的关系和区别，引导同学们自主完成访谈大纲，通过和主人公的初访谈，对

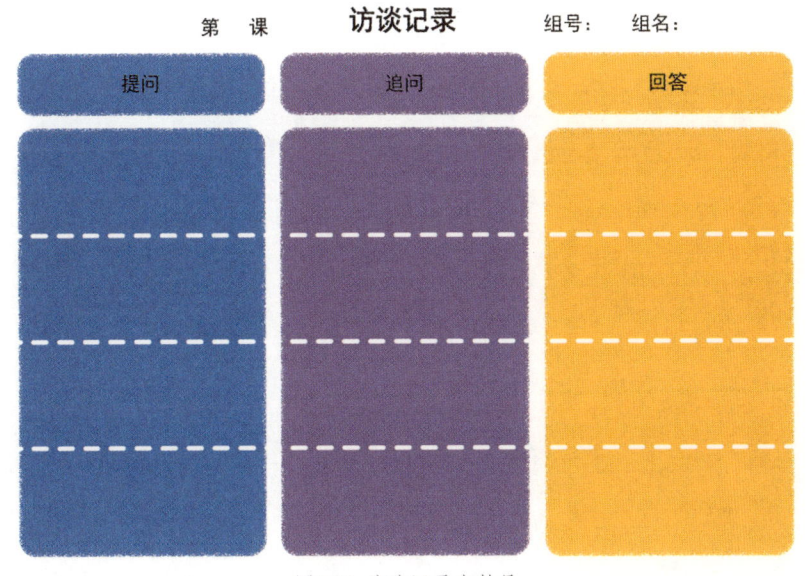

图5-16 访谈记录表教具

访谈大纲进行删减和修正。对于访谈法问题的设置，同学们之间进行相互分享，进行对问题的进一步删减和修正。最后，进行本节课课后作业的布置和对上节课课后作业的点评。

（二）教学材料

- 白纸、笔。
- 观察记录表。
- 访谈记录表。
- 拉丁方分组toolkit。
- 幻灯片。
- 视频。

第四课：人物洞察

（一）教学流程

1. 课程回顾（5分钟）

2. 讲解人物画像（8分钟）

  回顾上节课的视频，讲授访谈的目的，引导学生回忆自己所列的访谈大纲，讲解人物画像的意义以及toolkit的设置。

3. 进行访谈（10分钟）

  引导学生进行深度访谈，进行更多的关于人物的追问，使同学们在这个过程中，更了解自己组对应的主人公，便于下一步对人物画像的塑造和构建。

4. 访谈分析（15分钟）

  助教给每组同学发放卡片，配合组内同学完成访谈，用户画像的构建依靠小组成员沟通完成，学生需在主讲老师的讲解下理解纸质版教具的使用和填写的部分。

5. 分享环节（10分钟）（图5-17）

（二）教学材料

- 访谈记录表。

- 人物画像。
- 白纸、笔。
- 幻灯片。

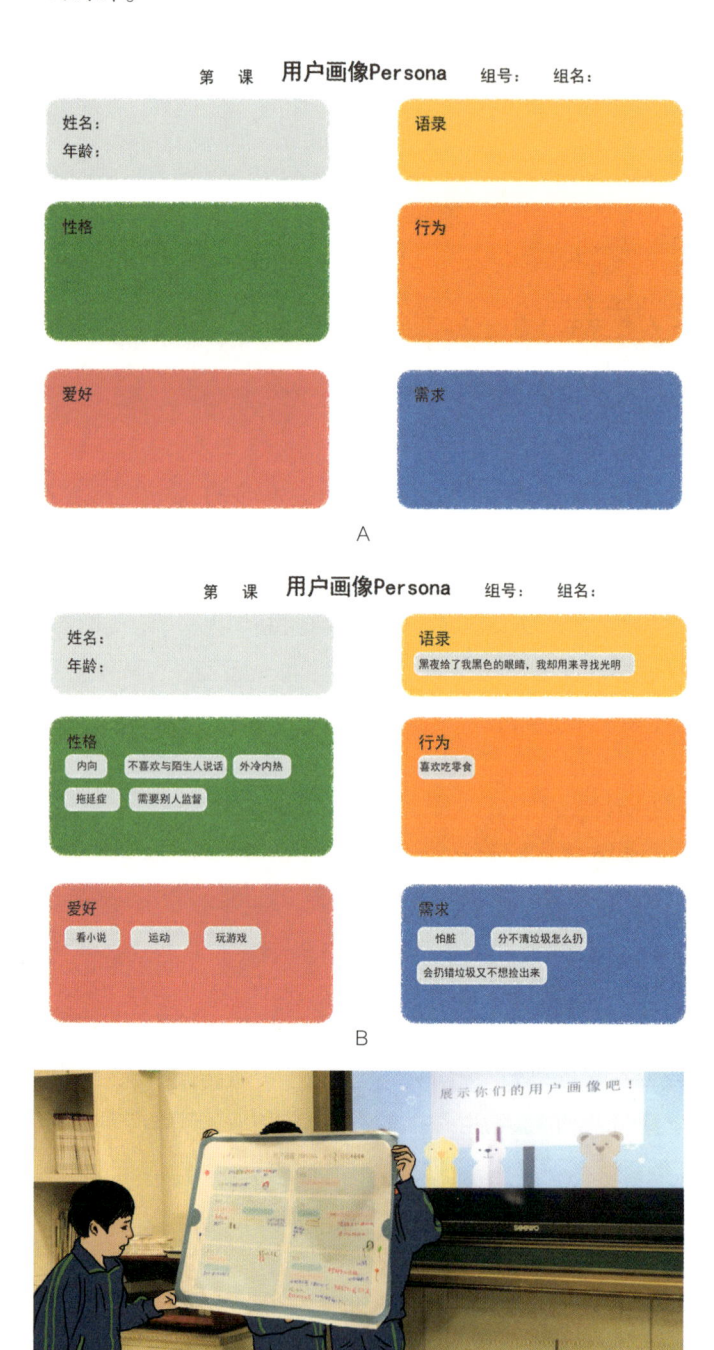

图5-17 用户画像教具及展示图片

第五课：问题定义

（一）教学流程

1. 优秀组分享和总结（5分钟）

由于课程开放式的性质，过程中可能会出现少部分学生不遵守纪律的现象，所以主讲老师可以通过树立标杆，鼓励同学们进行小组合作，调动同学们的积极性。

指导语

同学们，我们今天的课程正式开始前，我们先回顾一下上节课我们一起做了什么。我们问了一位老师很多问题，并且知道这位老师大概是什么样的人了。这个过程中，大家都表现得特别好……

同学们，通过上节课和这节课大象组分享，你们知道在设计思维的课堂里，小组合作需要注意什么呢？

第一，要认真听老师讲课，知道每个环节都要干什么；第二，希望每一个人都多参与，多思考，多发言；第三，在小组讨论的时候，把自己的想法分享给小组成员，并且在别人分享的时候认真听他在说什么，最后你们展示出来的是你们小组共同的想法；第四，需要有分工，比如上节课的用户画像的任务，需要有同学记录，可以是一个同学记录全部，也可以每个人负责一个部分，有同学负责上台展示，有同学帮忙举着用户画像的纸。

大家明白了吗？老师希望这节课你们可以更好地进行小组合作，学到更多东西，玩得开心，可以吗？

2. 定义问题（8分钟）

提出定义问题的概念，助教老师的乱扔垃圾的行为，引导同学们找出老师不正确扔垃圾的原因，并正确填写表格。

指导语

我们正式开始今天的授课。首先，同学们还记得我们之前的课程都做过什么？

我们的主题是垃圾分类，四位助教老师都没有好好地扔垃圾，每位助教老师没有扔好垃圾的理由都是不一样的。

我们好奇他们为什么会乱扔垃圾，所以通过访谈法，同学们问了他们一些问题，通过这些问题得到了一些关键信息，整理和总结出了用户画像。

我们现在要帮助教们解决乱扔垃圾这个问题，但是每位助教老师乱扔垃圾的原因都是不一样的，所以同学们要找到老师乱扔垃圾的原因，这些原因可能是一个也可能是多个，请同学们找到并且把它们写在发下来的问题表格上，填满后，找到你们组的助教老师，让他确定哪个是他乱扔垃圾的主要原因。

问题找到后跟助教老师一起，用一句话表达出来。

请助教老师发一下问题的表格和之前的材料。

3．头脑风暴（25分钟）

讲解头脑风暴，引导同学们进行静默头脑风暴，引导同学们不要借鉴互相的想法和方案，才可以得到更多的方案，方案没有对错，大家可以放开想象进行合理的合乎需求的方案设计。越多的方案在后期筛选可以给出更多的可能性。

指导语

接下来我们要为刚刚选出的问题来想解决方法，这个过程我们借助头脑风暴法来完成。如何进行头脑风暴？比如说我现在遇到的问题是同学们上课扰乱课堂纪律，那我现在能想到的方法就有：告诉你们的家长；告诉你们学校老师；给你们布置很多作业；给你们很多零食，让你们听老师话。我来给大家介绍一下，头脑风暴的使用流程：

首先，同学们有5分钟可以尽情发挥自己的脑力，把自己能想到的解决方法都写到这个便利贴上。注意，这个过程中不可以交流，自己写自己的。5分钟后，大家跟组员分享自己刚刚写的解决方法。别人说的时候，其他人要认真听，听听是不是跟自己的不一样，或者有类似的方法。这个过程不要对别人的方法进行评价，没有好坏之分，你们写了什么就分享什么，不要说"你这个方法不行"之类的话。老师会在下节课选择最能解决他们问题的方案。大家对头脑风暴还有什么疑问吗？好的，现在请助教发一下便利贴和大白纸，你们有5分钟针对你们组选择的问题，写自己的方法，现在开始，不要交流。5分钟到了，大家开始分享自己的方案吧，你们有5分钟分享时间。最后我们需要每组有一个人来分享他们组的方案。

5分钟到了，每个人都知道自己组有哪些方案了吗？哪个组想先上台来分享呢？

这节课我们找到了助教老师乱扔垃圾的主要原因，针对这个原因我们用头脑风暴的方法为助教老师提出了解决乱扔垃圾的方案。这节课我们体验了从原因到结果的过程，这是一个收敛思维的过程，但是我们在找解决方案时又用了头脑风暴这种发散思维的方式，所以大家要记得收敛与发散要成对使用，这样才会事倍功半。

（二）教学材料

- 白纸、笔。
- 视频。
- 便利贴。
- 用户画像toolkit。
- 原因分析toolkit（见图5-18）。

图5-18 原因分析教具及展示照片

第六课：方案构思

（一）教学流程

1. 二次头脑风暴（10~13分钟）（图5-19）

目标：回顾和总结上节课内容，明确上节课问题，保证二次头脑风暴顺利有效进行。

同学们，你们还记得我们上节课做了什么吗？（学生回答1~2个：提问题、头脑风暴）对，有……还有……谢谢你们。

那你们还记得我们为什么要做头脑风暴呢？（学生回答1~2个：想出解决问题的方法）对，是提高效率，避免干扰，想出解决问题的方法。

图5-19 小组头脑风暴照片

你们还记得要解决什么问题吗？（学生回答每组的问题1~2个）

那最后一个问题，你们还记得要怎么进行头脑风暴吗？（学生回答1~2个：写在便利贴上、不能说话）。老师会提醒你们，什么时间要安静地写出你们的想法，进行头脑风暴，什么时间你们可以分享和讨论。

其实在上节课的最后，老师知道，大家还有很多想法没有时间表达，那么现在，助教老师会把你们上节课想出的方案发给你们。现在你们有10分钟的时间，在上节课的方案基础上，再次进行头脑风暴。请在这个过程中保持安静（主讲老师静默，助教发方案）。好的，各组头脑风暴，现在开始。

2. 方案筛选（15分钟）

各组头脑风暴现在结束。每个组都写出了很多的方案。

方案多是一件好事，说明我们有很多的选择，来最终选出我们要做的一个方案。但是方案多有的时候也可能让我们不知道该怎么选。

每个小组要进行组内讨论，每位同学先向其他同学分享你的方案，每一轮每位同学分享一个，最后一起讨论选出三个你们组最想实现的方案，现在开始。

好的，每个组都选出三个方案了吗？（学生回答：选出来了。）

接下来，老师需要你们拿着自己的方案，去找问题的主人公，请他选择他最需要的解决方案，现在开始。

3. 方案细化（20分钟）

好的，现在每个小组都已经选择了你们要完成的"一句话方案"。

我们也可以看到，这个方案有些过于简单，让我们不知道如何开始。下一步就是如何从"一句话方案"变得更加明确和具体。

大家可以看到这个例子。之前我们遇到的问题是"同学们上课扰乱课堂纪律"，我们总结出的一句话方案是"小老师课桌来记录同学们扰乱课堂纪律的行为，报告老师"。然后我们可以把功能拆分成几个部分（先呈现功能，随后呈现模块，每个功能寻找对应模块的举例）那现在请你们开始小组讨论，然后填写完成你们的"功能-模块"表格。

4．结尾总结

每组同学都完成了方案的细化，这一步的工作非常重要，会为你们之后的真实作品梳理思路，打好基础。

现在来对上周的作业进行点评。下周我们就要开始制作真实产品了。

（二）教学材料

- 白纸、笔。
- 幻灯片。
- 功能-模块toolkit（见图5-20）。

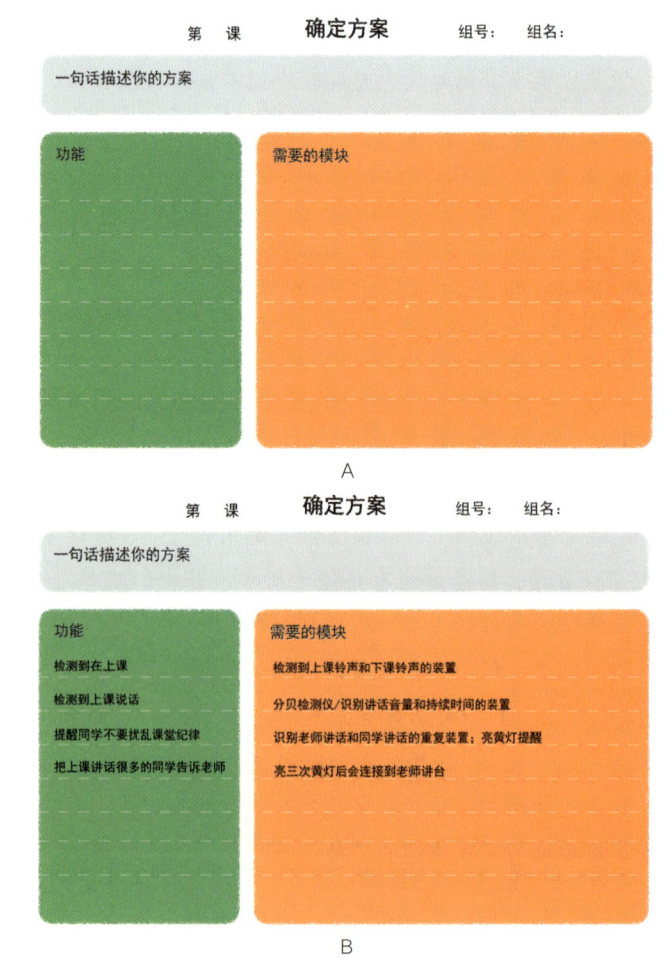

图5-20 确定方案教具及举例

第七课：方案确认

（一）教学流程

1. 教学回顾（10分钟）

同学们，你们还记得我们上节课做了什么吗？（学生齐声回答：产品设计图，还有小风扇）对，谢谢你们。

那你们谁还记得你们小组为什么要做这样的产品设计呢？（学生回答1个）

下面老师带大家回顾一下我们前面做过什么，我们为什么要做这些。

我们的课程叫作"同理心设计思维"，设计思维其实包含了同理心、定义、构想、原型、测试五个阶段。在同理心阶段我们观察了四位主人公扔垃圾的视频，并对自己小组的主人公进行了访谈，我们根据观察和访谈得到的结果补充了主人公的人物特征，帮助我们更好地完成了同理心阶段，理解了为什么主人公会做出视频里出现的那些行为。接下来我们用原因分析的方法了解了主人公遇到了什么问题，他们为什么会遇到这样的问题，我们因此定义了我们各个小组需要解决的问题。然后针对这个问题，我们进行了两轮头脑风暴，最后在众多方案中，我们征求了各位主人公的意见得到了一个最后我们想要实现的方案。上节课，我们完成了产品设计图，得到了初步的原型设计。

通过老师的讲解，大家能够回忆起我们为什么要做这样的产品设计了吗？

好，那么这节课我们就来继续进行原型的进一步搭建。

2. 模块讲解（5分钟）

上节课给大家留的作业是让大家讨论自己的产品设计方案还需要哪些材料，老师看到大家发的材料都非常丰富且有创意。

因为我们课堂的条件有限，老师不可能真的给大家搬来很多砖、很多梁，那没有的材料都可以用什么代替呢？

砖——乐高积木；履带——连接片；梁——小棍。

另外老师看到大象组和雄狮组的设计图中都有机器人抓取垃圾的功能，说起抓东西的时候，我们通常都会想到是我们伸出手臂去抓取物品，但是同学们知道，乐高Wedo 2.0没有机械手臂和可以完成抓取功能的模块，那么我们如何能够让机器人表现出这样的一个抓取的动作呢？我们可以让机器人身上粘上一个粘贴，在我们想要抓取的目标物品上也粘一个粘贴，机器人通过移动接近目标粘到以后再回到原来的地点。这样我们就完成了一次抓取。

再比如，大猩猩组和霸王龙组的设计图中都有识别垃圾的功能，大猩猩组识别的是垃圾的种类，霸王龙组识别的是垃圾是不是正确。我们并没有这类的传感器怎么办呢？同学们制作的时候可以做简化，如霸王龙组距离传感器检测到有东西的时候就报警，大猩猩组距离传感器检测到垃圾桶口有东西的时候就闪光提醒。

3. 原型制作（30~35分钟）

接下来我们就开始大家最期待的原型制作环节了，开始之前老师要强调几点纪律和要求：首先，整个过程在自己小组座位上完成，如果想要参考其他小组的制作需要举手跟我申请才能离开座位。其次，所有的元件都是用来制作原型的，不允许做原型以外的内容。另外，元件不要乱丢，放在桌面上或者箱子里，我希望最后看到的只有一个完整的作品和一个箱子，你们不用的原件都收回箱子里。最后，如果哪个小组完成了设计图里的一个基础功能，这个功能必须能用Wedo让它动起来，可以跟老师申请其他乐高原件和超轻黏土来完善你们的作品。

主讲和助教实时查看进度，协助大家实现基础功能，超轻黏土可以用来帮助展示同学其他模块不可实现的功能。

4. 原型展示（5~10分钟）

时间到。下面我们请目前进度最快、完成度最好的（霸王龙）小组展示一下自己的方案，在你们小组展示之前，老师提一个小要求，我希望你们先用2分钟时间来给其他小组介绍一下你们主人公遇到了什么问题，你们为什么要做这样一个产品，然后老师会再给你们3分钟来展示你们的原型。

做得很好，大家给他们掌声鼓励。

5. 结尾总结

老师看到现在每个小组都做出了一个相当不错的原型，也实现其中一个基本的功能。

那现在来布置一下本周的作业，周二和周三的时候大家要通过小组讨论思考一个问题：如果想要实现产品设计图上的更多功能，还需要什么模块？这周四中午12点前，小组组长督促自己的家长把你们小组的讨论结果发送到家长群。

（二）教学材料

- 方案细化toolkit。
- 确定方案toolkit。

第八课：原型搭建

（一）教学流程

1. 教学回顾（5分钟）

2. 新增模块讲解（10分钟）

  教师上节课已经介绍，制作了一部分的"功能-模块"的搭建，继续引入这部分的讲解介绍，要求学生自主完成"功能-模块"的细化和搭建，整理出自己组设计的原型中涉及的所有模块。

3. 原型搭建（35分钟）

  公平进行各组教具的分配，要求每组成员中的每一个人都参与到原型搭建中去，由小组长或组内擅长的同学进行组内分工。遇到不对的问题，小组成员积极讨论问题，不可以带有自己的小脾气，要融入团体中去。该环节中给同学们留有足够自行思考和讨论的时间，教师仅在同学们举手时提供引导帮助。

4. 小组展示（10分钟）

  由于并没有搭建完全部的原型，所以由小组派代表介绍本节课的进展和遇到的问题。教师鼓励同学们在课下也进行积极的讨论，之后布置课后作业。

（二）教学工具

- 产品设计图。
- 功能-模块表。
- 乐高 Wedo 2.0。

第九课：原型测试

（一）教学流程

1. 课程回顾（5分钟）

课前发放上节课toolkit和各组的原型，点名后回顾下课堂纪律。在PPT展示各组的产品设计图和原型。采用问答形式引导学生回忆起上节课要实现的功能，请每组举手的同学举例。引出这节课继续进行原型的进一步搭建。

2. 原型搭建（25分钟）

继续原型制作的环节，开始之前强调纪律和要求：首先，整个过程在自己小组座位上完成，如果想要参考其他小组的制作需要举手申请才能离开座位。其次，所有的元件都是用来制作原型的，不能用来做原型以外的内容。另外，希望同学们爱惜元件，元件要放在桌面上或者箱子里，不能出现在地上。最后，如果哪个小组乐高元件和超轻黏土不够可以跟老师申请。

同学们有25分钟可以继续搭建原型和用Wedo 2.0实现功能，各组的同学在组内要相互合作，规划好时间，共同实现小组的目标。

主讲和助教实时查看进度，协助大家实现基础功能，超轻黏土可以用来帮助展示同学其他模块不可实现的功能。

3. 小组展示＋助教点评（25分钟）

请各小组来展示自己的方案。首先，讲一下为什么要做这个方案，再展示一下原型，最后请主人公点评一下方案。"主人公"是由助教老师进行扮演的，在点评和测试环节中，需强调自身特点与方案相结合，将人物特性与所处情境相融合，将同学们搭建原型的优点和待改进点都提出来，鼓励同学们给自己一些掌声，根据反馈继续完善原型。

（二）教学工具

- 乐高 Wedo 2.0（见图5-21）。

图5-21 原型搭建照片

第十课：原型展示

（一）教学流程

1. 课程回顾（10分钟）

教师带领学生对课程全流程进行回顾，上节课各组对搭建的原型进行了分享展示，并接受了"主人公"的测试和建议，教师据此引导学生对每一个环节的内容和意义进行回忆和分析，提示在生活中仍然可以使用设计思维的手段进行思考和学习。

2. 原型反馈（5分钟）

教师结合上节课学生搭建的原型，在课前完成对原型的评价，并采用图片加视频的形式，对每一组的产品原型进行点评。

3. 讲解故事板（10分钟）

讲解故事板的内容和意义，故事板是为了讲清楚一个故事，主人公在什么环境下遇到了什么问题，如何使用产品原型，使用产品原型后又有了怎么样的改变。需要同学们预先确认好故事脚本，即共有几张故事板，每个故事板所体现的情节和交互有哪些，将文字写在故事板下方的情节描述中，之后在上方对应的区域绘制可视化故事，强调其中的交互性和表现力，力求让其他人能够根据故事板还原产品使用流程及功能点。

4. 制作故事板（20分钟）

由小组长分工，学生自由讨论故事创作时间线，讨论并制作文字底稿，进行绘画和制作。

（二）教学材料

- 故事板toolkit、笔（图5-22）。
- 原型。

图5-22 故事板教具

第十一课：总结反思

（一）教学流程

1. 课程回顾（10分钟）

带领学生在结课时，对设计思维全流程进行回溯，引导学生对每一个环节的内容和意义进行回忆和分析，引导学生在生活中仍然可以使用设计思维的手段进行思考和学习。

2. 分享故事板（15分钟）

引导各组上前介绍故事板，每组推选1~2人介绍这个故事，引导学生按照时间线对内容进行介绍/表演，讲清使用产品原型的前因后果（见图5-23，图5-24）。

雄狮组的同学们制作的智能垃圾机器人根据主人公不知道怎么扔垃圾的问题，设计了能够移动，识别垃圾，抓取垃圾并进行分类的功能模块。

大猩猩组设计的地下城实现了将垃圾运送的功能，是通过一个齿轮和

A   B

图5-23 低保真原型

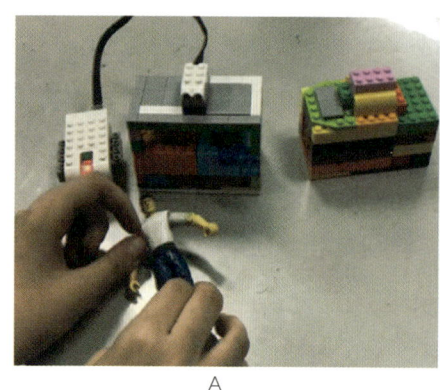

图5-24 低保真原型

一个轮胎实现的，很好地解决了主人公垃圾桶太满了的痛点。

霸王龙组设计的解决方案和原型很有想法和创造力，乱扔垃圾要接受惩罚这个想法很不错，利用公共环境中其他人的监督达成社会契约，很好地解决了主人公扔垃圾的问题。

大象组的同学们制作的垃圾桶机器人可以根据语音或遥控的方式主动来找想要丢垃圾的人，不需要我们再去到处找垃圾桶，解决主人公想要好好丢垃圾，但是垃圾桶满了和路程太远的问题。

3．原型测评（10分钟）

进行原型测评环节。故事"主人公"出场，对各组方案进行点评，评估自身对方案的满意程度，并提出迭代意见。

4．颁奖环节（10分钟）

对于每组进行分别颁奖的形式，根据小组整体能力和水平，挖掘学生们的闪光点，进行颁奖，制作每一位学生的能力图和二维码，根据组别的形式，将同学们自行绘制的toolkit依次放入档案袋中，整理合照，保证每位同学的档案袋有1~3张该同学的清晰正面照。

（二）教学材料

- 奖状（见图5-25）。
- 能力二维码。

- 奖品。
- 故事板、笔。

图5-25 奖状举例

四、课程总结

　　垃圾分类是与我们个人生活息息相关的一类问题，如何让学生们关注并同理到垃圾分类带给人的困扰，并发挥创造力结合科技手段来解决这些难题是我们此次主题关注的重点。在本主题中，我们请四位助教老师各自引出了一个对垃圾分类的困扰，让学生通过观察、访谈、制作persona原型来理解其背后的原因，同时通过Wedo 2.0教学让学生通过科技手段将设计落地，完成想法到产品的转变。

　　首先，四位助教老师拍摄了小视频来讲解自己在垃圾分类中遇到的困扰，主要包括：垃圾桶太臭了；垃圾桶满了；扔错了垃圾；不知道该如何扔垃圾。之后，学生通过观察老师们的行为和对老师们进行深度访谈来洞察老师们扔垃圾背后的深层原因和需求，通过制作人物画像卡片来在小组内交流归纳老师们的性格特点，帮助学生用同理心洞察老师们的痛点。再后，学生们开始在组内对痛点的解决方案进行头脑风暴，最终确定了一个最合适的解决方案。

　　最后学生们细化了自己方案的功能并画出了设计草图，依托Wedo 2.0编程工具将产品落地迭代，最后学生们画出了主人公使用产品的故事板。

　　在本主题中，我们结合设计思维的五个模块对于学生观察问题、定义问题、解决问题的能力进行了更深入的培养，在学生对设计思维有了一定了解的基础上，添加更多的科技元素，通过编程和智能硬件帮助学生将自己的想法变成看得见、摸得到的实物原型，这在激发学生自身探索欲、成就感的同时，也为未来的课程提供了更多可参考的借鉴。

第三节　高年级——未来城市

一、课程基本信息

课程主题：未来出行（15课时）

二、学习者特征分析

1. 好奇心强，求知欲高

五年级的小学生的好奇心强，对新的教学方法接受很快，对开拓思维、创新的事物表现出浓厚的兴趣。整体求知的欲望较强，学生喜欢摸索未知的知识，并付诸实践，如主动咨询老师或其他同学等，大部分的小学生对于知识的渴求度还是比较高的（见图5-26）。

图5-26 小组展示照片

2. 思维灵活，问题意识强

小学生具有较强的问题意识，在课堂上举手次数频繁、对于新内容经常会产生很多的新问题，创新思维水平良好。小学生通过知识建构，生成了很多独特的新知识点，表现出了很强的思维独创性，思维灵活性较强。

3. 操作能力强，知识基础良好

小学生在语言表达能力、逻辑运算能力、手工操作能力以及生活的常识等都有了一定的掌握，为五年级的小学生接受创新设计思维课程奠定了良好的基础。同时，五年级的学生有一定的知识架构，思维开拓的同时又有一定的生活常识作为支撑，更利于引导学生建立起具有一定逻辑性的创新设计思维。

三、课程大纲（表5-4）

表5-4　高年级课程大纲

主题	目标	课程内容	方法	课时
创新引入	（1）初步了解创新，学会联系生活实际，培养学生观察生活的能力； （2）让学生对创新思维课程产生浓厚兴趣；同时培养学生学会分享、学会思考	（1）介绍课程，引入主题并进行分组并破冰； （2）通过视频和图片，给学生解释什么是创新以及创新给生活带来的改变，进而激发学生的积极性和兴趣	破冰小游戏 视频拓展思路	1课时
主题选择	（1）培养学生分析总结能力和表达能力； （2）培养学生的发散思维能力及团队合作能力	（1）情境引导进入主题，观看未出行的视频并讨论分析，引导学生自由表达观点； （2）讲述"主人公"（目标群体）的含义和重要性，引导学生确定"主人公"	概念视频分析 目标群体	1课时
人物同理与问题定义	（1）结合情绪拼接法，和手工；制作描述目标用户的特征； （2）培养学生的言语组织能力和动手操作能力	（1）教师讲解情绪拼贴板的方法；分析"主人公"的特点并贴拼贴板。各小组将寻找到的图片进行归类并粘贴； （2）各组将拼贴板串成故事，描述各自的主人公；利用卡纸、胶水、彩笔等工具，手工制作一个人物画像，简单写出主人公的特征	情绪拼贴板	2课时
方案构思	（1）通过学习脑暴的方法培养学生的思维发散和不同角度思考问题的能力； （2）培养学生的团队合作能力	（1）讲述花瓣法以花瓣法的使用；以"未来出行"为主题让学生基于"功能、外观、解决的问题"等关键词更完整地发散思维； （2）提出对未来车辆的设想，最后每人3票选出最重要的因索	花瓣法	1课时

续表

主题	目标	课程内容	方法	课时
分享表达	（1）通过故事板开拓学生的思维，引发学生思考，激发学生的创新； （2）培养学生的逻辑思维能力和表达能力	（1）讲述故事板的画法（图片）； （2）引导学生将各自组内的方案故事表达出来，并画成故事板	故事板	1课时
原型搭建	（1）通过教学用具——超轻黏土，让学生自己的想法变成实物，提高学生的动手能力； （2）给学生带来成绩感，在小组合作中，提高团队协作能力	（1）完善故事板； （2）根据故事板，将想法用超轻黏土制作出来	原型制作	1课时
情境构建	（1）培养学生场景化能力和表达能力； （2）通过讲故事进一步完善方案的逻辑与细节	（1）引导学生根据故事板和超轻黏土模型编故事； （2）各组分享自己的故事	讲故事	1课时
外观搭建	（1）利用身边的事物，引导学生的思考； （2）引导学生将现实生活与科技结合起来	（1）介绍3D打印技术，利用视频和图片给学生带来直观感受，引起学生的兴趣； （2）根据各组现有方案确定需要打印的物品并进行设计	3D打印	1课时
交互原型入门	（1）引入Quirkbot，唤起学生学习兴趣； （2）培养学生创新思维与动手能力； （3）了解各类传感器（光传感器、压力传感器、重力传感器等）特点以及操作方式； （4）学会用Quirkbot进行平面、立体造型，并会简单编程进行控制	（1）引入Quirkbot，通过分析视频讨论Quirkbot可能帮助我们实现什么； （2）介绍Quirkbot的各个传感器，展示在光传感器、压力传感器、田力传感器等下的操作墙况； （3）教学各个编程方式，让学生自己模仿搭建机器人并进行简单编程； （4）介绍更复杂的编程（距离传感器的应用等），并进行展示； （5）各组讨论自己设计的未来车需要什么部件，写出工作计划，与大家分享	视频介绍 提前制作教具用于展示（发光的深海鱼、跳舞的吸管狗等） 提前制作教具用于展示（电话控制、游戏手柄、数字音响）	1课时 2课时
交互原型制作	（1）引导学生各组自行完成未来车的制作； （2）培养学生理论与实践相结合的能力	（1）根据工作计划进行最后的协作工作； （2）引导学生各组自行完成未来车的制作	引导协调	1课时
原型测试	（1）培养学生全流程分析能力； （2）培养学生语言沟通能力	（1）模拟设计原型使用的场景，展示产品的预期功能； （2）梳理设计的产品存在的问题，查漏补缺	引导协调	1课时
展示总结	（1）增强学生对整个课程的理解，巩固所学； （2）培养学生的表现力，增强学生的成就感	（1）各组将展终设计进行展示分享，最终评比出最具创新的作品； （2）老师总结学期课程学习情况	鼓励	1课时

第一课：创新引入

（一）教学流程

1. 课程介绍（15分钟）

在课程的一开始，正式欢迎同学们来到本学期"同理心设计思维"课程中，并对课程进行简要的介绍。本学期课程包含15课时，主题为"未来出行"，在这个课程中，同学们会随着老师的指导，在小组合作中体验"发现问题—思考问题—解决问题"的全流程，和老师同学们一起在实践中设计、制作与创造。但在正式课程开始之前依旧要强调课程规则。首先是学会倾听他人。授课教师在讲台上讲课时，各组同学不要交头接耳，老师所讲述的内容与接下来各组要完成的任务息息相关，错过了会影响小组任务完成进度。而在小组讨论过程中，也应做到认真倾听他人发言，组内的每位同学的观点都包含着个人的思考和智慧，不同组员观点的碰撞能够激发更多的灵感，而这也是团队协作的意义。在这一过程中难免会发生争执，能够倾听他人，陈述自己的意见，进行观点讨论也是这门课希望大家学习的重要内容。我们的课程会将大家进行分组，大部分任务都是由组内伙伴共同完成的，因此需要学生能够站在他人角度思考问题，重视团队协作，课程成绩的评估也是以团体表现计分。当班内同学讨论氛围较热烈，声音太大时，可以采用"老师拍手三次，所有同学立刻安静"等方式。在学期初的第一节课将规则告知同学们，为良好的课堂氛围打下基础。

2. 学生分组与破冰游戏（20分钟）

课程介绍结束后，采用抽签的方式对学生进行随机分组。由于班内同学并不熟悉，为了增加团队间的熟悉程度，可以带大家完成几个室内团队小任务，进行小组破冰。

这里采用的破冰游戏为"撕纸游戏",这是一个沟通训练的团队游戏,游戏开始前助教老师会给每位学生发放2张彩纸,在老师的带领下开始游戏。

指导语

现在每位同学拿起一张纸之后闭上眼睛,保持安静,在我宣布游戏结束前不要睁眼不要问问题,按照老师发布的指令把这张纸,对折,再对折,再对折,然后把纸的右上角撕下来,旋转180度,再把左上角撕下来,现在睁开眼睛,把纸打开看看它的形状。

这时同学们会发现每个人的折纸都千奇百怪,不尽相同,偶尔才能看到几个相似的纸,此时向同学们提问为什么会有这么多不同的结果。大家表示是由于不让沟通,不能睁眼导致的。这时再开始一轮游戏,此时重复上述指令,但是和第一轮不同的是同学们可以睁眼也可以问问题,在这次游戏过程中,大家在折纸时相互看着其他同学,遇到不确定的地方直接提问,一轮游戏结束后,基本上同学们的折纸都是一样的。此时再和同学们提问:为什么还会有不同的结果?同学们也说出了不是所有人都能把握好折纸的方向,即使睁开眼也可能会有误差存在。其实这个游戏到这里同学们也已经意识到这是一个沟通游戏了,折纸就好比团队间的沟通,一旦不睁眼或是不说话,就会造成沟通不足,使得两人的理解千差万别,但即使双方都积极沟通,也可能对某些关键点存在疏漏,造成最后的差异。即使是同一件事,每个人都有着不同的主观理解,沟通是无极限的,为了避免产生误解一定要做到积极沟通,使团队成员形成共识,达成最佳的沟通结果。

3. 创新活动（25分钟）

同理心设计思维的课程强调学生的创造力,本节课的主要目的是让学生初步理解创新概念。因此引入环节首先会进行团队协作游戏"构图与命名",这个游戏要求各组同学在限定图形（如图5-27）中,进行小组创新

图5-27 创新活动图形

组合，游戏规则如下：所画图形必须包含以下所有图案，不能多不能少；画的幅数越多越好；给每一幅画题词，即命名或简单的解释；限时5分钟。

  人的创造力多以发散思维为指标，体现在思维的流畅性、灵活性、变通性和独特性等方面，该游戏便能从侧面体现各组同学的创造力水平。时间到后，请同学们分享自己画的内容并阐述原因，此时教师适当对同学们的产出进行表扬。然后，播放设计思维课程视频，带领学生思考设计思维的意义，在本学期结束后将学会一套系统的发现问题—思考问题—解决问题的方法论，帮助学生创造性地解决生活中遇到的各种问题。最后为分享环节，邀请学生分享本节课学习的内容。

（二）教学材料

- 白纸、彩笔、彩纸。

第二课：主题选择

教学流程

1. 课程回顾（5分钟）

2. 课题引入（30分钟）

　　小学高年级同理心设计思维课程主题为"未来出行"，在课程开始前播放交通工具发展视频进行主题引入。视频为我们展示了交通工具发展的简短历史，从公元前8000年的独木舟，到滑雪板、轮式车、马车，再到16世纪的热气球、1785年的蒸汽船、1903年的飞机、1961年的火箭、2009年的自动驾驶汽车，最后到2015年的氢燃料电池汽车。在漫长的发展中，人们从未停止对出行工具的创造和创新，到如今，交通工具已经融入我们生活的方方面面。交通工具的类型拓宽了我们的脚步，船和飞机让我们的足迹遍布世界各地，火箭更是将人类的梦想带向了外太空，我们不断尝试通过各样形态各异的交通工具为人类开拓未知，走出地球和太阳系。而交通工具的速度拉近了人与人之间的距离，如今的人类即使身在地球的两端，只要彼此想见面，也能够通过购买飞机票在24小时快速见到对方，科幻电影中的幻想正逐步成为现实。视频中出现的交通工具科技已经成熟了，但我们人类的好奇心和对速度的追求却远不止于此。无数科幻作品里提到过的时空门、曲率飞船让人们意识到，即使是扭曲时空，我们也在思考着如何让我们的出行工具更多样一点，速度更快一点。

　　同学们对视频中出现的部分交通工具有一定了解，视频播放结束后，可以采用互动问答的形式，对学生进行提问，询问同学们这个视频的内容是什么，不同类型的交通工具又是如何解决人们的出行问题的。之后播放有关未来交通方式的视频，引导学生畅想讨论未来人们出行方式，在这个过程中，鼓励同学们多发表自己的意见，提出脑洞大开的想法，激发他们对于未来交通工具的好奇心和探索精神。

3. 小组讨论与分享（25分钟）

介绍本学期课程主题，让学生了解课程需要做哪些事情，将话题聚焦到以人为中心的主人公上，依据主人公特点进行设计，之后进行小组讨论。

第三课：人物同理

（一）教学流程

1. 课程回顾（5分钟）

2. 人物画像（20分钟）

　　高年级学生对于世界的认识更为成熟，接触的人和事物也更为丰富，本次主题所采用的主人公不用像低年级教学时一样将主人公的背景故事都提供给他们，让他们在此基础上丰富。此次课程由同学们自己塑造主人公，为自己接下来的设计确定好主人公。

　　塑造主人公的过程仍需教师引导。通过问答环节，引发学生思考确定主人公的意义，培养学生同理心，让学生学会以人为出发点思考生活问题。下发人物画像教具，介绍人物画像的用法与目的，介绍主人公画像所包含的个人信息即爱好特征。之后进行小组讨论，让同学们明确各组主人公的内容并填写在纸质教具上。

3. 拼贴画（20分钟）

　　进行问答环节：你认为现在的主人公形象是否立体？还需要哪些提供细节？怎样让主人公更生动？讨论主人公还需要什么内容（片面的，内容不够丰满），之后讲解拼贴画方法，将杂志、白纸等材料发给同学们，指导学生进行翻找，裁剪杂志上的内容，激发灵感，找出符合主人公性格特征的内容张贴出来。小组完成拼贴画之后讨论，将内容补充到人物画像中（见图5-28）。

A 朋友家庭　　　　　　　　B 兴趣爱好

C 日常生活

图5-28 拼贴画成果及展示

4. 小组分享（15分钟）

各小组分享主人公的人物画像和拼贴画，使得各组对主人公形成一致的意见，之后尝试讨论主人公出行场景。分享在这一过程中快速发散思维和聚合思维的感受。

（二）教学材料

- 人物画像教具（如图5-29）。
- 大白纸、各类杂志、胶水、剪刀若干。

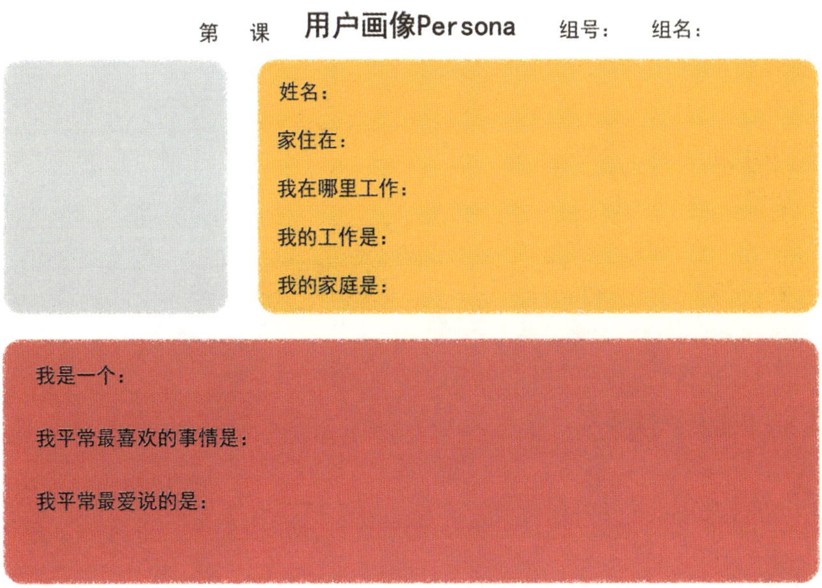

第　课　**用户画像Persona**　组号：　组名：

姓名：
家住在：
我在哪里工作：
我的工作是：
我的家庭是：

我是一个：

我平常最喜欢的事情是：

我平常最爱说的是：

图5-29 用户画像教具

第四课：问题定义

（一）教学流程

1. 课程回顾（5分钟）

2. 发散与聚合（10分钟）

头脑风暴（Brain-storming）是无限制的自由联想和讨论，其目的在于产生新观念或激发创新设想。课程开始前，对本节课将详细学习的头脑风暴进行介绍，科普头脑风暴方法，讲解头脑方法的意义。头脑风暴有很多种变型，包括书写头脑风暴、绘画头脑风暴等，头脑风暴是思维发散的过程，也常常伴随着思维的聚合，这就是"亲和图"，帮助成员对无数内容进行归类整理与筛选（见图5-30）。

图5-30 亲和图

3. 花瓣法（45分钟）

花瓣法是头脑风暴的变型，教师讲解以往头脑风暴的示例（见图5-31），并阐述头脑风暴的规则：

- 延迟评判：不要考虑实用性、可行性等因素，不要对别的同学的想法提出异议或者批评。
- 随心所欲：可以提出任何想到的想法，"内容越广越好"。
- 1+1=3：鼓励大家对其他人提出的想法进行补充。
- 追求数量：数量成就质量，越多越好。

图5-31 花瓣法举例

将大白纸发给各组，按照老师的指令逐步完成。第一步确定主题，第二步确定维度，第三步发散思维，第四步聚合思维。进行小组讨论，票选出每个人关注的，最后从各个维度选取最受关注的内容，成为出行情景。

（二）教学材料

- 大白纸、彩笔。

第五课：方案构思

（一）教学流程

1. 课程回顾（5分钟）

2. 定义问题（30分钟）

　　经过前两节课的学习，同学们已经得到了主人公的特征、未来出行主题相关的事物，通过问答环节，引发同学们思考接下来要怎么样将已有内容进行串联。结合花瓣法得出的主人公特点、行为、场景，将其组合为一句话"谁用什么出行方式去什么地点做什么行为"。

　　句子串联完毕后，交由指导老师确认，符合要求后可以进行下一阶段。小组讨论主人公在该场景下会有哪些需求，将这些需求写在便利贴上，按照与情境的关联程度进行排序，选出最重要的需求。以坐在妈妈车上去野生动物园游玩的小明为例，他在去野生动物园的路途中会遇到这样那样的需求，但是哪些需求与目的直接相关且发生概率较高，可以进行排序，最终排名靠前的需求为：使用火箭上的武器（道格拉斯）对抗空投导弹。

3. 方案头脑风暴（25分钟）

　　小组成员采用头脑风暴（贴便利贴）的形式进行思维发散，思考解决方案，并选择一个最终方案。目的是针对问题需求快速发散思维得出解决方案。在这一过程中依旧需要严格遵守头脑风暴的要求。学生在讨论过程中，主讲老师与助教老师应随时关注各组学生进度，鼓励大家思考更多的解决方法。最后各小组进行分享。此时学生们所得到的内容还较为浅显，不要急于否定他们的产出，在后面的课时中引导他们进行不断的优化和完善。各组方案及需求如下表5-5所示。

表5-5 各组方案及需求

组名	主人公	方案	需求
银河战舰	亮亮	亮亮打游戏听见别人骂他，亮亮决定使用基因武器复仇	（1）需要找到有毒的吃货家 （2）需要炸弹 （3）需要轰炸机驾驶证 （4）需要特种兵 （5）需要硝化甘油
光杆司令	阿衰	阿衰开坦克去墓地里探险	（1）需要防止坦克被粽子破坏 （2）需要轰开12层青砖 （3）需要造一辆坦克 （4）需要防强酸 （5）需要GPS
莫尔斯密码	艾奇	艾奇在饥饿的状态下坐飞机去印度洋拦截导弹	（1）需要在飞机上吃小零食补充能量 （2）需要被击中后降落并发出求救信号
有毒的吃货	小A	小A开七星瓢虫去环游世界 小A乘坐路旁的七星瓢虫去北师大实验小学拯救其他小组	（1）保证瓢虫有足够的东西吃 （2）做一个黑洞袋子 （3）锻炼瓢虫的耐饥能力 （4）需要一套校服 （5）需要AK-M配上8倍镜 （6）需要黑进学校系统
雪莲梦	小雪	小雪坐微型摩天轮去VR图书馆看书	（1）需要图书馆旅行计划 （2）需要查找正确路线 （3）需要查找图书馆内部情况 （4）需要预先购票 （5）需要补充能量 （6）需要控制摩天轮 （7）需要监控家里的情况

（二）教学材料

- 大白纸、彩笔、便利贴。

第六课：分享表达

（一）教学流程

1. 课程回顾（5分钟）

2. 方案呈现（55分钟）

经过上节课的头脑风暴，学生产出了大量方案，快速投票对方案进行筛选。之后采用问答形式帮助学生回忆看过的电影或漫画情节，想一想它们是怎么描述情节发展的。举例讲述漫画分镜，引入故事板的概念：将自己的方案也做成像漫画、电影一样的故事。

但在制作故事板之前，需要根据方案，撰写脚本：为故事增加细节描述。"脚本"是每张故事板所表达的中心内容，帮助各组理清自己的故事线，围绕故事线写出每一个重要故事的内容。以去野生动物园的小明为例，定好脚本后，合作绘制故事板。帮助学生从人物的角度回归场景，明确设计方案实施的重要节点（见图5-32）。

人物与情境：妈妈开车带着小明去野生动物园玩，去野生动物园的路途比较遥远。

需求：小明长时间坐在车中很无聊，希望妈妈陪他聊天或者做游戏。

方案：妈妈唤醒新的智能导航系统，系统可以通过车辆网技术和投影的方式在其他车上展示出游戏、动画等内容，小明可以与其他车进行互动。

图5-32 故事板举例

（二）教学材料

- 大白纸、彩笔、便利贴。

第七、八课：原型搭建&情境构建

（一）教学流程

1. 课程回顾（5分钟）

2. 原型介绍（15分钟）

  上节课故事板已经制作完成，但在故事板中还有哪些细节没有被体现呢？简单问答，引入原型概念及制作方法介绍。通过问答的形式询问班里同学是否知道原型，是否能够区分高保真原型和低保真原型。在实际提问中我们发现，班里同学确实有人能够进行解释，原因在于他的家长是设计师，日常接触过此类概念。之后，主讲教师对原型进行介绍，通常为了进一步展现出物品设计的外观及功能，我们常常使用两类原型制作来进行较简单的模拟：低保真原型和高保真原型。低保真原型是在设计初期帮助我们验证想法的粗略表述。高保真原型则是帮助我们更完整呈现想法及细节的精细表述。猜一猜，下图哪些是高保真原型，哪些是低保真原型（如图5-33）？

图5-33 原型猜猜看

制作原型的方法很多，可以是纸质、泥塑、乐高、3D打印……制作方法不重要，比较一下，如果它表达的细节更多，展现的内容更完整，那么它也可能是高保真模型。

3. 制作原型（40分钟）

发放超轻黏土、乐高等工具材料，小组合作搭建方案中的场景及未来出行工具（如图5-34所示）。该过程持续时间较长，需要组长妥善对组员进行分工，主讲老师和助教老师也应适时提供支持，黏土材料本身干燥需要时间，但是课程时间短，很难在有限的时间内做出造型。每个小组学生的动手能力不同，设计的方案难度也存在差异，在制作过程中会出现做不出方案的情况。学生的耐受挫力不同，一些耐受挫力较低的学生会放弃或者影响其他学生制作。这些问题尤其要注意。

4. 小组交流（15分钟）

基础内容搭建完毕后，各小组间进行交流讨论，给对方组的原型提一些修改的意见和建议，看看其他组有哪些值得借鉴或改进的点，吸收他人的迭代意见。

图5-34 原型制作照片

5．原型完善与分享（45分钟）

各组成员记录教师和其他同学对他们的作品提出的意见和建议，根据意见和建议进行修改，继续完善。下课前完成度较高的小组，站在讲台上为大家进行分享。

（二）教学材料

- 大白纸、彩笔、便利贴。
- 超轻黏土、乐高、纸箱等原型制作材料。

第九课：外观搭建

（一）教学流程

1. 课程回顾（5分钟）

前两节课让同学们进行了故事板绘制和低保真原型制作，帮助同学们能够更好地将构思方案进行可视化的呈现。当同学们有了方案的设计图和交互故事板之后，除了使用积木、超轻黏土制作低保真模型，还有什么形式能够帮助同学们进行原型制作呢？本节课将采用另外一种形式帮助高年级同学们进行方案呈现——3D打印。

2. 3D打印介绍（15分钟）

3D打印是一种以3D设计模型文件为基础，运用不同的打印技术、方式使特定的材料，通过逐层堆叠、叠加的方式来制造物体的技术。对于小学高年级学生而言，他们在日常学习和生活中大多对"3D打印"这一概念有所耳闻，但具体的功能及实现方式并不十分确定。直接通过语言进行表达较为抽象，因此教师在开始介绍时，可以先通过问答的形式了解同学们对3D打印的熟悉程度，请同学们介绍一下他们所了解的3D打印究竟是什么，通过科普视频这种有吸引力的形式对这一概念进行科普。3D打印实质上是一种叠层制造技术，也就是使用固定的材料一层一层使产品叠加成型，从20世纪80年代开始便投入市场使用。3D打印能够快速制作产品原型，制作更为复杂的产品，还能够满足个性化的需求，也被广泛应用于航天、医疗、地产、汽车等领域。而在实际操作流程中，为了使打印出来的成品符合创作者的需求，需要先通过计算机建模软件进行建模，做切片处理，之后连接3D打印机逐层打印。

随着科技的不断进步，3D打印机被设计得越来越小巧，除了工业级高精度打印机以外，出现了越来越多价格低廉的家用型打印机，甚至出现了适合儿童的3D打印笔，让同学们的创意不再停留于纸面，而是变得立体起来。此处可通过播放相关介绍视频让同学们体会到3D打印机的演化与操作的直观感受。并进行简单分享，让同学们讲一讲他觉得3D打印好不好，它还能应用在什么地方。同学们对此非常感兴趣，回答问题十分踊跃。

3. 简单建模工具介绍及实践（40分钟）

3D打印的第一步是建模，需要给同学们准备3D模型稿件，一般来说，3D模型大多需要通过CAD软件制图，但这操作上的难度较高，对于小学生而言更是需要长期的学习才能做到。而如果使用现成的3D模型又会让打印出的内容失去特色。因此，本节课教给同学们的是一款适合初学者的简单建模工具——Doodle3D，具有简单的扫描和绘图功能，可以将2D图片转换为3D模型，故而降低建模难度。

该软件可以使用iPad下载，教师先采用案例方案进行演示，打开该软件对绘制好的设计图进行扫描，之后在软件对平面方案进行3D化的设定与微调，送入打印机后就能变成实物。讲解完毕后将提前准备好的iPad发给各组同学进行实践，尝试对方案进行建模，并将3D化的成果进行分享。在这一过程中提高学生对科技的认知力。

（二）教学材料

- Doodle 3D建模软件。
- 纸、笔、产品设计图。

第十、十一课：交互原型入门

通过前面几节课程的学习，同学们确定了产品方案，并通过超轻黏土、积木、3D打印软件对所做方案进行了一定程度的实现，在这一过程中使得方案日益细化，除了外观以外，对于实际功能和交互形式也有了更多的思考。因此，接下来的课程将重点从造型及功能两方面进行原型制作，所采用的工具既能实现一定程度上的外观变化，也可以根据产品需求模拟出部分功能实现。经过教师组确认，最终选择了吸管机器人Quirkbot作为实现载体。

（一）教学流程

1. 课程回顾（5分钟）

2. 工具介绍及基础案例教学（35分钟）

吸管机器人Quirkbot是一款可编程的机器人，学生可以像乐高一样，对吸管进行拼接、搭建出想要的各种结构的产品外形，内置的传感器和马达能够经由简单的图形化编程后实现具体功能。此类产品较容易上手，但在实际教学中依然需要循序渐进，教师通过搭建脚手架，帮助同学们进行入门。

首先，通过视频等形式介绍吸管机器人内置材料、原理及可实现功能，之后教师可以通过实际演示，先通过实现一个简单的功能进行基础教学。样例教学为"制作摆动球"，操作步骤为每组下发一套吸管机器人套件及剪刀，从中找出对应颜色的吸管，裁剪出适合大小，采用连接器对吸管及元器件进行拼接，将外观拼接方法及最终产出放在授课演示文档中，如图5-35所示。

各组同学对产品进行制作，该样例外观较为简单，同学们可以通过协作，很快将原型搭建出来，这一过程能够培养学生动手能力与创造力。原

图5-35 课程照片

型的搭建远不止一种形式,因此各组完成后,教师可以通过问答形式,请同学们对搭建过程中遇到的问题及反思进行分享,而后引导同学们思考还有哪些外观搭建方法能够实现类似的摇摆球制作。正确的方式不止一条,拓展同学们的想象力,并对同学们的奇思妙想予以鼓励。

完成外型搭建后,将进入本科课的重点——通过编程的方式使原型动起来。在已搭建的原型中,除了习惯和连接器以外,还有一个电子元件十分特别,这就是帮助同学们的摆动球动起来的关键(见图5-36)。同学们需要通过编程对传感器下指令,从而帮助马达动起来。这就要涉及图形化编程了。由于课程是在普通的教室进行教学,没有电脑设备,因此需要教师团队提前准备笔记本电脑,并进行基础编程教学。

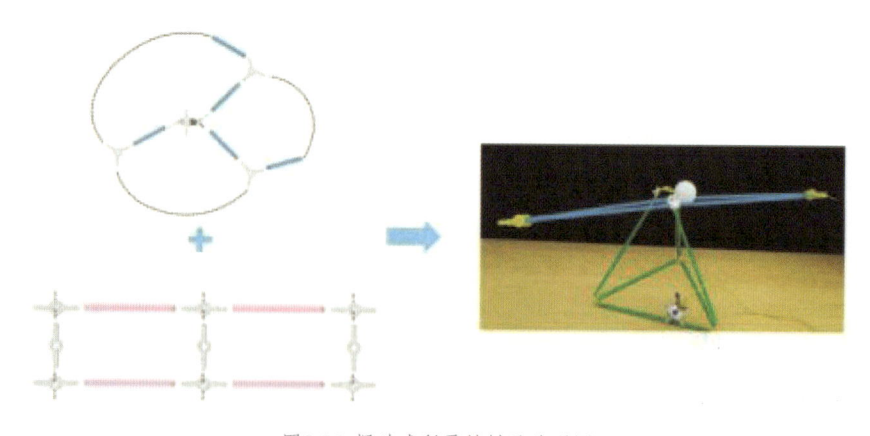

图5-36 摆动球所需材料及外观图

想要让吸管机器人动起来，总共需要三步：输入—计算—输出。其实是要将粉色吸管组成的部分进行摆动，教师系统讲授并演示操作流程，同学们根据教授步骤进行实践（见图5-37）。

- 拖曳编程模块，输入数值指令，完成图形化编程内容。
- 将电脑与Quirkbot传感器进行连接，打开传感器开关。
- 点击"Upload CODE"将编码上传，传感器闪光后完成接收。
- 马达按指令运动，摆动球制作完成。

在学生实践过程中可以注意到，拥有乐高编程等其他图形化编程软件学习经验的同学对于此类编程界面有一定了解，逻辑思维能力也较好，能够更快更好地进行编程操作，任务完成较为顺利。而没有学习经验的同学，由于认真听取老师的讲授内容，也能很快地完成该部分操作。两类同学区别不大，但有过学习经验的同学任务完成速度较快，且表现出更强烈的展示及帮助他人的意愿。

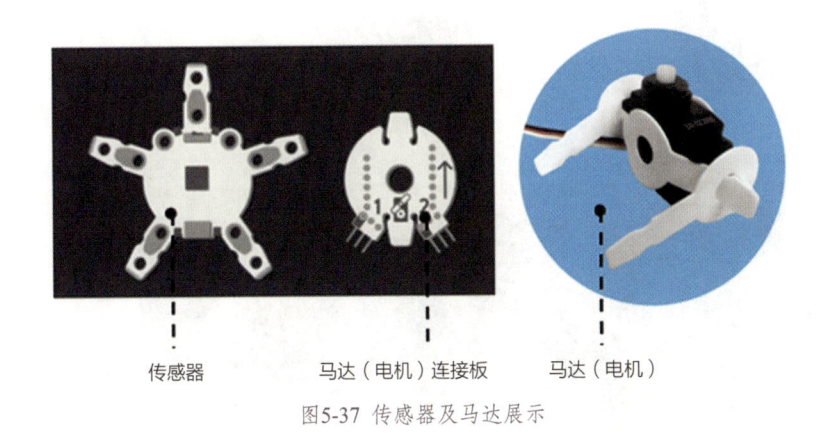

传感器　　马达（电机）连接板　　马达（电机）

图5-37 传感器及马达展示

3. 进阶案例教学与创新（80分钟）

经过摆动球的尝试，同学们已经对吸管机器人能实现的最基础功能有了一定的了解，此时可以进阶为较复杂的案例教学，帮助同学们理解元器件所能实现的功能，掌握进阶操作方式——灯光控制与电机控制。为帮助同学们更好理解，且节约授课时间，将操作方式提前录制为展示视频，配合教师讲解，让各组同学们根据视频操作自行尝试。

多盏灯光控制举例

将套盒自带的LED小灯泡按图所示固定在传感器上，并进行图形化编程。编程方式及效果如图5-38所示。

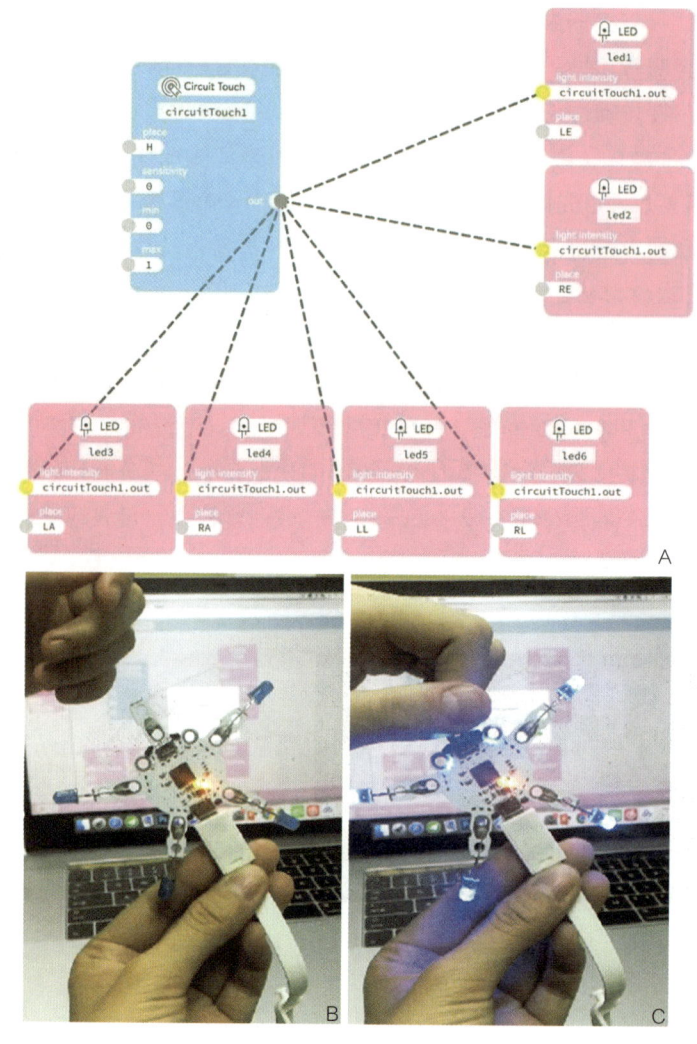

图5-38 编程实现效果

电机控制举例

将套盒自带的电机按如下方式进行安装，并进行图形化编程。编程方式举例及效果如图5-39与图5-40所示。

除了以上两种方式外，同学们可以通过视频简单介绍其他创新组合形式，拓展自己的思路。

在进阶案例教学中，我们会发现有过学习经验的同学和未经过编程经验的同学表现会有所不同，有经验者能够更准确地分析出编码形式及视频内容所呈现的结果，在完成原有案例的基础上会积极进行更多功能的探索。无经验者会在体验初期经历更多的功能辨认与试错阶段，但随着不断地尝试，他们也能够很快掌握。此时教师应对各组进行巡视，当没有经验

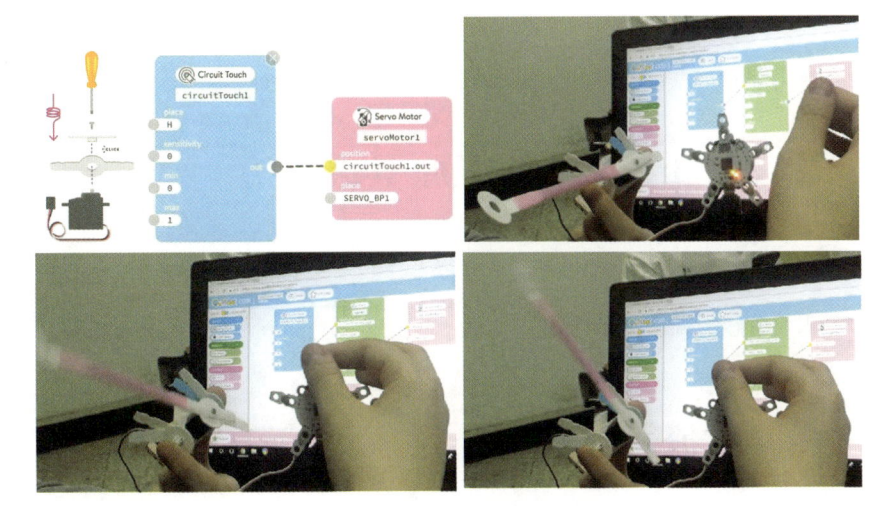

图5-39 连接方式与实现效果

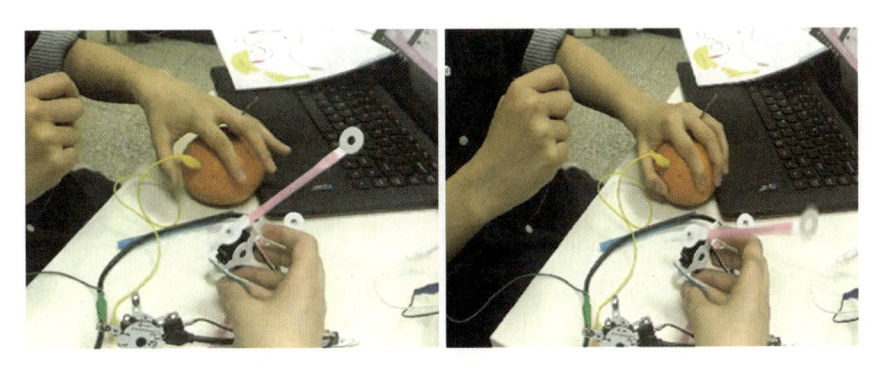

图5-40 其他组合形式举例

的同学们遇到问题时给予适当引导，或者鼓励有相关经验的同学对组内同学进行细节指导，共同进步。完成进阶任务后，让同学们自由创造他们想做的机器人，下课10分钟前请同学们对本节课所教授内容进行总结，并进行分享与反思。

（二）教学材料

- Quirkbot吸管机器人套件若干。
- 电脑及Quirkbot编程网站。
- 剪刀等工具。

第十二、十三课：交互原型制作

（一）教学流程

1. 课程回顾（15分钟）

每周一次的课程，对于交互原型这部分课程而言，学生较容易发生遗忘，因此在课程开始之前需要对Quirkbot使用方式进行复习。基于小组方案设计制作的交互原型，要结合方案特点与工具可实现的功能，但受限于工具所能实现的功能，需要各组同学们打开脑洞，用已有的方法进行交互实践，因此需要详细回顾原有方案产出流程，教师要引导同学们以人为中心，从主人公需求出发，进行交互原型制作。

本学期的课程首先通过拼贴画、人物画像等方法帮助同学们塑造主人公的丰富形象，之后运用花瓣法将主人公特征与场景、目标串联起来，定义出主人公在具体情境中遇到的问题，之后通过小组头脑风暴构思解决方案，绘制方案脚本并完成故事板。之后依次通过超轻黏土、积木、3D打印机等方式制作方案的实体原型，并用两个课时学习了交互原型的制作方式。接下来的三节课，需要同学们根据自身方案特点，使用Quirkbot呈现可交互原型，不但要实现外型设计，更要依据工具特性将产品功能体现出来。

此时，教师可以采用问答环节询问各组制作计划，同学们踊跃作答的同时，提示他们有些功能是目前工具无法实现的，引导同学们思考替代方案，用何种形式能够创新性地实现方案功能。

2. 交互原型制作（50分钟）

将吸管机器人套件发给各组同学，让同学们根据小组方案自行讨论、构思并制作交互原型。这是同学们根据所学的简单及进阶案例操作后进行的创造性实践，这一环节将花费较长的时间。在这一环节中，教师看似不需要进行教学，但在实际授课时应该意识到，学生在进行交互原型制作时可能会面对如下难点：

- 现有工具（Quirkbot）可实现的功能与设计方案的功能是否能够很好进行匹配？如果不行，替代办法是什么？
- 对主人公来说，设计方案中哪些是核心功能或交互？哪些是次要功能或交互？
- 这些功能哪些是采用现有手段一定无法完成的，哪些又是采用现有手段能够创造性完成的？
- 交互原型的具体制作计划是什么？组内成员如何分工协作？

以上问题可以在学生正式开始原型制作前，以问答的形式对同学们进行提问，引导同学们思考以上问题的答案，并将交互原型的制作规划进行简单的分享，之后的时间交给同学们自行制作。在自由制作的时间内，会有学生看到有吸引力的吸管机器人就容易忘记了小组原定的方案，开始自由发挥，制作其他与方案无关的玩具，也有可能对相对脆弱的吸管或连接器进行破坏，影响工具的后续使用，因此，这期间主讲老师和助教老师需要适当对各组进度和授课纪律进行把控，给予适当奖惩，维护课程秩序和授课进度。当同学们遇到困难时可给予适当帮助，采用问题引导的形式鼓励他们自己发现解决方法。

3. 小组分享（20分钟）

当各组完成基础外型及功能搭建后，要求各小组依次将前面的问题及现有产出对教师进行详细表述。分享顺序按各组完成情况依次进行，该环节无须统一汇报，因此在一个小组向教师分享时，其他组可以继续制作自己的交互原型。在这一过程中，教师应鼓励同学们创新性的想法，并提出适当的意见建议，尤其是要引导学生在原型制作期间脑海中要不断有人物形象和使用情境，避免偏离主旨。各组分享结束后，教师对分享中遇到的共通问题进行统一说明：完成更多的功能不一定是最好的，功能匹配需求，能够解决前期定义的问题才是好的。

4. 原型改进（35分钟）

接下来的时间，各组按照老师给的反馈，进行交互原型的改进。此时可以将纸板、超轻黏土、积木等原型材料发给同学们，辅助进行场景及外观搭建。

（二）教学材料

- Quirkbot吸管机器人套件若干。
- 电脑及Quirkbot编程网站。
- 剪刀、超轻黏土、积木等辅助材料。

第十四课：原型测试

（一）教学流程

1. 课程回顾（5分钟）

2. 原型测试（30分钟）

经过前两节课的内容，同学们已经完成了对各自方案外型、功能及场景的搭建，但是该方案真的能够解决主人公面临的问题吗？是否有需要改善或提升的地方呢？此时，需要进行原型测试环节，具体方式如下：

- 各组将主人公的人物画像、定义问题、方案构思及故事板放在桌面上，进行适当注解，方便他人理解和观看。
- 各组派一名同学作为"体验官"前往其他组担任"主人公"的角色，如1组的同学去2组，2组的同学去3组，以此类推，最后一组的同学去1组，使每组都有一位来自外组的成员。
- "体验官"查看该组前期准备的人物材料，依据对方主人公特点，扮演该组主人公这一角色。为了尽快进入角色可以进行适当沟通。
- 该组将"体验官"作为真实的主人公，对前几节课所制作的产品原型进行介绍，并设置一些环节让"主人公"进行产品功能体验，询问其使用感受及意见建议。
- "体验官"从主人公的视角出发，给对方的方案原型提出问题和改进意见，并对本次体验进行打分。

这一环节既能帮助同学们培养同理心，理解他人感受，进行换位思考，也能帮助原型制作组获取灵感，给出一些他们未曾考虑到的意见建议，帮助该组原型进行完善。

3. 原型完善（25分钟）

原型测试完成后，各组依据体验官的反馈对原型进行迭代调整，使作品更加完善。

（二）教学材料

- 各组人物画像、方案、故事板等材料。
- Quirkbot套件若干。
- 电脑若干及内置Quirkbot编程网站。
- 超轻黏土、纸板、积木、剪刀等原型制作工具。

第十五课：展示总结

（一）教学流程

1. 课程回顾（5分钟）

2. 原型展示（30分钟）

  作为本主题最后一节课，经过前14课时的学习与训练，同学们已经能够较好地掌握课程流程及方法，需要对所学内容与产出进行分享展示。作为最后一次也是最为正式的方案分享，在开始分享前，教师需要对同学们进行简单的分享培训，要知道一次成功的推销，和产品本身密切相关，但是和演讲者的演讲方式与技巧也密切相关，一个好的"story teller"能够完美地发挥产品优势，让观众进入自己的叙事，隐藏部分瑕疵，获取更多人的信任。但一个不成熟的演讲者就无法发挥出产品百分百的实力。那么有哪些演讲小技巧呢？

  经过本学期的分享环节，同学们对于如何表达有了一定的经验，他们将自己的思考踊跃地表达出来，如分享前做好充分的准备、通过表演的形式进行展示、分享时面向同学们，保持微笑、不要紧张……同学们从不同的维度都给出了自己的意见。这里老师可以重点强调的是——进行有逻辑的表达。引导同学们将需要表达的内容梳理为一条逻辑线，帮助听众更好地理解表达的意思。演讲时可以采用总—分—总的形式，首先一句话点明主旨和中心思想，之后陈述支撑理由，将事实与观点进行结合，最后再用一两句话结束本次分享展示。当然这只是一种表现形式，鼓励同学们用多种展示方式进行汇报。每组展示结束后，需要除该组同学外的所有同学及老师对小组方案进行公平的打分，据此得到各组汇报的成绩。

3. 课程总结（25分钟）

小组汇报完毕后，教师对各组方案进行总结点评。请同学们再一次为大家以及自己鼓掌，在短短的一段时间内，完成了非常完整有逻辑的设计产出。之后请同学们进行课程总结，分享让自己印象深刻的部分和喜欢的内容。合作紧密的团队在整个过程中都有较好的表现，成员的参与度也相对较高。学生对自己小组的产出都很感兴趣，共同的作品加深了他们之间的感情程度。展示过程中学生能够根据引导进行汇报，表现力明显提升。分享结束后将本学期课程档案袋发放给各位同学作为课程留念，将这段时间的记忆和成就感带到未来的学习与生活中。

（二）教学材料

- 各组人物画像、方案、故事板等材料。
- Quirkbot套件若干。
- 电脑若干及内置Quirkbot编程网站。
- 超轻黏土、纸板、积木、剪刀等原型制作工具。

四、课程反思

本课程一共分为三个阶段。第一个阶段，目的是让学生学会发现问题。以人为中心，感受目标人物的生活情感，培养同理心。本阶段课程包括：创新初探、主题选择、塑造人物。用到的方法涉及用户体验设计方法，包括拼贴画与人物画像等方法。这样做的优点在于，首先，拼贴画的方法能够吸引学生，他们可以通过自己动手去寻找目标人物的相关图片进行探索，能够将一张A1大白纸贴满，并且可以分享自己的拼贴图，有即时的反馈，同时培养他们的团队写作能力。另外，学生也很喜欢看视频这个环节，在这个环节中，课堂秩序是最好的，大家都会认真地看视频，并且在之后的问答环节也会表现得很积极。不足之处在于因为任务画像需要学生动手去画，同时要去动脑思考自己任务的特征，并且要写下来，学生的思维是即时性的，他们会将自己想到的内容立刻写在纸上，但是对于画画来讲，男生更喜欢去做动手的事情，比如拼贴画。除此以外有的任务在课程上无法完成，需要延续到下节课，在下节课进行回顾的时候，他们已经忘记了上节课对人物的描述，导致一直无法确定自己目标人物的特征。在这一个阶段中，我们有如下思考：是否能缩短塑造人物的过程或者直接给学生确定一个他们要做的人物，减少他们的思考时间，然后让他们利用更喜欢的动手环节的拼贴画去丰富人物画像，这样可以在短时间内完成任务，并且让学生获得即时反馈。此外，基于孩子们的成长特点，可以引入视频进行教学引导，或者教学内容的讲述和学生的讨论按照视频的形式来表现，这样可以使得课堂生动有趣，也可以提高学生课上的专注程度。

第二阶段是设计表达阶段。这个阶段目的是让学生学会不同的解决问题的方法，并且在这个过程中有大量的团队协作的任务和表达环节，帮助学生学会分工合作，交流，同时培养他们的表达能力。这一阶段的课程内容包括：可探索场景、迭代方案、画故事板、制作原型、3D打印、超轻黏土。主要用到的方法：花瓣法、亲和图、故事板。另外会用到3D打印、超轻黏土等工具。这一阶段的课程前期主要是一些解决问题的方法，比如说花瓣法、亲和图这类的头脑风暴的方法，对于学生来说这些内容比较复杂，他们很难理解这些方法有什么用处，只是在跟着老师的步骤去做，至于怎么做，为什么做，做了之后能得到什么，他们不是很清楚。课程中期是通过前期的方法产出解决方案，然后用故事板的形式表达出来。但是和第一阶段的人物画像一个问题，故事板并不是简单地画画，它涉及一定的电影分镜，脚本的知识，学生对于这方面基本上是没有基础的，而且他们对于画画并不感兴趣，而且他们的故事板也不能很好地表达出自己想要表达的内容。他们对能动手产出的活动更感兴趣，所以是否可以通过其他形式来让他们完成故事板，比如说原型、贴图之类的，而不是让他们自己去画，因为故事板很难在一节课完成，对学生有难度，同时也没有有效的及时反馈。另外我们发现，学生对3D打印有非常浓厚的兴趣，尤其是喜欢科技的男生，他们希望通过自己建模得到产出。他们可以操作简单建模软件，但是造型效果不佳，也很难进行打印产出。而学生比较偏好写实的作品，对最终成果有很高的期望，如果实现目标需要较高水平技术教师人员的协作，与学生共同完成3D打印作品。在使用黏土材料过程中，由于材料本身干燥需要时间，课程时间短，很难做出造型。每组学生动手能力不同，设计方案制作的难度不同，水平较低的学生在做不出方案时耐挫力较低，会放弃或影响其他学生制作。可以考虑增加一些其他工具，如塑料球、木棍、硬纸板等。我们观察到学生喜欢自己的制作过程被记录下来，尤其是故事完整性强的组，他们很喜欢可以在课堂上得到自己作品的即时反馈，同时会非常有成就感（见图5-41）。

　　第三阶段是实现阶段，学生通过Quirkbot智能硬件，学习使用编程完成自己在第二阶段产出的设计方案。这个阶段主要是培养他们的逻辑思维能力和动手解决问题的能力。这一阶段的课程内容包括Quirkbot的使用和原型制作。这个阶段是学生整体课程中最感兴趣的阶段，他们可以通过自己动手去完成不同形状的原型，并且通过图形编程来实现一定的功

图5-41 小组协作

能，比如说转动、震动、跳跃、灯光闪烁等。我们发现五年级的学生比较倾向于动手操作去完成任务，而且简单的任务可以让他们快速完成，得到及时反馈，会更加吸引到他们。所以我们是否可以在下一阶段的课程中，注重动手和及时反馈，将书写任务和画画任务通过toolkit简化掉，让他们更多地动手和思考，这样可以在课上及时完成任务，不需要延续到下节课，避免学生忘记之前做了什么。同时，可以让他们得到及时的反馈，提高他们的自我效能感，能更好地完成学习任务。

背景：创新与创变 01

基础：设计思维概述 02

进阶：课程是如何打造的？ 03

理论：授课前应掌握什么？ 04

实践：我们是如何授课的？ 05

试一试：如何开展快速工作坊？ 06

未来：评估展望 07

快速工作坊以往期教学案例为基础，帮助老师在3~4小时的工作坊中带领同学们走完同理心设计思维全流程，手把手进行工作坊教学。即使没有接触过相关训练的老师也能快速上手教学。其间还增加了游戏化测评环节，还等什么，快来实践一下吧。

快速工作坊会根据课程时间不同进行一些调整，总体而言涵盖以下几个重点。

团队融合以及协作能力的培养与建立至关重要。同时，学生能否掌握观察技巧，对用户所遇到的情境进行有效观察，对情境行为进行系统梳理也是最终能否得到有效洞察的关键。因此在教学过程中，需要教师就以上两点进行重点设计。

访谈法要求学生在掌握访谈的技巧的同时，能够结合上一阶段POEMS的洞察部分，理解使用者使用书包时遭遇的困难与需求，进行有效提问，从而理解用户所遇到的情境以及核心的需求，培养同理心。而对访谈内容进行聚类分析的过程对处在小学阶段的学生而言有较大难度，因此需要教师对访谈内容进行深入浅出的引导，带领学生得出几个明确的用户痛点。

头脑风暴环节是学生的创造力与发散思维体现的重要阶段，在此之前需要教师进行一些激发学生创造力与思维活力的热身活动。最后在选择方案时，教师需要先行评估方案的创新性以及可实现性，从而对学生的选择稍加把控，保证最后能够有较好的成果产出。

方案测试是对当前方案合理性较为直接的反馈，从使用者的反馈当中能够提炼出用户更深的或者是洞察甚至访谈阶段没有发现的需求。教师需要引导学生在用户的反馈中提炼出用户需求并将其加入方案当中，同时针对方案中的功能结合需求与情境进行筛选，在这一过程中培养学生的辩证思维。

方案展示环节是对学生语言表达能力和总结能力的锻炼，引导学生成为一个好的故事表达者，将本次工作坊所完成的产出及原因进行有侧重点的表达，使每一位同学都能在短时间内快速理解。

最后，冲刺工作坊全程会采用交互性强的游戏化测评方式，帮助同学们梳理所学知识并将团队产出展示出来，提高同学们的兴趣和参与度，激发同学们创造力、团队协作能力和竞争意识。

主题名：未来书包

本次工作坊主题为"未来书包"，从学生的日常生活着手，选择每天接触次数相对较多的书包作为设计对象。

一、教学准备

授课时间：4小时。
适用人群：小学中、高年级学生。

流程简介：

- 通过课程与背景介绍将学生引入课堂；
- 讲授观察技巧，通过视频等材料进行练习后掌握观察方法，利用POEMS工具得到洞察内容；
- 讲授访谈技巧，根据POEMS的观察结果制定访谈大纲并对使用者进行访谈；
- 进行访谈聚类，明确痛点，从痛点出发，运用头脑风暴的方法思考解决方案；
- 根据方案确定实现形式，完成书包改造方案示意图，利用拼接积木与超轻黏土等教具完成低保真原型的制作；
- 进行方案测试后收集反馈信息迭代原型，并进行展示分享。

教具材料：

多媒体幻灯片、分组卡片、情境观察视频、POEMS观察工具、故事板、问题卡片、回答卡片、访谈大纲、花瓣图、HMW、书包方案Toolkit、拼接积木、超轻黏土等。

二、教学流程

1. 引入

学生分组。在课程的准备阶段，需要教师提前参考学生报名时所填写的爱好、特长等信息，并以此为维度，将学生分组，每组3～4人。上课前，将提前制作好的分组卡片放在桌上。学生进入教室后，引导学生寻找含有自己名字的分组卡片，坐到该小组位置后即完成分组。分组完成后以小组为单位，通过游戏的方式进行自我介绍、填写并为自己左边的同学设计胸卡。环节结束时选出本组组长并给自己组起一个组名。

课堂规则说明。同理心设计思维的课堂要求学生能够认真听讲，积极维护课堂秩序并保证授课进度。因此有必要强调课堂纪律的重要性。这一阶段通过多媒体幻灯片的形式展示课程的奖惩机制、加分项以及扣分项。加分项：高质量的课后作业、主动表达与分享。扣分项：在非讨论时间表达自我、损坏教具及课程资料、上课时进行与课堂内容无关内容。

播放课程介绍视频，包含课程过程记录、学生表现、课程成果展示以及花絮，给学生以课程的基本印象。视频观看完毕，向学生介绍课程安排。本次课程主题为"未来书包"，课程内容包括主题探索、设计表达、原型制作三大部分。

游戏化测评说明。此次工作坊将通过评分制的形式来评价各组同学的最后任务成果完成情况；总分100分。"接下来，你们每个组会拿到一张大的拼图板，由16块小的正方形（这些正方形有大有小）拼贴而成，课程内容主要分为三个阶段，助教会在每个阶段将对应的小拼块发给你们，拼块不同的颜色代表不同的阶段和不同的任务类型（播放幻灯片示意图或者原型）；其中红的拼块上面内容都是我们事先写好的，每个组拿到的都一样，是课堂的一些规则和纪律，以及最后的评分规则和标准，奖项设置。"

如图6-1所示，在工作坊的第一阶段，教师把4个红色的小正方形发放给每个组，这是唯一一个不需要同学们在拼块上创作的阶段，四个拼块上的内容包含刚才所讲内容的详细规则，分别是学生分组、课堂规则、方法介绍、课程介绍。绿色、黄色和蓝色的拼块分别对应课程的三个阶段：

- 绿色——主题探索；
- 黄色——设计表达；
- 蓝色——原型制作与分享展示。

每个阶段都会有相应的任务要求，这三个阶段中的每个阶段开始时，教师会发给每小组四张对应颜色的拼块，拼块上各有一个具体任务，任务

图6-1 游戏板

后标明所占的分值。每个阶段都会有相应的时间限制，为了鼓励各小组积极创作，率先完成该阶段任务的小组同学将会获得加分，会根据该小组完成的情况进行评定（主要依据对该方法的掌握是否到位，理解是否透彻等维度）。

"采用拼块的形式，各小组某个任务完成之后就可以将拼块贴上去，这也是老师们进行时间判定的一个参考。并且，由于卡片是双向发放和上交的，老师给了同学们一些规则和方法的卡片，同学们最后交上来的任务卡片是小组成员集体努力的结果，老师希望你们可以最大程度发挥每个人的创意，大家一起完成此次工作坊的内容。"

至此，课程引入完毕，正式进入授课阶段。

2. 主题探索

"接下来就是此次课程的第一阶段，主题探索阶段，在这个阶段，助教会发给每个组4块绿色的正方形拼块，除了其中一张是关于用户访谈方法的介绍之外，剩下的3张都是标有任务的，对应访谈问题、访谈大纲和痛点选择（这个方法待会儿会给同学们讲授），也就是大家需要完成的部分，小组完成之后直接贴在大的拼图里，每个任务10分，此阶段一共30分。"

教师通过询问日常生活中的书包使用情况，引导学生表达自己的想法，调动课堂氛围，打开学生思路。

播放以大学生为目标主人公的视频，视频内容关于使用书包时遇到的不便，引入工作坊主题。（注：教师可按以下脚本提前录制视频或邀请同学们以课程情景剧形式呈现）

第一幕：某大学生出门时需要将很多东西装进书包，如纸巾、水杯、钱包、电脑、鼠标垫、鼠标、电源线、书本、校园卡、笔袋等。这么多东西不加以规划地塞进书包，导致了最后电脑没办法放进书包，书包的拉链也没办法合上。

第二幕：该大学生到学校之后需要校园卡才能够进入教学楼，而校园卡放在了书包里的某处，回手在书包里费力地摸索着校园卡，很久也没能找到，只得将书包取下，放在地上寻找。

第三幕：当该大学生只想从书包里拿出水杯喝水的时候，经常会因为书包里东西太多，很难拿出来。好不容易拿出来的同时又会连带着掉出来很多东西。

第四幕：放在书包里的水杯不知道什么时候漏水了，书包里其他东西都被水泡了湿掉了。

第五幕：……

教师引导学生了解本次工作坊主题，还原主人公的故事及其中发生的一些意外和问题，引导同学们站在主人公的角度思考问题，根据视频中的四个场景回答自己所观察到的内容。

之后，教师讲解观察的重要性，以及观察的技巧。结合讲授的观察方法，再次播放视频，并引导学生回答："这一次从视频中观察到了什么？""有哪些是你新观察到的？""两次观察有什么不同的地方？"

之后，介绍观察方法——POEMS以及配套的纸质教具使用方法。每组分别挑一个情境进行分析，以小组为单位结合视频内容，分别从视频中的人物、物品、环境、信息与服务五个方面对内容进行分析，并将结果填入教具中，以此帮助学生对情境进行整体理解。学生向助教展示说明本组POEMS的制作经过与成果。提问小组以何种式获得最后的洞察，如何能知道这里的洞察是不是用户真正的想法。由此引入下一阶段内容。

由两位助教老师表演访谈情境——小明为什么不喜欢用水杯喝水？也可以将此部分内容录制为视频进行播放。脚本如下。

旁白：办公室堆满了小明平时喝水的塑料瓶，李老师觉得这样很不利于环保，她想要劝说小明改用水杯喝水，但是前提是她需要了解小明喝水的习惯，于是他们开启了如下对话：

李：小明，你平时用什么容器喝水啊？

小明：买瓶装水喝。

李：你不用水杯喝水吗？（封闭式）

小明：不用。

李：你为什么不用水杯啊？

小明：因为清洗水杯很麻烦，用瓶装水很方便。

李：那你不觉得瓶装水很不环保吗？

小明：我觉得呀，但是我经常在外面……（被打断）

李：你知道你还这样！（不倾听）

小明：那我没有别的办法啊。

李：明知故犯，无药可救！

表演结束后引导学生思考两位助教演示的访谈中有什么问题。我们会发现这是一个访谈的错误示范，目的是使同学们了解访谈的重要性，以及访谈的技巧：

- 开放性提问，即不能简单地用是或否回答的问题，只有用开放性问题，比如什么、为什么、怎么样，才能挖掘出用户深层的看法和需求。
- 倾听与回应，注意倾听被访者的回答，不时地给予对方回应，这样被访者才会感觉自己受到重视，从而更愿意回答。
- 重复与释义，重复被访者的某些回答，同时进行一定的解释，这样可以向被访者确认你的理解是否正确，或者引导对方对自己的回答进行更细致的解释。
- 跟进与挖掘，在涉及一些意料之外或者不太明白的回答时，进行追问，多问为什么，通过为什么挖掘被访者背后的需求。

之后，演示改进后的访谈情境，脚本如下。

李：小明，我看你平时好像挺喜欢喝瓶装水的哈？

小明：嗯，是的。

李：那我就比较好奇，因为大部分人好像都是用水杯喝水，你为什么喜欢用瓶子喝水呢？

小明：因为清洗水杯很麻烦，用瓶装水很方便。

李：清洗水杯麻烦，所以你并不是不喜欢水杯，而仅仅是因为水杯很难清洗是吗？

小明：除了这个之外，如果我外出的话把水杯放到书包里很担心它会漏水。

李：嗯，一方面是因为难清理，另一方面是担心漏水问题？

小明：对的。

李：所以你并不是排斥水杯，而是觉得在一些情景下水杯不是很方便对吗？

小明：是的，如果能解决这两个问题我愿意使用水杯。

旁白：找到了痛点之后，小李老师选择了一款易于清理且密封性好的水杯送给了小明。

表演结束后引导学生分享：两位助教的表现是否有提高？具体体现在哪些方面？之后以小组为单位，由教师引导学生根据故事板和POEMS观察工具，结合学习的访谈技巧，在问题卡片上写下访谈问题。进入访谈环节，每组轮流向教师提问，并将本组的问题贴在本组的访谈大纲上，学生记录教师的回答并写在回答卡片上，同时贴进访谈大纲。如果学生在访谈期间有新的问题，可以进行追问，追问的问题记录在访谈大纲中相应的"追问"位置并记录回答。引导学生从访谈结果中归纳整理出用户的需求和痛点，并进行记录。

3. 设计表达

本次课程的第二阶段，设计表达阶段，在这个阶段，助教会发给每个组4块黄色的正方形拼块，4张卡片各有一个任务，对应头脑风暴、花瓣法、明确方案和HMW，不同于上一个阶段的是，HMW这张上是标有20分值的，本阶段一共50分。

每组从痛点中选择一个进行方案设计的头脑风暴。头脑风暴的过程借助花瓣图完成，在进行头脑风暴前，教师首先介绍头脑风暴的规则以及花瓣图的使用方法。本课程中共进行两轮头脑风暴，开始头脑风暴前，首先将确定的痛点写在花心位置上，头脑风暴的方案分别写在花瓣内，每个花瓣中只能写一个方案。第一轮头脑风暴，小组每个成员在花瓣上写下自己的解决方案，这一过程独自完成，组员之间不进行讨论，时长5分钟。结束后轮流向小组其他成员分享自己的方案，这一过程只倾听他人方案，不做评价。所有人分享完成后进行第二轮头脑风暴，规则与第一轮相同，时长3分钟。结束后依旧轮流分享方案，不做评价。

引导学生通过投票的方式选出最终方案。小组内投票，每人3票，通过贴纸进行标记，票数最多的方案则被确定为最终方案。明确方案后填写完成HMW Toolkit，即"我们通过什么方法，帮助解决老师遇到的什么问题"。明确哪些功能是可以实现的，并将可实现的功能转化为功能示意图，并以示意图的形式画在"书包改造计划"Toolkit中，可以以文字批注的方式进行详细说明。

4．原型制作

接下来就是此次课程的第三阶段，原型制作阶段，在这个阶段，助教会发给每个组4块蓝色的正方形拼块，其中只有一张拼块上面有任务，就是最终的原型展示要点总结，分值20分。三个阶段合计100分。

教师引导学生使用拼接积木与超轻黏土等教具将设计方案以可供展示的低保真原型形式呈现。学生将书包改造Toolkit和基础原型向教师展示并对方案进行解释说明，教师根据描述进行测试，综合考虑该组所选痛点、个人性格特点、可实现性以及实际解决效果，对方案进行反馈。根据测试反馈内容，引导学生分析被忽略的用户需求，舍弃或优化某些功能，帮助学生进行原型的迭代升级，同时确定最终原型产出。学生需要根据用户测试后反馈的内容，思考优化方案的方法，在教师帮助下完成原型的迭代。

5．展示与总结

学生以小组为单位完整汇报本组痛点、用户及方案，并对方案原型进行展示说明，其他组的同学对各组方案及原型提问并点评，综合方案、原型以及表达等表现，评选出优秀方案。引导学生对主题内容进行反思，主要围绕："你最喜欢哪一部分？""你学会了什么？""你觉得这些东西在日常生活中能给你什么样的帮助？""你遇到了什么困难以及如何克服的？"最后教师进行课程总结。

背景：创新与创变　01

基础：设计思维概述　02

进阶：课程是如何打造的？　03

理论：授课前应掌握什么？　04

实践：我们是如何授课的？　05

试一试：如何开展快速工作坊？　06

未来：评估展望　07

一、结果总结

在对学生进行"同理心设计思维"课程教学期间,课程团队对课程的科学性与可行性也进行了定量与定性研究。结果如表7-1所示。

表7-1 各年级对应能力培养图表

年级	共情能力	团队协作能力	观察&注意力	创造力	思维能力
低年级	更加注重自我的感受,尚不能考虑他人的感受。(因此本阶段进行同理心教学十分有必要)	儿童产生竞争意识。(针对儿童的自我效能感/细节进行有效夸奖)	无意注意为主,注意保持时间短,自制力差。此时可以锻炼儿童的注意分配能力。	此时儿童的想象力是片段的、模糊的,与真实世界相差较远,需要依托具体的事物进行想象,此时应鼓励和保护儿童的奇思妙想。此时儿童的想象力主要具有模仿、简单再现和直观、具体的特点。	具体形象思维为主,思维过程依靠表象。(提供足够的真实且更丰富的教具,用图画或贴纸表达思想)
中年级	小组内/课堂上鼓励沟通想法和感受,并适当强化,此时应帮助儿童锻炼其情感认识和情感表达能力。儿童自主意识增强,开始意识到"自己",更加独立,强调自己的意见和看法。	帮助培养儿童正确表达自己看法的能力,以及包括组内角色扮演和分工协作的体验。帮助儿童在强调自己的看法的同时理解和接受同伴的观点。	无意注意向有意注意的过渡,此时可以锻炼儿童的自制力和注意转移能力。	此时儿童的想象力逐渐脱离具体形象思维/脱离具体事物的依托,创造性想象开始发展起来。创造性想象/创造力还依托于个人感性经验,需要课堂为儿童提供更多的素材和间接经验。此时应帮助儿童锻炼发散和聚合思维能力,发展想象力和抽象思维能力。	可以适当锻炼和发展学生的概括、对比和分类等抽象思维能力(挑选和创造适合的教具)。培养习惯的关键时期。
高年级	此时是儿童自我意识觉醒的高发期,情绪的突发期,需要同理心的教学,帮助儿童合理表达和控制情绪,合理理解父母和老师。帮助儿童发现学习的乐趣。情感不断丰富,道德感得到飞跃发展。培养儿童对问题的辩证分析能力和意志力。	此时儿童处于自我意识觉醒的高发期,也是个人性格的形成关键时期,如何在小组中(小社会中)寻找到自己合适的角色,避免消极的小组合作对个人性格的影响成为团队合作的主要挑战。此时应帮助儿童发展自己的个性,同时明确团队合作需要相互理解、接纳和帮助。	以有意注意为主,内抑制能力得到较好的发展,可以更加专注地沉浸在课堂中。	随着儿童的个人经验不断增多,其创造性能力不断提升,专业性也不断加强。在锻炼创造力的过程中可以使用更为复杂的工具来进行思维能力的锻炼和提高。	抽象思维能力和逻辑思维能力增强,可以进行编程等方式的教学。思维的独立性和批判性增强,此时应尽可能地引导学生提问和辩证思考。

图7-1是课程可培养的学生能力。经过整理和总结后，该课程能培养学生的以下能力：同理心、团队协作能力、创造力、表达能力和逻辑思维。

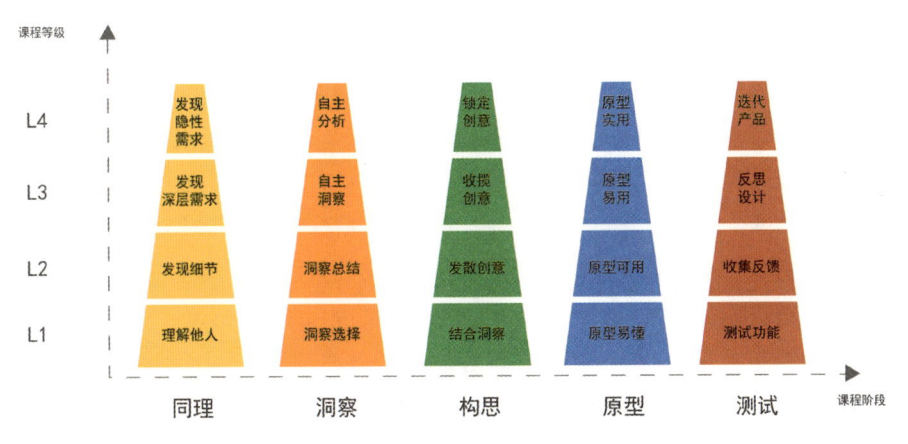

图7-1　同理心设计思维课程培养能力图

在同理心阶段，学生们需要同理故事中的主人公，理解他们的需求和痛点，由此可以锻炼他们的同理心；在构想阶段，学生们需要大开脑洞，为主人公畅想解决方案，由此可以尽情发挥学生们的创造力；而在整个课程中，学生们完成每个任务都需要团队协作，由此可以锻炼他们的团队协作能力；每次完成小组任务后，每个小组都需要向全班阐述他们得到的信息，由此可以锻炼他们的表达能力；而设计思维课程一环扣一环，每个任务之间所得到的信息都具有一定的关系，学生们需要从上一个任务推导到下一个任务，由此可以锻炼他们的逻辑思维。整个设计思维课程的设计不仅有助于孩子们的思维开发，还有助于孩子们动手能力的提高。

2018年，同理心设计思维课题组对课程进行评估，通过采用孟万金教授（2014）编制的"中国小学生积极心理品质测评量表"进行测量，验证"同理心设计思维"课程是否有效地提高了北师大实验小学四年级学生的创造力、同理心和团队协作能力。

"同理心设计思维"课程需要通过北师大实验小学报名系统进行报名，所以参与课程的学生均为取样随机。其中共有19名学生报名参加，并在课程开始前使用量表进行了前测，课程结束后进行了后测，前测回收有效量表17份，后测回收有效量表16份，共回收有效问卷33份。同时，随机选取北师大实验小学四年级中未参与"同理心设计思维"课程的一个班级作为对照班，进行前后测，前测回收有效量表38份，后测回收有效量表32份，共回收有效量表70份。

研究工具为孟万金编制的"中国小学生积极心理品质测评量表",量表一共50个题,分为6个维度和15个积极品质,经检验,该量表内部一致性系数为0.88。该量表采用李克特5点计分,从"非常像我"到"非常不像我"依次计分为5~1分。量表中的各因子单独计分,得到分数为每个因子的总分,得分越高,说明积极心理品质水平越高,得分越低,说明积极心理品质水平就越低。其中认知维度包括了创造力和求知力两个积极心理品质,对应了课程教学目标的创造力;情感维度包括了爱和友善两个积极心理品质,对应了课程教学目标中的同理心;利群维度包括了合作力和领导力两个积极心理品质,对应了课程教学目标中的协作能力。

研究利用SPSS 23.0进行数据管理和统计分析。综合"同理心设计思维"课程在认知、情感和利群三个维度的表现情况,即学生的创造力、同理心和协作能力的变化情况。通过数据的分析和比较发现,实验组的学生在上过一学期的"同理心设计思维"课程后,后测数据中认知、情感和利群三个维度的得分有显著性提高。而实验组在认知、情感和利群维度上前后测得分的差值均高于对照组在这三个维度得分的差值,说明"同理心设计思维"课程对学生创造力、同理心和协作能力的培养是有效的。通过整个教学实践和结果可得以下结论:

第一,小学中高年级的学生的思维处于从具象到抽象的过渡阶段,他们能够在老师的引导下,通过情绪拼贴板和人物画像对目标人物进行分析和描述。相比传统的课堂,在设计思维课程中,他们需要以团队合作的方式讨论,进行思维的碰撞。

第二,设计思维课程中,鼓励学生进行大量的头脑风暴,同时考虑到学生没有具备良好的抽象概括能力,所以选用了花瓣法作为头脑风暴的方法,提前根据主题帮学生确定好维度,让学生根据维度进行发散,确定需要解决的问题和方案。在整个过程中,可以明显感受到学生的想法主要受到生活中所接触事物的影响,因此在主题学习的情况下,所提出的目标人物和解决方案有很大的不同。

第三,在进行设计思维教学过程中,给予学生最大限度的自由,让学生发挥自觉能动性去完成课程任务,体会从发现问题、分析问题到最后解决问题的逻辑性思维。在课程中,始终坚持不评价对错的原则,鼓励学生不断尝试,不要害怕失败,通过原型制作和测评,不断迭代自己的作品,最大限度地发挥学生的创造力。将设计思维作为一门独立的课程进行教学实践,对提高学生创新意识,帮助学生理解他人以及和不同的人进行合作是有帮助的。整个教学过程中,包含了发散思维和聚合思维的过程、问题解决的过程和动手实践的过程,还涉及了归纳总结和语言表达,对于小学四年级的学生综合素质的提升也有潜移默化的作用，可以说设计思维是一种培养我国学生核心素养的有效教学方法和工具。

二、未来发展

通过调研部分市面上进行创新课程、设计思维、STEAM等课程教育的院校机构发现，多数从事相关创客领域教学的机构地点为北上广深等一线城市，对素质教育的重视、家长为下一代投资的意愿以及资本市场的加入都为科创类课程带来重要的意义。除自行开设课外班外，更多机构的教学方式是与中小学合作授课，以课后班的形式进行教学。而从事设计思维教学的院校覆盖范围更广，发展较缓，在中国情境下并未形成公认统一的教学标准。许多院校或教师会结合自身所授科目进行教学，相同名称的课程教学内容也往往不尽相同。创新思维培养在中小学教育的发展还处在起步阶段，有着巨大的潜力。

院校机构设计自己的课程内容，课程设计涵盖多种维度，除了正常的教学教研外，也需要对过程性或结果性产出进行评估，国家各部门、各级委员会都加强了对创新创意类大赛的重视程度。我们整理出了国内面向中小学生举办的创新创意类大赛，如表7-2所示。

表7-2 中小学创新竞赛

赛事名称	全国中小学生创意大赛	全国青少年创意编程与智能设计大赛	全国中小学生创·造大赛	全国青少年科技创新大赛	全国青少年创意编程与智能设计大赛	全国中小学信息技术创新与实践大赛
主办单位	中央电视台、中国科协青少年科技中心（协办）	中国科协青少年科技中心、中国青少年科技辅导员协会	科技日报社、中国发明协会	中国科协、教育部、科技部、生态环境部、体育总局、知识产权局、自然科学基金会、共青团中央、全国妇联	中国科协青少年科技中心、中国青少年科技辅导员协会	城乡统筹发展研究中心、中国信息技术教育杂志社
比赛时间	3月—8月	6—8月	3—5月	7—8月	6—8月	4—7月
比赛方向	科技；艺术	智能设计	创新；智能；设计	科技；创新	创意编程	创意编程
赛事章程 参赛形式	学校组队参加 初选：现场命题制作并讲解。复赛：演播室命题制作。决赛：户外挑战赛、48小时创意赛。	团队参赛（四至六年级）初评：完成智能设计作品，并申报提交。终评：在规定时间内现场完成指定的任务题目及评审问辩。	赛事主题：智慧创客和AI地球 2-4人团体参赛。预赛：网络作品提交。决赛：线上创客马拉松（编程比赛及创客技能比赛）。	学校组队参赛 初选：学校评审复选：省市教育局评审。决赛：全国评审。	个人参赛在线参赛 初评和复评：在线创作提交作品。终评：统一在规定时间内在线创作，完成指定的任务题目	个人参赛在线参赛 按各阶段赛事要求进行创意编程挑战（命题创作和纸质版测评）。

续表

赛事名称	全国中小学生创意大赛	全国青少年创意编程与智能设计大赛	全国中小学生创·造大赛	全国青少年科技创新大赛	全国青少年创意编程与智能设计大赛	全国中小学信息技术创新与实践大赛
赛事章程 - 作品形式	前期：文化创意展示 决赛：创客类型产品	Arduino或Micro:bit智能设计作品	游戏化冬奥运动项目交互展示动画及科普展板制作微型AI地球村	无明确要求，不限形式	图形化编程作品	图形化编程命题创作（70%）及纸质版测评（30%）
赛事章程 - 选拔获奖机制	地区-全国，评委现场投票	线上评选＋决赛现场制作评分	预赛作品评分＋决赛现场作品评分	各级学校、教育局评选	评委线上评选	现场评选
匹配资源 - 教学	通过设计思维课程，培养学生的动手能力以及方案讲解表达能力。	将设计思维理念融入智能产品设计中，使产品具有实用性和社会意义。	以赛事主题为课程主题，进行设计思维授课，将课程计划划分为2部分。针对不同年级段，选择不同赛事，争取在预赛取得高分。对进入决赛的队伍进行图形化编程的进一步教学，同时加强原型制作方面的教学。	可以将赛事主题作为课程主题，进行设计思维全流程的授课。	以设计思维同理心为主线，发现情景中的问题，以讲故事的方式展现。	在课程中加入图形化编程教学。
匹配资源 - 人事	可结合设计思维＋UXstudio知识	设计思维教师资源	设计思维教师资源	设计思维教师资源	设计思维教师资源	设计思维教师资源

  依据比赛规格、类型侧重、比赛内容与要求等维度，选出了6项面向全国中小学生的比赛（见表7-2）。综合各类比赛内容和要求可以看出，各类创新比赛都有其共通的特征，如类型侧重除了"创新创意"外还包括"科技""设计""艺术""智能机器人"等，重视原型产出与汇报展示，需要学生利用各种材料完成更加成熟的低保真或高保真原型，并通过制作可视化展板等展示材料辅助汇报表达；重视主题设计与创意编程，围绕自然环境、可持续发展等主题构思设计，重视用户体验，提倡艺术审美，通过Kittenblock、Mind+等软件展开编程挑战，丰富整体表现力，形成创意新颖的作品。在这类比赛中的评分方式中，创新创意是非常重要的一部分，尤其是决赛部分尤其看重同学们的问题解决能力、表达能力与创新能力。只有实体的产出不一定可以横扫冠军。仔细了解此类比赛的内容我们会发现，比赛只是一种表现形式，真正看重的是学生核心素养的展现，考察适应未来人才所具备的能力。

三、展望总结

  面向小学的设计思维课程在不断授课教研过程中形成了系统的课程

理论和方法，但依然有可提升和迭代的点。在教师培养方面，现有教师团队在处理课堂中的突发情况和问题时，缺乏经验，不知道什么是正确的应对措施。同时教师团队有强烈的道德感，希望学生能从课堂中收获更多有利的知识和信息。因此亟待正确的引导和培训，在传递知识的同时，对同学的行为和心智发育带来更多正向引导，真正将学生培养为高素质人才。在教具创新方面，根据目前的课程设置，设计了一系列的纸质toolkits，引入超轻黏土、乐高Wedo 2.0以及图形化编程软件来辅助课堂教学。在使用过程中，需要不断地根据具体的教学目标和使用场景进行迭代。同学们也在这个过程中显示出了优秀的创新和小组合作能力。在之后的课程教学中，教研团队需要不断更新已有的教具，同时也将探索新的教具，更好地辅助教学。在课程评估方面，无论是通过量表实验对学生的能力进行分析评估，还是通过参加比赛等对学生的产出进行评估，这些评估方式都有待进一步系统验证，将教学评价在实践过程中完善，形成课程完整闭环。

参考文献

1. 白雪梅，顾小清.（2019）.K12阶段学生计算思维评价工具构建与应用.中国电化教育，10.

2. 比尔·巴克斯顿.（2012）用户体验草图设计.黄峰，夏方昱，黄胜山，等译.北京：电子工业出版社.

3. 陈武英，刘连启.（2016）.情境对共情的影响.心理科学进展，1.

4. 崔允漷.（2016）.追问"核心素养".全球教育展望，45（5）.

5. 代尔夫特理工大学工业设计工程学院.（2014）.设计方法与策略.武汉：华中科技大学出版社.

6. 蒂姆·布朗.（2011）.IDEO，设计改变一切.侯婷，译.沈阳：万卷出版公司.

7. 杜玉波.（2012）.全面推进素质教育培养高素质创新人才.中国高教研究，1.

8. 郭厚良.（2000）.高等教育第三课堂的设想.高等建筑教育，1.

9. 何祖学.（2013）.浅谈小学儿童注意发展的规律与注意力的培养.科学咨询（科技·管理），5.

10. 核心素养研究课题组.（2016）.中国学生发展核心素养.中国教育学刊，10.

11. 库珀.（2015）.About Face 4：交互设计精髓.倪卫国，刘松涛，薛菲，等译.北京：电子工业出版社.

12. 理查德·格里格，菲利普·津巴多.（2014）.心理学与生活.王垒，王魁，译.北京：人民邮电出版社.

13. 刘春荣，林丹华，乔志宏，等.（2018）.第四课堂：面向国家急需，规划未来职业.教学研究.41（6）.

14. 刘旺.（2016）.基于第二、第三课堂的创新创业人才培养路径探析.创新与创业.2.

15. 刘伟.（2015）.交互品质：脱离鼠标键盘的情境设计.北京：电子工业出版社.

16. 诺曼．（2015）．设计心理学：情感化设计（第2版）．何笑梅，欧秋杏，等译．北京：中信出版社．

17. 裴娣娜．（2011）．学校教育创新视野下中国基础教育课程改革的实践探索．课程·教材·教法，2．

18. 裴新宁，刘新阳．（2013）．为21世纪重建教育——欧盟"核心素养"框架的确立．全球教育展望，12．

19. 师曼，刘晟，刘霞，等．（2016）．21世纪核心素养的框架及要素研究．华东师范大学学报（教育科学版），3．

20. 孙东辉，崔瑞雪．（2008）．实施"三位一体"教育模式 提高学生的综合素质．北华航天工业学院学报，5．

21. 王利军，郑璇．（2010）．浅谈以网络为载体的第三课堂建设．科技信息，29．

22. 温国旗，刘文．（2014）．儿童共情发展及其与利他行为的关系．辽宁教育行政学院学报，3．

23. 张青，周亿利．（2019）．中小学计算思维培养模型述评．中小学电教，11．

24. 张咏梅，胡进，田一，等．（2018）．学生发展核心素养应用路径的实证研究——以北京市义务教育阶段学业标准为载体．教育科学研究，10．

25. 周作宇，马佳妮．（2017）．人类命运共同体：高等教育国际合作的价值坐标．教育研究，12．

26. 周作宇．（2013）．协同创新：集体知识创价行动．现代大学教育，5．

27. Bell, S.（2010）. Project-Based Learning for the 21st Century: Skills for the Future. *The Clearing House*, 2.

28. Bowlby, J.（1969）. *Attachment and Loss, Vol. 1: Attachment*. New York: Basic Books, 1969.

29. Brenner, W., Uebernickel, F., Abrell, T.（2016）. Design thinking as mindset, process, and toolbox. In Design thinking for innovation. Springer, Cham.

30. Carroll, M., Goldman, S., Britos, L., Koh, J., Royalty, A., & Hornstein, M.（2010）. Destination, imagination and the fires within: Design thinking in a middle school classroom. *International Journal of Art & Design Education*, 29（1）.

31. Dunne, D., & Martin, R.（2006）. Design thinking and how it will change management education: An interview and discussion. *Academy of Management Learning & Education*, 5（4）.

32. Edelman, J., & Currano, R.（2011）. Re-representation: Affordances of shared models in team-based design. In Design thinking. Springer,

Berlin, Heidelberg, 61-79.

33. Gladstein, & Gerald, A. (1983). Understanding empathy: integrating counseling, developmental, and social psychology perspectives. Journal of Counseling Psychology, 30 (4).

34. Hogan, G. W. (1969). Development of an empathy scale. Journal of Consulting Psychology, 33.

35. Huang J, Pan W, & Liu Y, et al. (2020). Engineering Design Thinking and Making: Online Transdisciplinary Teaching and Learning in a Covid-19 Context. In: Markopoulos E., Goonetilleke R., Ho A., Luximon Y. (eds) Advances in Creativity, Innovation, Entrepreneurship and Communication of Design. AHFE 2020. Advances in Intelligent Systems and Computing, vol 1218. Springer, Cham.

36. Jablokow, K. W., Sonalkar, N., Edelman, J., Mabogunje, A., & Leifer, L. (2019). Investigating the influence of designers' cognitive characteristics and interaction behaviors in design concept generation. Journal of Mechanical Design, 141 (9).

37. Kouprie, M., & Visser, F. S. (2009). A framework for empathy in design: stepping into and out of the user's life. Journal of Engineering Design, 20 (5).

38. Leifer, L. (1998). Design-team performance: Metrics and the impact of technology. In Evaluating corporate training: Models and issues. Springer, Dordrecht, 297-319.

39. Leifer, L., & Meinel, C. (2019). Looking further: design thinking beyond solution-fixation. In Design Thinking Research. Springer, Cham, 1-12.

40. Lyu Y, Liu C, Zhu Y, Huang J, Wang X, & Liu W. (2020). Study on the Criteria of Design of Teaching Toolkit for Design Thinking Courses for Lower Grade Students in Primary School. In: Marcus A., Rosenzweig E. (eds) Design, User Experience, and Usability. Case Studies in Public and Personal Interactive Systems. HCII 2020. Lecture Notes in Computer Science, vol 12202. Springer, Cham.

41. Markham, T., Larmer, J., & Ravitz, J. (2003). *Project based learning handbook: A guide to standards-focused project based learning (2nd edition)*.Novato, CA: Buck Institute for Education.

42. Martin, G. B., & Clark.R. D. (1982). Distress crying in neonates: Species and peer specificity. Developmental Psychology, 18.

43. Mary K. Rothbart , & John E. (1996). Bates.Parent report in the study of temperament. Infant Behavior and Development, 19.
44. Plattner, H., Meinel, C., & Leifer, L.. (2010). *Design thinking: understand–improve–apply*. Berlin: Springer Science & Business Media.
45. Plattner, H., Meinel, C., & Weinberg, U.. (2009). Design–thinking. Landsberg am Lech: Mi-Fachverlag.
46. Qian, L. (2013). Research on design of children's sensory integration training playing toolkit based on sensory integration principle. Art Science and Technology, 26 (3).
47. Razzouk, R., & Shute, V. (2012). What is Design thinking and why is it important?. Review of educational research, 82 (3).
48. Rogers, C. R. (1975). Empathic: An unappreciated way of being. The counseling psychologist, 5 (2).
49. Rogers, C. R. (1957). The Necessary and Sufficient Conditions of Therapeutic Personality Change. Journal of Consulting Psychology, 21.
50. Serdyukov, P. (2017). Innovation in education: what works, what doesn't, and what to do about it?, Journal of Research in Innovative Teaching & Learning, Vol. 10 No. 1.
51. Silbereisen, R. K., Lamsfuss, S., Boehnke, K., & Eisenberg, N.. (1991). *Developmental patterns and correlates of prosocial motives in adolescence.* Altruism in Social Systems.
52. Simon, Alexander, H. (1969). The Sciences of the Artificial. The sciences of the artificial.
53. Skogstad, P. L., Currano, R. M., & Leifer, L. J. (2008). An experiment in design pedagogy transfer across cultures and disciplines. International Journal of Engineering Education, 24 (2).
54. Sun S, & Teng L. (2017). Establishing China's First UX Master Program Based on Applied Psychology Perspective. In: Marcus A., Wang W. (eds) Design, User Experience, and Usability: Theory, Methodology, and Management. DUXU 2017. Lecture Notes in Computer Science, vol 10288. Springer, Cham.
55. Eder P. E. (2009). Change by Design: How Design Thinking Transforms Organizations and Inspires Innovation Introduction. Futures Research Quarterly, 1 (4).
56. Wundt, W. (1904). *Principles of Physiological Psychology*. London:

Sonnenschein.

57. Xin X, Liu W, & Wu M. (2018). *Reflecting on Industrial Partnered and Project Based Master Course of 'UX foundation'. Proceedings of the Conference on Human-computer Interaction (HCI International)*. London: Springer-Verlag.

58. Zahn-Waxler, C., Robinson, J. L., & Erode, R. N. (1992). The development of empathy in towartd victimas of distress. Child Development, 28.

59. Zalm-Waxier C., Radhe-Yarrow M., Wagner E.,& Chapman M. (1992). Development of Concern for Others. Developmental Psychology, 28.

60. Zhiyan, S. (2010). On the Cultivation of Lower Primary School Students' Positive Psychological Characters. Chinese Journal of Special Education, 11.

61. Zhu D, Liu W, & Lv Y. (2019). Reflection on Museum Service Design Based on a UX Foundation Course. In: Marcus A., Wang W. (eds) Design, User Experience, and Usability. Application Domains. HCII 2019. Lecture Notes in Computer Science, vol 11585. Springer, Cham.

62. Zoltowski, C. B., Oakes, W. C., & Cardella, M. E. (2012). Students' ways of experiencing human-centered design. Journal of Engineering Education, 101 (1).